Murray Stein
C. G. Jungs Landkarte der Seele

Murray Stein

C. G. Jungs Landkarte der Seele

Eine Einführung

Aus dem Englischen übertragen
von Sieglinde Denzel
und Susanne Naumann

Patmos

Copyright © 1998 by Carus Publishing Company

Bibliographische Information der Deutschen Bibliothek
Die Deutsche Bibliothek verzeichnet diese Publikation
in der Deutschen Nationalbibliographie;
detaillierte bibliographische Daten sind im Internet
über http://dnb.ddb.de abrufbar.

© 2000 Patmos Verlag GmbH & Co. KG
Walter Verlag, Düsseldorf und Zürich
© ppb-Ausgabe ²2006 Patmos Verlag GmbH & Co. KG, Düsseldorf
Alle Rechte vorbehalten.
Umschlaggestaltung: butenschoendesign, Lüneburg unter
Verwendung des Motivs »*Der Garten Frankreichs*« von Max Ernst,
1962. © VG Bild-Kunst, Bonn 2005
Printed in Germany
ISBN 3-491-69819-7
www.patmos.de

Inhaltsangabe

Vorwort 7
Dank 9
Einführung 10
1. Die Oberfläche *(Ichbewußtsein)* 23
2. Das bevölkerte Innere *(Komplexe)* 50
3. Die psychische Energie *(Libidotheorie)* 76
4. Die Grenzen der Psyche *(Instinkte, Archetypen und das kollektive Unbewußte)* 106
5. Das Enthüllte und das Verborgene in der Beziehung zur Außenwelt *(Persona und Schatten)* 128
6. Der Weg ins tiefste Innere *(Anima und Animus)* 152
7. Der transzendente Mittelpunkt und die Ganzheit der Psyche *(Selbst)* 181
8. Das Auftauchen des Selbst *(Individuation)* 201
9. Von Zeit und Ewigkeit *(Synchronizität)* 232
Glossar 258
Literaturangaben 260
Register 262

Vorwort

> *Der Seele Grenzen kannst du im Gehen
> niemals erreichen, auch wenn du jeglichen Weg auf der Erde zu Ende gehen
> würdest. Einen so tiefen Sinn hat sie.*
>
> (HERAKLIT)

Einer, der viele Wege gegangen ist im Erkunden der Seele, psychische, intellektuelle und auch konkrete Wege, ist Murray Stein, ein Jungianer, der in Chicago lebt und lehrt, und der am C. G. Jung Institut in Zürich zum Psychotherapeuten ausgebildet wurde. Er ist Verfasser von mehreren Büchern, und nun zeigt er mit diesem Buch, das ursprünglich in englisch erschienen ist, die Grundzüge der Psychologie von C. G. Jung auf.

C. G. Jung hat mit einer ungewöhnlichen Neugierde auf die Psyche, mit einem nicht erlahmenden Interesse an psychischen Phänomenen, ein ungewöhnlich vielseitiges, reiches und tiefsinniges Werk geschaffen. Die Jungsche Psychologie ist von einem Menschenbild geprägt, das den Menschen in einem umfassenden Sinnzusammenhang sieht, in schöpferischer Wandlung, zudem einem Selbstverständnis verpflichtet, für das alles Geschehen noch eine Dimension über das Offensichtliche hinaus hat: Sinnenhaft erlebbare Wirklichkeit ist bei ihm auch immer verbunden mit einer geistigen Wirklichkeit. All das, und noch wesentlich mehr, sind Themen, die Jung studiert, erforscht, und über die er auch publiziert hat. Da sind einmal die Grundlagen für eine Therapieform bereitgestellt worden, bei der die Idee der schöpferischen Entwicklung einen zentralen Stellenwert einnimmt. Jung beschreibt aber nicht nur den Menschen aus vielen verschiedenen Perspektiven, sondern auch seine Stellung im Kosmos. Dabei ist für Jung nie nur die intellektuelle Erfassung eines Themas wichtig, sondern auch dessen emotionale Durchdringung. Eine Gesamtdarstellung der Jungschen Psychologie ist sehr sinnvoll: Vielen Menschen fällt es leichter, sich in die zugrunde liegenden Originaltexte einzuarbeiten, wenn sie zunächst einen Überblick über ein Denkgebäude erhalten haben und dann ihren speziellen Interessen folgen können.

Einen Überblick über die Jungsche Psychologie zu geben, ohne diese zu verflachen, ist aber auch sehr schwierig. Das ist wohl der Grund, daß schon seit längerer Zeit niemand mehr einen solchen zu geben versuchte. Was soll man beschreiben, was soll man auslassen? Und: Was ist mit den vielen Entwicklungen, die sich seit Jungs Tod in der analytischen Psychologie ergeben haben? Welche soll man aufnehmen, welche nicht? Eine solche Übersicht muß notgedrungen persönlich bleiben – aus der jeweils eigenen Perspektive werden Schwerpunkte innerhalb des darzustellenden Denkgebäudes festgelegt. Murray Stein ist in seiner Übersicht den Schwerpunkten in Jungs Denken gefolgt, anhand von Jungschen Texten, die er ausgesucht hat. Das ist seine persönliche Wahl, seine persönliche Perspektive, aus der heraus er die Jungsche Psychologie präsentiert. Nun ist es aber keineswegs so, daß wir es mit einer eigenwilligen Darstellung der Jungschen Psychologie zu tun hätten: die gewählten Schwerpunkte würden wahrscheinlich von den meisten Kolleginnen und Kollegen ähnlich gesetzt werden. Die Verbindung der jeweiligen persönlichen Situation, in der Jung sich befunden hat, als er eine Theorie entwickelt hat, mit der Theorie, macht das Lesen interessant und zeigt auch, daß jede psychologische Theorie personengebunden ist. Entwicklungen, die sich in der Analytischen Psychologie zeigen, sind andeutungsweise aufgenommen worden, wobei der in Amerika lebende Stein vor allem die Entwicklungen im englischsprachigen Raum aufgenommen hat.

Es ist Murry Stein gelungen, auch komplizierte theoretische Zusammenhänge so darzustellen, daß sie verständlich sind und dennoch auch fundiert bleiben. Das ist ein großes Verdienst, und ich hoffe, daß dieses Buch viele Menschen anregt, sich mit der Jungschen Psychologie einmal in einem umfassenden Sinn auseinanderzusetzen.

Im November 1999　　　　　　　　　　　　　　　　　Verena Kast

Dank

Dieses Buch wäre ohne die geduldige Schreibarbeit und redaktionelle Assistenz von Lynne Walter nicht möglich gewesen. Ich möchte ihr für ihr Engagement und ihren unverwüstlichen Optimismus danken. Danken möchte ich auch Jan Marlan für ihre Ermutigung und begeisterte Unterstützung. Alle diejenigen, die im Laufe der Jahre in meinen Vorlesungen saßen, werden ihre Beiträge in den vielen Details wiedererkennen, die ohne ihre Fragen und Beobachtungen keinen Eingang in diesen Text gefunden hätten. Auch ihnen gilt mein Dank.

Einführung

> »Zaghaft konnte man nach Süden hin die Küsten Afrikas erkunden, aber ging man nach Westen, gab es nichts als Angst, das Unbekannte, nicht ›unser Meer‹, sondern das Meer der Geheimnisse, Mare Ignotum.«[1]

In jenem Sommer, in dem C. G. Jung starb, bereitete ich mich gerade aufs College vor. Es war das Jahr 1961. Die Menschen waren dabei, den Weltraum zu entdecken, und das Wettrennen, wer als erster den Mond betreten würde – die Amerikaner oder die Russen –, hatte begonnen. Aller Augen waren auf das große Abenteuer der Eroberung des Alls gerichtet. Zum ersten Mal in der Geschichte der Menschheit war die Möglichkeit in greifbare Nähe gerückt, die *terra firma* zu verlassen und zu den Sternen zu reisen. Damals war mir noch nicht klar, daß unser Jahrhundert nicht weniger entscheidend von Reisen nach innen geprägt wurde, den großen Expeditionen in die Innenwelt, unternommen von Pionieren wie C. G. Jung in den Jahrzehnten vor Sputnik und Apollo. Was John Glenn und Neil Armstrong als Entdecker des Weltraums für uns waren, das ist Jung im Blick auf den inneren Raum: ein kühner, unerschrockener Entdeckungsreisender ins Unbekannte.

Jung starb friedlich in seinem Haus bei Zürich. Sein Zimmer blickte nach Westen auf den ruhig daliegenden See. Im Süden zeichneten sich die Alpen ab. Noch am Tag vor seinem Tod bat er seinen Sohn, ihm ans Fenster zu helfen, um einen letzten Blick auf seine geliebten Berge werfen zu können. Sein Leben war der Aufgabe gewidmet, den inneren Raum zu erforschen und das, was er dort fand, in seinen Schriften niederzulegen. Zufälligerweise fügte es sich, daß ich im selben Jahr, in dem Neil Armstrong seinen Fuß auf den Mond setzte, nach Zürich reiste, um am Jung-Institut zu studieren. Das vorliegende Buch ist das Destillat von nahezu 30 Jahren Beschäftigung mit der von C. G. Jung ausgemessenen Landkarte der Seele.

Dabei ist es mein Anliegen, Jungs Gedanken und Erkenntnisse so wiederzugeben, wie er sie in seinen Veröffentlichungen darstellte. Die erste Berührung mit Jung kann durchaus einem Sprung in jenes »Meer der Geheimnisse« gleichen, von dem Fuentes in seinem Bericht über die frühen Seefahrer, die von Spanien aus über den Atlantik segelten, zu erzählen weiß, bricht man doch nicht ohne eine gewisse Aufregung, ja Furcht, zu solch fernen Gestaden auf. Ich erinnere mich noch gut an meine eigenen ersten Gehversuche. Damals wurde ich von den Ausblicken, die sich mir auftaten, von einer solchen Welle der Erregung fortgetragen, daß ich besorgt den Rat verschiedener Professoren suchte. Ich fragte mich, ob diese Sache »sicher« sei. Jung war dermaßen faszinierend, daß er fast zu gut schien, um wahr zu sein. Würde ich dabei am Ende völlig verwirrt auf der Strecke bleiben, verhängnisvoll in die Irre geführt werden? Zu meinem Glück gaben mir alle meine Mentoren grünes Licht, und ich bin seither mit großem innerem Gewinn unterwegs und habe immer wieder neue Schätze gehoben.

Jungs eigene erste Entdeckungsfahrt barg demgegenüber wesentlich größere Schrecken. Er hatte im wahrsten Sinne des Wortes keine Vorstellung, ob er einen Schatz finden oder über die äußerste Kante der Welt in den Weltraum stürzen würde. Das Unbewußte war wirklich noch ein *mare ignotum*, als er sich ihm zum ersten Mal überließ, aber er war jung, couragiert und entschlossen, Neuland zu betreten. Und so machte er sich auf den Weg.

Jung bezeichnete sich oft selbst als einen Pionier und Erforscher des unkartographierten Geheimnisses der menschlichen Seele. Er scheint abenteuerlustigen Geistes gewesen zu sein. Die menschliche Psyche war für ihn ein noch nahezu unberührtes Areal – was in vielerlei Hinsicht noch heute gilt. Sie war ein Geheimnis, das die Abenteuerlustigen mit der Aussicht reicher Entdeckungen lockte und die Ängstlichen mit der Drohung des Wahnsinns schreckte. Für Jung war das Studium der Seele zugleich eine Sache von weitreichender historischer Bedeutung, denn die ganze Welt hängt, wie er es einmal formulierte, an einem Faden, und zwar am Faden der menschlichen Psyche. Es ist daher geradezu lebenswichtig, mehr über sie zu wissen.

Die große Frage lautet natürlich: Kann man die menschliche Seele jemals kennen, können ihre Tiefen ausgelotet, kann ihre Weite abgeschritten werden? Vielleicht war es ein Rest jener Selbstüberschätzung der Wissenschaft des 19. Jahrhunderts, der die ersten Pioniere der Tiefenpsychologie wie Jung, Freud und Adler dazu veranlaßte, sich überhaupt an diese Aufgabe zu wagen und zu glauben, daß sie die letztlich unerforschliche, sich allen Beschreibungen entziehende menschliche Psyche definieren könnten. Doch nachdem sie erst einmal auf dieses *mare ignotum* hinausgesegelt waren, gelang dies ihnen tatsächlich, und Jung wurde zu einem Christoph Columbus der inneren Welt. Das 20. Jahrhundert war ein Zeitalter wissenschaftlicher Entdeckungen und technologischer Wunder aller erdenklichen Art. Zugleich war es ein Zeitalter der Introspektion, jenes Vorstoßes in die menschliche Subjektivität, der das zum Ergebnis hatte, was wir heute als Tiefenpsychologie kennen.

Eine Möglichkeit, uns mit dem unbekannten Areal der Psyche vertraut zu machen, liegt darin, die Karten der großen Pioniere zu studieren. In ihren Werken finden wir nicht zuletzt manchen Orientierungspunkt für uns selbst, vielleicht werden wir ja sogar dazu angeregt, weitere Erkundungen durchzuführen und selbst Neues zu entdecken. Jungs Landkarte der Seele, so vorläufig, ungenau und unvollendet sie auch sein mag – wie übrigens alle ersten Versuche, unbekannte Landstriche zu kartographieren –, kann dennoch hilfreich für alle sein, die in den inneren Raum, in die Welt der Psyche vordringen und dabei nicht völlig die Orientierung verlieren wollen.

Jung in seiner selbstgewählten Rolle als Entdecker und Kartograph steht im Mittelpunkt des vorliegenden Buches und bestimmt damit leitmotivisch die Einführung in seine Theorie von der menschlichen Psyche. Die Psyche ist der weiße Fleck auf der Landkarte. Seine Theorie ist die Landkarte, die er schuf, um sein Verständnis von der Psyche zu vermitteln. Es ist also letztlich Jungs Landkarte von der menschlichen Seele, die ich abzuschreiten versuche, indem ich Sie, die Leser, in und durch das weite Feld seiner Schriften geleite. Damit lege ich hier gleichsam die Anleitung zum Lesen der Karte vor und hoffe, einen sinnvollen Reiseführer geschrieben zu haben, der Ihnen bei Ihren Streifzügen durch Jungs Leben und Werk gute Dienste leistet.

Wie alle Kartographen arbeitete Jung mit den zeitgenössischen Instrumenten und Kriterien, die ihm zu Gebote standen. 1875 geboren, vollendete er im Jahr 1900 sein Medizinstudium an der Universität Basel und im Jahr 1905 seine psychiatrische Zusatzausbildung an der psychiatrischen Klinik Burghölzli in Zürich.

Seine Verbindung zu Freud dauerte von 1907 bis 1913. Danach verbrachte er mehrere Jahre mit einer tiefgehenden Selbstanalyse, um schließlich mit einer eigenständigen psychologischen Theorie, der sogenannten analytischen Psychologie, hervorzutreten, die er im Jahr 1921 in dem Buch *Psychologische Typen*[2] vorstellte. 1930, im Alter von 55 Jahren, hatte er seine Theorie in ihren Grundzügen so gut wie vollendet, eine Reihe wichtiger Details aber noch nicht ausgearbeitet. Diese Details wurden in den Jahren nach 1930 allmählich entwickelt und flossen ihm bis unmittelbar vor seinem Tod im Jahr 1961 aus der Feder.

Das Projekt, die menschliche Seele wissenschaftlich zu erforschen, gewann schon zu einem relativ frühen Zeitpunkt in Jungs Erwachsenenleben Kontur. Seine erste offizielle Expedition ist in seine Dissertation mit dem Titel *Zur Psychologie und Pathologie sogenannter okkulter Phänomene*[3] eingegangen. Jung liefert darin einen psychologischen Abriß der inneren Welt einer begabten jungen Frau, wie wir heute wissen, seiner Kusine Helene Preiswerk. Als junges Mädchen hatte sie die ungewöhnliche Fähigkeit, als Medium für die Geister Verstorbener zu agieren, die mit bemerkenswerter historischer Genauigkeit der Stimmen und Akzente durch sie zu sprechen pflegten. Jung war fasziniert und ging daran, dieses verwirrende psychologische Phänomen zu enträtseln und zu deuten. In seiner weiteren Arbeit verwendete er das Wort-Assoziations-Experiment, um verborgene Charakteristika der psychischen Landschaft, die bis dahin noch nicht klassifiziert worden waren, freizulegen. Das Ergebnis erschien in zahllosen Kurzfassungen, die im zweiten Band seiner Gesammelten Werke zusammengetragen sind. Er bezeichnete die neuentdeckten Charakteristika des Unbewußten als »Komplexe« – ein Begriff, der sich einbürgern und ihn berühmt machen sollte. Danach griff er zwei brennende psychiatrische Probleme seiner Zeit auf: die Psychose und die Schizophrenie, und schrieb ein Buch mit dem Titel *Über die Psychologie der Dementia Praecox*[4], das er Freud als ein Beispiel seiner Arbeit und als Vorschlag für die Anwendung mancher Freudschen Gedanken in der Psychiatrie zuschickte (Freud war Neurologe). Auf Freuds enthusiastische Reaktion hin entspann sich ein intensiver beruflicher Kontakt zwischen beiden, und Jung avancierte rasch zu einem der Köpfe der eben flügge gewordenen psychoanalytischen Bewegung. Damit begann seine Erforschung der Schattenbereiche neurotischer Zustände, die ihn schließlich zur Entdeckung mehr oder weniger gleichbleibender, universaler Phantasien und Verhaltensmuster (der Archetypen) in einer tiefen Schicht der Psyche führte, die er als *kollektives Unbewußtes* bezeichnete. Die Auflistung und detaillierte Beschreibung der Archetypen und des kollektiven Unbewußten sollten zu seiner ganz persönlichen Hauptleistung werden, die seine Seelenkarte von denen aller anderen Erforscher des Unbewußten unterscheidet.

Das Jahr 1930 teilt Jungs Berufsleben fast genau in zwei Hälften. 1900 begann er seine Zusatzausbildung und seine psychiatrischen Studien am Burghölzli, und 1961 starb er als alter Weiser in seinem Haus in Küsnacht am Zürichsee. Im Rückblick wird deutlich, daß die ersten 30 Berufsjahre Jungs äußerst kreativ waren. Er schuf in diesen Jahren die Grundlagen seiner monumentalen psychologischen Theorie und setzte sich daneben noch mit diversen Einzelproblemen auseinander. Die nächsten 30 Jahre waren vielleicht weniger innovativ, doch im Hinblick auf ihre literarische Ausbeute an Büchern und Artikeln beinahe noch produktiver als der Anfang. Es waren die Jahre der Vertiefung und Validierung früherer Hypothesen und Ahnungen. Jung erweiterte seine Theorien in historischen, kulturgeschichtlichen und religionsgeschichtlichen Studien und schuf ein wichtiges Bindeglied zur modernen Physik. Seine praktische klinische Arbeit mit psychiatrischen Patienten und Analysanden war intensiver in der ersten Hälfte seines Berufslebens. Nach 1940, als der Krieg das normale Gesellschaftsleben in Europa jäh zum Erliegen brachte und nachdem er selbst einen Herzinfarkt erlitten hatte, reduzierte sie sich auf ein Minimum.

Jungs Erforschung der Psyche trug immer zutiefst persönliche Züge. Seine Erkundung des Unbewußten erstreckte sich nicht nur auf Patienten und Versuchspersonen, er analysierte auch sich selbst. Eine Zeitlang war er selbst sein hauptsächlicher Untersuchungsgegenstand. Indem er seine Träume beobachtete und die Technik der aktiven Imagination entwickelte, fand er einen Weg, immer tiefer in die verborgenen Räume seiner inneren Welt hinabzusteigen. Um seine Patienten und sich selbst zu verstehen, entwickelte er eine Deutungsmethode, die sich auf vergleichende Studien der menschlichen Kulturen, Mythen und Religionen stützte. Letztlich machte er Gebrauch von sämtlichen Materialien aus der Weltgeschichte, die einen Bezug zu geistigen Prozessen hatten. Er bezeichnete diese Methode als »Amplifikation«.

Die zahlreichen Quellen und Ansätze für Jungs Denken sind bis heute nicht vollständig ausgelotet. In seinen Schriften verrät sich der Einfluß vieler früherer Denker, darunter Goethe, Kant, Schopenhauer, Carus, Hartmann und Nietzsche. Besonders wichtig ist, daß er sich selbst in eine Reihe mit den Gnostikern der Antike und den Alchimisten des Mittelalters stellt. Sein Lieblingsphilosoph war Kant. In seiner Theoriebildung verrät sich aber auch der Einfluß von Hegels Dialektik. Prägend war natürlich auch Freud. Doch während man zeigen kann, wie sich Jungs Denken über die Jahre entwickelt und ausgeweitet hat, fällt daneben eine bemerkenswerte Kontinuität in seiner grundlegenden intellektuellen Ausrichtung auf. So haben Leser Jungs Ansätze seiner späteren psychologischen Theorien schon in Schriften aus seiner Studentenzeit entdecken können, die er für seine Burschenschaft verfaßte und als *Zofingia-Vorträge* veröffentlichte. Sie entstanden vor 1900, als er noch Student an der Universität Basel war. Der Historiker Henry Ellenberger geht sogar so weit zu behaupten, daß »die Keimzelle der analytischen Psychologie Jungs (...) in seinen Diskussionen in der Studentenverbindung Zofingia und in seinen Versuchen mit seiner jungen, medial begabten Kusine Helene Preiswerk zu suchen« sei.[5] Die Zofingia-Vorträge sind ein Zeugnis der frühen Auseinandersetzung Jungs mit Problemen, die ihn sein ganzes Leben beschäftigen sollten, etwa der Frage, ob man Religion und mystische Erfahrung empirisch-wissenschaftlicher Untersuchung unterwerfen könne. Schon als junger Mann plädierte er dafür, auch solche Themen der empirischen Forschung zu erschließen und sie aus einer offenen Geisteshaltung heraus einer Überprüfung zu unterziehen. Entscheidend wurde die Begegnung mit William James im Jahr 1909 an der Clark University. James vertrat dieselbe Position und hatte damals bereits seine klassisch gewordene Untersuchung *Die Vielfalt religiöser Erfahrung* veröffentlicht, bei der er sich genau dieser Methode bediente.

Aus diesen Überlegungen und Erfahrungen heraus entwarf Jung schließlich seine Landkarte der menschlichen Seele. Es ist eine Karte, die die Psyche mit all ihren Dimensionen zu erfassen und ihre innere Dynamik zu erklären versucht. Doch Jung war andererseits immer darauf bedacht, das letzte Geheimnis der Psyche zu respektieren. Seine Theorie läßt sich als Karte der Seele lesen. Es ist jedoch die Karte eines Geheimnisses, das sich nicht bis ins letzte in rationale Begriffe und Kategorien fassen läßt, bildet sie doch etwas lebendiges, sprunghaftes und wandelbares ab: die Psyche.

Wenn man Jung liest, muß man sich immer wieder klarmachen, daß eine Landkarte nicht mit dem Land identisch ist. Die Kenntnis der Karte ist nicht dasselbe wie die Erfahrung der tiefen Psyche. Die Karte kann bestenfalls ein nützliches Hilfsmittel für denjenigen sein, der Orientierung und Richtungweisung sucht. Für den Verirrten kann sie gar lebensrettend werden. Bei wieder anderen wird sie den starken Drang wecken, wirklich zu erleben, worüber Jung spricht. Als ich zum ersten Mal Jung las, fing ich an, meine Träume niederzuschreiben. Später ging ich nach Zürich und studierte vier Jahre lang am Jung-Institut. Durch die Analyse und die persönliche Erfahrung des Unbewußten habe ich zu vielen von Jungs Erkenntnissen Wissen aus erster Hand sammeln können. Trotzdem deckt sich meine innere Welt nicht mit der seinen. Seine Karte kann den Weg weisen und Umrisse andeuten, aber sie bietet keinen spezifischen Inhalt. Den muß jeder selbst entdecken.

Im Hinblick auf viele Details der Karte verließ sich Jung auf seine wissenschaftliche Intuition und erstaunlich lebhafte Vorstellungskraft. So war es zum Beispiel mit den wissenschaftlichen Methoden seiner Zeit nicht möglich, seine Hypothese über das kollektive Unbewußte zu bestätigen oder zu widerlegen. Heute sind wir dieser Möglichkeit näher gerückt. Doch Jung war zugleich ein Künstler, der seine schöpferischen Gedanken dazu benutzte, ein Bild der inneren, geistigen Welt zu entwerfen. Wie die schön illustrierten Karten aus der Antike und der Renaissance – die gezeichnet wurden, bevor die Kartographie zu einer Wissenschaft wurde – ist die Karte, die Jung schuf, nicht nur abstrakt, sondern bunt und prächtig. Wir sehen auf ihr Nixen und Drachen, Helden und Bösewichter. Als Wissenschaftler war er natürlich verpflichtet, seine Ahnungen und hypothetischen Konstrukte empirisch zu überprüfen. Doch blieb immer noch genügend Raum für die mythische Imagination.

Jung arbeitete auf dem Gebiet der Psychiatrie oder, wie er es manchmal bezeichnete, der medizinischen Psychologie. Sein wichtigster Lehrer in den ersten Jahren seiner Ausbildungszeit am Burghölzli war der berühmte Schweizer Psychiater Eugen Bleuler, der den Terminus »Schizophrenie« für eine der schwersten Geisteskrankheiten prägte und viel über das psychologische Problem der Ambivalenz schrieb. Soweit es möglich war, suchte Jung in unabhängigen Quellen, die nichts mit ihm und seiner eigenen, unmittelbaren Erfahrung zu tun hatten, nach Belegen und Verifizierungen für seine Theorien und Hypothesen. Seine Interessen waren weitgespannt, er war auf den verschiedensten Gebieten belesen und hatte sich mit den unterschiedlichsten Themenkreisen auseinandergesetzt. Immerhin war es sein Anspruch, als empirischer Erforscher der Psyche eine Karte zu zeichnen, die nicht nur die Landschaft seiner eigenen inneren Welt wiedergab, sondern ganz allgemein die Züge der menschlichen Seele trug. Gleich anderen großen Künstlern gelangen auch ihm dabei Bilder, die die Kraft hatten, Menschen vieler Generationen und Kulturen in ihren Bann zu schlagen.

Meiner Auffassung nach hat dieser große Schweizer Psychologe, dessen Name heute jeder kennt und der allenthalben hochgeschätzt ist, dessen Werk jedoch häufig nicht gründlich genug gelesen und immer wieder als inkonsistent und widersprüchlich kritisiert wird, in Wirklichkeit eine kohärente psychologische Theorie vorgelegt. Ich stelle sie mir gern als dreidimensionale Landkarte vor, die sowohl die verschiedenen Ebenen der Psyche als auch die dynamischen Wechselbeziehungen zwischen ihnen abbildet. Es ist ein in sich selbst schlüssiges Kunstwerk, das die einen anspricht, die anderen nicht. Die darin vorgetragenen Postulate sind in wissenschaftliche

Thesen gegossen, doch viele von ihnen sind dessenungeachtet auf empirischem Wege äußerst schwer zu beweisen oder zu widerlegen. Auf diesem Gebiet wird zwar wichtige Arbeit geleistet, doch ganz gleich, wie die Ergebnisse ausfallen mögen, Jungs Werk wird auf jeden Fall weiterhin Menschen faszinieren. Kunstwerke sind nie überholt, auch wenn Landkarten mit dem Fortschreiten der Zeit und dem Wechsel der Methoden vielleicht ihre Relevanz verlieren.

Jungs Karte der Psyche in einem kurzen Überblick beschreiben zu wollen, ist kein ganz neuer Gedanke. Andere, allen voran Jolande Jacobi und Frieda Fortham, haben einst ähnliche Einführungen geschrieben. Was mein Buch, wie ich hoffe, vor anderen auszeichnet, ist die Betonung der Kohärenz der Theorie und des feinen Netzwerkes von wechselseitigen Verbindungen. Die Darstellungen von Jungs Theorie wirken oft zusammengestückelt – ein wenig von diesem und ein wenig von jenem wird da zusammengetragen. Dabei wird leicht übersehen, daß alle diese Einzelteile aus einer einzigen, in sich geschlossenen Vision – in der ich eine sublime Vision der Seele sehe – entspringen. Außerdem ist beträchtliche Zeit verflossen, seit die erwähnten ersten Einführungen in Jungs Theorie erschienen, und die Zeit ist reif für eine Neufassung.

Es geht mir darum zu zeigen, daß es zwar Lücken und Inkonsequenzen auf Jungs Karte gibt, dem Ganzen jedoch eine fundamentale Einheitlichkeit zugrundeliegt, die die gelegentlichen Abweichungen von der logischen Folgerichtigkeit bei weitem überwiegt. Mein Hauptinteresse gilt dabei nicht so sehr der Entwicklung von Jungs Denken oder der gründlicheren Auseinandersetzung mit seinen praktischen Anwendungsmöglichkeiten in Psychotherapie und Analyse. Ich möchte vielmehr die zugrundeliegende geistige Einheit hinter dem Wust von Kommentaren und Details herausarbeiten, die sein umfassendes Œuvre bilden. Der aufmerksame Leser soll nach der Lektüre dieses Buches ein allgemeines Bild von der Theorie der analytischen Psychologie haben, wie Jung selbst sie sah, und daneben einen ersten Eindruck von den wichtigsten Einzelheiten dieser Theorie und ihrem Zusammenhang mit dem Ganzen gewinnen.

Der Grund für die bemerkenswerte Einheit in Jungs Darstellung hängt meiner Ansicht nach mit einer Eigentümlichkeit seines Denkens zusammen, die nicht aus seiner empirischen Methodologie hervorging. Jung war ein intuitiver, schöpferischer Denker in der Manier von Philosophen wie Plato und Schopenhauer. Er schuf seine Karte von der Seele anhand der Ideen, die ihm aus dem geistigen und wissenschaftlichen Klima seiner Zeit zuströmten, gab diesen Ideen jedoch eine einzigartige Wendung. Er entwickelte nicht so sehr radikal neue Gedanken als vielmehr ein neues und hochkomplexes Muster aus dem, was bereits vorhanden war. Wie ein großer Künstler, der in einer bestimmten Maltradition arbeitete, verwendete er die Bilder und Materialien, die ihm zur Verfügung standen, und machte daraus etwas Neues, das es zuvor in der gleichen Zusammenstellung nicht gegeben hatte.

Jung war aber auch ein Visionär in der Tradition von Meister Ekkehard, Böhme, Blake und Emerson. Viele seiner bedeutendsten Intuitionen hatten ihren Ursprung in seinen persönlichen Erfahrungen des Sublimen, in Träumen, Visionen und in der aktiven Imagination. In seiner Biographie bekennt er dies ganz offen, wenn er schreibt, daß sein wichtigster Lehrmeister der »Wirklichkeit der Seele« die Gestalt Philemon war, die ihm zuerst in einem Traum erschien und die er daraufhin jahrelang in die aktive Imagination einbezog.[6] So ist die unmittelbare Erfahrung der Seele die letzte tiefste Quelle von Jungs Theorie, was ihre innere Einheitlichkeit und Schlüssigkeit erklärt.

Doch Jung war auch überzeugter Wissenschaftler – das unterscheidet sein Werk von den Schriften der Philosophen und Mystiker. Er orientierte sich an wissenschaftlichen Kriterien, das heißt, er legte vor der wissenschaftlichen Gemeinschaft Rechenschaft über seine Arbeit ab und unterwarf seine Ergebnisse der empirischen Überprüfung. Er ließ seine Visionen, Intuitionen und inneren Wahrnehmungen nicht einfach für sich bestehen, sondern prüfte sie vor dem Hintergrund von Belegen allgemein menschlicher Erfahrung. Jungs Bemühen, wissenschaftlich und empirisch vorzugehen, ist ein Grund für die Ecken und Kanten in seiner Theorie, für die groben Näherungswerte, die mit dem reinen Intellekt und bloßer Imagination stark geglättet hätten werden können. Die empirische Welt, das Leben, so wie es erfahrbar wird, ist ein Kuddelmuddel und paßt nicht so genau in die Schubladen menschlichen Denkens oder menschlicher Vorstellungskraft. Eben weil Jung sowohl ein visionärer, intuitiver Denker als auch ein empirischer Wissenschaftler war, ist seine Landkarte der menschlichen Seele einerseits kohärent und andererseits nur annähernd systematisch und schlüssig.

Gerade dieses Fehlen eines zwanghaften Bemühens um Folgerichtigkeit ist einer der Gründe dafür, daß ich Jungs Schriften immer noch schätze und seit über 25 Jahren immer wieder lese. Wenn ich systematische Denker wie Tillich oder Hegel studierte, wand ich mich immer unter dem eisernen Griff ihres stählernen Geistes. Ihre Gedanken sind für mich zu wohlgeordnet. Wo bleibt das Ungeordnete, die Saftigkeit des Lebens? Diese Erfahrung ließ mich eher bei Künstlern und Dichtern nach Weisheit suchen als bei Philosophen und Theologen. Ich bin mißtrauisch rigiden Systemen gegenüber. Für mich sind sie paranoid. Jungs Schriften haben dieses Gefühl nie in mir ausgelöst.

Wenn ich Jung lese, spüre ich immer seinen tiefen Respekt vor den Geheimnissen der menschlichen Psyche, und diese Grundhaltung erlaubt eine ständige Erweiterung des eigenen Horizonts. Seine Karte eröffnet Ausblicke, statt sie zu verschließen. Ich hoffe, diesen Eindruck auch meinen Lesern zugänglich machen zu können.

Das vorliegende Buch ist eine Einführung. Auch wenn es mich freuen würde, wenn selbst fortgeschrittene Schüler der Jungschen Psychologie von seiner Lektüre profitierten, so richte ich mich doch in erster Linie an diejenigen, die gerne wüßten, was Jung gesagt hat, bis jetzt aber noch nicht den rechten Zugang zu seinem umfangreichen Werk und seinem komplexen Denken gefunden haben. Jedes der folgenden Kapitel stellt ein Thema seiner Theorie in den Mittelpunkt. Ich beleuchte dabei bestimmte Passagen aus seinen Gesammelten Werken, die dieses Stückchen seiner Landkarte erläutern. Leser, die sich von der Lektüre angeregt fühlen und Feuer fangen, können diese Stellen später im Zusammenhang aufsuchen. Ich hoffe, daß meine Art der Darstellung eine Einladung ist, sich in die ursprünglichen Texte zu vertiefen und sich der Herausforderung zu stellen, ihren manchmal verborgenen Sinn zu ergründen und über ihren Gehalt nachzudenken.

Die Auswahl der Textstellen folgt persönlichen Vorlieben. Andere gleich wertvolle Texte hätten ebensogut zitiert werden können. Ich habe versucht, die klarsten und repräsentativsten Aufsätze und Passagen aus Jungs Werk auszuwählen, um die grundlegende Kohärenz seiner Vision deutlich zu machen. Jungs Karte der Psyche ist eine ungeheure Leistung des Intellekts, der Beobachtungsgabe und der schöpferischen Intuition. Nur wenige moderne Denker reichen an sein überragendes Werk heran, das in den 18 Bänden der Gesammelten Werke, den drei Bänden Briefe, den zahllosen Sammlungen von Interviews und Gelegenheitsschriften und seiner (gemeinsam mit Aniela Jaffé verfaßten) Autobiographie Substanz geworden ist. Aus diesem Berg von Material habe ich jene Themen herausgegriffen, die grundlegend für seine Theorie sind, und habe alles ausgeklammert, was mit der analytischen Praxis und der kulturgeschichtlichen, historischen und religionsgeschichtlichen Deutung der Theorie zu tun hat.

Um noch einmal auf die bereits gestellte Frage zurückzukommen: Ist tatsächlich ein System in Jungs Werken erkennbar? Ist er ein systematischer Denker? Die Antwort ist ein vorsichtiges »Ja«. Seine Theorie bildet ein kohärentes Ganzes, wie die Schweiz ein kohärentes Land bildet, obwohl ihre Bevölkerung vier verschiedene Sprachen spricht. Das Ganze ist miteinander verbunden, obwohl die Teile so wirken, als könnten sie auch für sich allein stehen und unabhängig voneinander funktionieren. Jung dachte nicht systematisch, wie ein Philosoph systematisch denkt, indem er von grundlegenden Prämissen ausgeht und sicherstellt, daß sich die Teile ohne Widerspruch ineinanderfügen. Er erhob den Anspruch, ein empirischer Wissenschaftler zu sein, und folglich entspricht sein Theoretisieren der Unordentlichkeit der empirischen Welt. Als intuitiver Denker entwirft Jung großartige Konzepte, entfaltet sie bis ins Detail und geht dann zu weiteren großartigen Konzepten über. Häufig greift er auf etwas Früheres zurück, wiederholt sich und füllt frühere Lücken beim Weiterschreiten auf. Diese Eigentümlichkeit macht die Lektüre seines Werks so schwierig. Man muß eigentlich alles kennen, um sich wirklich ein Bild machen zu können. Wenn man mehr oder weniger zufällig in seinen Werken herumliest, gewinnt man zwar irgendwann den Eindruck, daß die einzelnen Stücke in Jungs Vorstellung irgendwie zusammenpassen, doch erst, wenn man sein ganzes Werk gelesen und lange Zeit darüber nachgedacht hat, sieht man, daß dieser Eindruck stimmt und sich alles ineinanderfügt.

Ich glaube, Jung hatte das Gefühl, daß es einer langen Zeit des Nachdenkens und geduldiger Arbeit bedurfte, die sublime Vision der menschlichen Seele, die sich ihm durch seine klinische Arbeit und seine eigenen Erfahrungen in ihrer ganzen Tiefe und Kraft gezeigt hatte, in verantwortlicher Weise in Worte zu kleiden. Er wollte auf keinen Fall voreilig sein und hielt Veröffentlichungen oft jahrelang zurück, während er daran arbeitete, Strukturen zu entwickeln, die seine Überlegungen in der intellektuellen Welt stützen konnten. Wenn wir einen Eindruck von seiner Vision in ihrer ganzen Größe erhaschen wollen, müssen wir uns vor Augen halten, daß er immerhin über eine Zeitspanne von über 60 Jahren an ihr arbeitete. Bei einem Werk dieser Größenordnung, das sich zugleich an der empirischen Realität orientiert, sollten wir nicht zu hartnäckig auf exakter Folgerichtigkeit bestehen.

Dazu paßt eine Anekdote über Jung, die seine Studenten erzählten. Als er einmal wegen eines Widerspruchs in irgendeinem Punkt seiner Theorie kritisiert wurde, antwortete er: »Ich habe mein Augenmerk auf das Feuer in der Mitte gerichtet und versuche, ein paar Spiegel um es herum aufzustellen, um es anderen sichtbar zu machen. Manchmal passen die Kanten dieser Spiegel nicht exakt zusammen und weisen Lücken auf. Ich kann nichts dagegen tun. Konzentrieren Sie sich auf das, was ich zu zeigen versuche!«

Ich sehe es als meine Aufgabe an, so genau wie nur irgend möglich zu beschreiben, was Jung in diesen Spiegeln zeigt. Es ist eine Vision, die vielen Menschen unserer Generation Nahrung gegeben hat, und kann eine Vision für die nächste Zukunft sein. Vor allem aber schenken uns Jungs Schriften Bilder von einem großen Geheimnis, der menschlichen Psyche.

Anmerkungen

[1] Carlos Fuentes, Der vergrabene Spiegel. Die Geschichte der hispanischen Welt. Hoffmann und Campe, Hamburg 1992.
[2] Jung, Gesammelte Werke, Bd. 6.
[3] Jung, Gesammelte Werke, Bd. 1, S. 1-99.
[4] Jung, Gesammelte Werke, Bd. 3, S. 1-171.
[5] Henry Ellenberger, Die Entdeckung des Unbewußten, S. 921.
[6] Jung, Erinnerungen, Träume, Gedanken, hrsg. v. Jaffé, A., S. 186.

1. Die Oberfläche
(Ichbewußtsein)

Ich möchte Jungs Karte von der Seele aufrollen, indem ich zunächst einen Blick auf seine Darstellung des menschlichen Bewußtseins und dessen zentraler Instanz werfe, das *Ego*. *Ego* ist das lateinische Wort für *Ich*. Bewußtsein ist der Zustand der Wachheit – in seinem Mittelpunkt befindet sich das »Ich«. Das ist ein ganz klarer Ausgangspunkt – es ist zugleich der Eingang zu jenem weiten inneren Raum, den wir als Psyche bezeichnen. Daneben ist das Ichbewußtsein aber auch ein komplexes Element der Psyche, das uns noch immer viele Rätsel aufgibt.

Jung war zwar mehr an der Entdeckung der Regionen jenseits des Bewußtseins, gewissermaßen am Hinterland der Psyche, interessiert, betrachtete es jedoch durchaus auch als seine Aufgabe, das menschliche Bewußtsein zu beschreiben und zu erklären. Wollte er eine wirklich vollständige Karte der Psyche anlegen, so ließ sich das nicht umgehen: Immerhin ist das Ichbewußtsein ein wesentliches Merkmal der Landschaft, die er erkundete. Man kann Jung nicht eigentlich als einen Ich-Psychologen bezeichnen, doch wies er dem Ich einen sozialen Wert zu. Er erarbeitete einen Katalog von Ich-Funktionen und erkannte die entscheidende Bedeutung eines umfassenderen, weiteren Bewußtseins für die Zukunft der Menschheit und der Kultur. Außerdem war er sich völlig im klaren darüber, daß das Ichbewußtsein seinerseits die Vorbedingung für die psychologische Forschung darstellt: es ist das Werkzeug. Unser menschliches Wissen über etwas wird von den Fähigkeiten und Grenzen unseres Bewußtseins bestimmt. Sich mit dem Bewußtsein auseinanderzusetzen heißt daher, sich mit dem Instrument zu befassen, das man für die psychologische Untersuchung und Forschung einsetzt.

Warum ist es vor allem in der Psychologie so wichtig, das Wesen des Ichbewußtseins zu begreifen? Ganz einfach: weil man ständig gezwungen ist, Verzerrungen zu korrigieren. Jung sagte, daß jede Psychologie ein persönliches Bekenntnis sei.[1] Jeder schöpferische Psychologe wird durch seine persönlichen

Vorurteile und ungeprüften Annahmen in seiner Sicht eingeschränkt. Nicht alles, was dem Bewußtsein selbst des ernsthaftesten und integersten Forschers wahr erscheint, ist notwendig exaktes Wissen. Vieles, was den Menschen als Wissen gilt, ist in Wirklichkeit, bei näherer und kritischer Betrachtung, bloßes Vorurteil oder Überzeugung, gegründet auf eine verzerrte Wahrnehmung, persönliche Vorlieben, Hörensagen, Spekulation oder bloße Phantasie. Überzeugungen gehen als Wissen durch – man klammert sich an sie als verläßliche Gewißheiten. »Ich glaube, damit ich begreife« – der berühmte Satz von Augustinus mag für unsere modernen Ohren befremdlich klingen, und doch ist genau das oft der Fall, wenn Menschen anfangen, über psychologische Realitäten zu reden. Jung bemühte sich daher ernsthaft darum, die Grundlagen seines eigenen Denkens zu überprüfen, indem er das Instrument, das er für seine Forschungsarbeit einsetzte, einer kritischen Analyse unterzog. Er vertrat vehement den Standpunkt, daß ein kritisches Bewußtseinsverständnis unerläßlich für die wissenschaftliche Arbeit sei, so wie es auch für die Philosophie wesentlich ist. Ob man die Psyche oder irgend etwas anderes richtig versteht, hängt vom Zustand des eigenen Bewußtseins ab. Jung wollte ein kritisches Verständnis des Bewußtseins vermitteln. Das war sein primäres Ziel bei der Niederschrift seines Grundlagenwerkes *Psychologische Typen*, das acht kognitive Stile schildert, die das menschliche Bewußtsein unterschiedlich prägen und Information und Lebenserfahrung auf unterschiedliche Weise verarbeiten.

Die Beziehung des Ich zum Bewußtsein

Jung äußert sich in seinen Werken immer wieder, zum Teil ausführlich, über das Ichbewußtsein. Ich werde im folgenden hauptsächlich auf das erste Kapitel seines spät entstandenen Werkes *Aion* mit der Überschrift *Das Ich* und einige verwandte Texte und Passagen eingehen. Sie bilden so etwas wie eine Zusammenfassung und spiegeln die Summe seines Nachdenkens über dieses Thema. Am Ende des vorliegenden Kapitels möchte ich zusätzlich noch einige Stellen aus *Psychologische Typen* heranziehen.

Man kann *Aion* auf ganz unterschiedlichen Ebenen lesen. Der Text, ein Spätwerk Jungs, enthält seine grundlegende Auseinandersetzung mit der Religions- und Geistesgeschichte des Westens und ihrer künftigen Entwicklung und seine detailliertesten Überlegungen zum Archetyp des Selbst. Die ersten vier Kapitel wurden dem Buch nachträglich vorangestellt, um dem Leser ohne Vorkenntnisse eine Einführung in Jungs psychologische Theorie zu geben und ihm einen Zugang zum Vokabular der analytischen Psychologie zu eröffnen. Obwohl diese einführenden Seiten nicht besonders detailliert oder theoretisch sind, enthalten sie die verdichtesten Ausführungen Jungs über die als Ich, Schatten, Anima/Animus und Selbst bezeichneten psychischen Strukturen.

Dabei definiert Jung das Ich wie folgt: Es »bildet gewissermaßen das Zentrum des Bewußtseinsfeldes, und insofern dieses die empirische Persönlichkeit umfaßt, ist das Ich das Subjekt aller persönlichen Bewußtseinsakte.«[2] Bewußtsein ist ein »Feld«, und was Jung hier als »empirische Persönlichkeit« bezeichnet, ist unsere Persönlichkeit, so, wie wir ihrer gewahr werden und sie ganz unmittelbar erleben. Das Ich als »Subjekt aller persönlichen Bewußtseinsakte« bildet den Mittelpunkt dieses Feldes. Die Bezeichnung *Ich* bezieht sich auf die Erfahrung unserer selbst als ein Zentrum des Wollens, Wünschens, Denkens und Agierens. Diese Definition des Ich als Zentrum des Bewußtseins bleibt in allen Schriften Jungs gleich.

Jung fährt fort, indem er auf die Funktion des Ich innerhalb der Psyche eingeht:

»Die Beziehung eines psychischen Inhaltes zum Ich stellt das Kriterium des Bewußtseins desselben dar, denn kein Inhalt ist bewußt, der nicht dem Subjekt vorgestellt wäre.«[3]

Das Ich ist ein »Subjekt«, dem psychische Inhalte »vorgestellt« werden. Es ist wie ein Spiegel. Außerdem ist eine Verbindung zum Ich die notwendige Bedingung dafür, etwas bewußtzumachen – eine Empfindung, einen Gedanken oder eine Phantasie. Das Ich ist eine Art Spiegel, in dem die Psyche sich sehen und ihrer selbst gewahr werden kann. Je nachdem, wie stark ein psychischer Inhalt vom Ich aufgegriffen und reflektiert wird, kann von diesem Inhalt gesagt werden, daß er dem Bereich des Bewußtseins angehört. Ist ein psychischer

Inhalt nur vage oder am Rande bewußt, so ist er noch nicht begriffen und vor die reflektierende Oberfläche des Ich gehalten worden.

In den Passagen, die auf diese Definition des Ich folgen, nimmt Jung eine wichtige Unterscheidung zwischen den bewußten und den unbewußten Merkmalen der Psyche vor: Bewußtsein ist das, was wir wissen, das Unbewußte ist alles, was wir nicht wissen. In einem anderen Text, der etwa um die gleiche Zeit entstand, wird er konkreter:

»Das Unbewußte ist nicht das schlechthin Unbekannte, sondern es ist vielmehr *einerseits das unbekannte Psychische*, das heißt all das, von dem wir voraussetzen, daß es, wenn es zum Bewußtsein käme, sich in nichts von den uns bekannten psychischen Inhalten unterscheiden würde.«[4]

Die Unterscheidung zwischen Bewußtem und Unbewußten, die in Jungs allgemeiner Theorie der Psyche so fundamental ist wie in der ganzen Tiefenpsychologie, geht davon aus, daß manche Inhalte vom Ich reflektiert und im Bewußtsein gehalten werden, wo sie weiter überprüft und manipuliert werden können, während andere psychische Inhalte entweder vorübergehend oder dauernd außerhalb des Bewußtseins liegen. Das Unbewußte umfaßt alle psychischen Inhalte, die außerhalb des Bewußtseins liegen, aus welchem Grund und wie lange auch immer. Letztlich ist das der größere Teil der psychischen Welt. Das Unbewußte ist das Hauptforschungsgebiet der Tiefenpsychologie, und Jungs leidenschaftlichstes Interesse galt der Erkundung dieses Territoriums. Doch dazu später mehr.

Häufig bezeichnet Jung das Ich in seinen Schriften als *Komplex*, ein Begriff, der im nächsten Kapitel ausführlich erörtert werden wird. In der zitierten *Aion*-Passage definiert er es dagegen einfach als einen spezifischen Inhalt des Bewußtseins und hält damit fest, daß das Bewußtsein eine umfassendere Kategorie ist als das Ich und mehr enthält als nur dieses.

Was aber ist das Bewußtsein, dieses *Feld*, in dem das Ich lokalisiert ist, in dessen Mittelpunkt es sich befindet und dessen Zentrum es zugleich festlegt? Ganz einfach ausgedrückt, ist Bewußtsein Bewußtheit. Es ist der Zustand des Wachseins, des Beobachtens und Registrierens, was in der Welt um uns herum und in uns vorgeht. Natürlich sind die Menschen nicht die einzigen bewußten Lebewesen auf der Erde. Auch andere Tiere sind bewußt, da sie ganz offensichtlich ihre Umwelt beobachten und in genau abgestimmter Weise auf sie reagieren können. Auch die Sensibilität der Pflanzen für ihre Umwelt kann als eine Form des Bewußtseins angesehen werden. Bewußtsein an sich unterscheidet die menschliche Spezies nicht von anderen Lebensformen, noch ist Bewußtsein etwas, das Erwachsene von Kleinkindern und Kindern unterscheidet. Im strengsten Sinn hängt Bewußtsein in seiner wesentlichen Beschaffenheit überhaupt nicht vom Alter oder von der psychologischen Entwicklung ab. Ein Freund von mir, der die Geburt seiner Tochter miterlebte, erzählte mir, wie bewegt er war, als sie, nachdem die Plazenta entfernt und ihre Augen gesäubert worden waren, die Augen aufschlug, im Raum umherschaute und ihn in sich aufnahm. Ganz offensichtlich war das ein Zeichen von Bewußtsein. Das Auge ist ein Indikator für die Gegenwart von Bewußtsein. Seine Lebendigkeit und seine Bewegungen sind das Signal dafür, daß ein bewußtes Wesen die Welt beobachtet. Natürlich hängt Bewußtsein nicht nur vom Sehen ab, sondern ebenso von den anderen Sinnen. Das Kind im Mutterleib registriert Töne, noch bevor seine Augen funktionieren und sehen können. Es reagiert auf Stimmen und Musik und zeigt ein bemerkenswertes Maß an Aufnahmefähigkeit. Wir wissen heute noch nicht genau, wann der Embryo eine Ebene der Bewußtheit und Reaktionsfähigkeit erreicht, die definitiv als »bewußt« bezeichnet werden könnte, doch geschieht es zu einem frühen Zeitpunkt und auf jeden Fall in der pränatalen Phase.

Das Gegenteil von Bewußtsein ist der tiefe, traumlose Schlaf, das völlige Fehlen von Aufnahmefähigkeit und empfindendem Gewahrsein. Die dauerhafte Abwesenheit von Bewußtsein in einem Körper ist denn auch praktisch eine Definition des Todes, einmal abgesehen von Fällen langdauernder Komazustände. Bewußtsein, selbst wenn es nur das Potential künftigen Bewußtseins darstellt, ist der »Lebensfaktor«, es gehört als integrierender Bestandteil zum lebendigen Körper.

Entwicklung bedeutet für das Bewußtsein das Hinzufügen spezifischer Inhalte. Theoretisch läßt sich das menschliche Bewußtsein von seinen Inhalten trennen – der Identität, den Gedanken, Erinnerungen, Phantasien, Gefühlen, Bildern und Wörtern, die seinen Raum bevölkern. Praktisch ist dies jedoch fast unmöglich. Tatsächlich scheinen nur sehr weit fortgeschrittene spirituelle Meister imstande, diese Unterscheidung überzeugend vorzuleben. Nur ein wirklich Weiser kann das Bewußtsein von seinen Inhalten trennen und diese von ihm gesondert halten, ein Mensch, dessen Bewußtsein nicht von Identifikationen mit ausgewählten Gedanken und Bildern bestimmt ist. Für die meisten Menschen scheint Bewußtsein ohne ein stabiles Objekt als Grundlage ein äußerst ephemeres und vergängliches Phänomen. Der Inhalt des Bewußtseins und das Empfinden einer gewissen Festigkeit werden typischerweise durch stabile Objekte und Inhalte wie Bilder, Erinnerungen und Gedanken gewährleistet. Aus ihnen besteht die Substanz und Kontinuität des Bewußtseins. Doch die Inhalte und sogar die Ichfunktionen des Bewußtseins – Denken, Erinnern, Bezeichnen und Sprechen, Erkennen von Bildern, Personen und Gesichtern – sind, wie Untersuchungen mit Schlaganfall-Patienten zeigen, in Wirklichkeit vergänglicher und zerbrechlicher als das Bewußtsein selbst. Man kann zum Beispiel sein Gedächtnis vollständig verlieren und immer noch bewußt sein. Das Bewußtsein ist wie ein Raum, der die psychischen Inhalte, die ihn vorübergehend füllen, umgibt. Es geht dem Ich voraus, das schließlich zu seinem Mittelpunkt wird.

Auch das Ich transzendiert und überdauert wie das Bewußtsein die speziellen Inhalte, die den Raum des Bewußtseins in irgendeinem bestimmten Moment besetzt halten. Das Ich ist der Brennpunkt des Bewußtseins, sein zentralstes und vielleicht auch dauerhaftestes Merkmal. Entgegen der Auffassung des Ostens behauptet Jung, daß Bewußtsein ohne ein Ich fragwürdig wird. Es stimmt allerdings, daß gewisse Ichfunktionen ausgesetzt oder scheinbar ausgelöscht werden können, ohne das Bewußtsein völlig zu zerstören. Damit wird zumindest für kurze Zeitspannen eine Art Ich-loses Bewußtsein, ein Bewußtseinstypus, der kaum Anzeichen eines willensgesteuerten Mittelpunkts, eines Ichs, erkennen läßt, zur menschlichen Möglichkeit.

Für Jung bildet das Ich die Mitte des Bewußtseins. Das Ich legt in hohem Maße fest, welche Inhalte im Bereich des Bewußtseins bleiben und welche ins Unbewußte absinken. Es ist verantwortlich für die Bewahrung von Inhalten im Bewußtsein und kann ebenso Inhalte aus dem Bewußtsein eliminieren, indem es aufhört, sie zu reflektieren. Um Freuds Terminus zu gebrauchen, den Jung durchaus brauchbar fand: Das Ich kann Inhalte »verdrängen«, die es nicht mag oder schmerzlich bzw. mit anderen Inhalten inkompatibel findet. Ebenso kann es Inhalte aus dem Vorrat im Unbewußten, das heißt aus dem Gedächtnisspeicher, zurückholen, sofern diese 1. nicht von Abwehrmechanismen wie etwa Verdrängung blockiert werden, die unerträgliche Konflikte außer Reichweite des Bewußtseins halten, und 2. sofern sie eine ausreichend starke assoziative Verbindung zum Ich haben – solange sie ausreichend »gelernt« wurden.

Das Ich wird nicht grundlegend von den erworbenen Inhalten des Bewußtseins, wie zum Beispiel momentane oder auch chronische Identifikationen, gebildet und definiert. Es ist wie ein Spiegel oder Magnet, der Inhalte in einem Brennpunkt der Bewußtheit festhält. Doch zugleich hat es auch einen Willen und agiert. Als lebensnotwendiges Zentrum des Bewußtseins geht es dem Erwerb der Sprache, der persönlichen Identität und selbst dem Kennen des eigenen Namens voraus. Später erworbene Elemente des Ich wie das Kennen des eigenen Gesichts und Namens sind Inhalte, die sich eng um dieses Zentrum des Bewußtseins herumlagern. Sie bewirken eine Eingrenzung des Ich und eine Erweiterung seines Steuerungsspielraums und Selbstgewahrwerdens. Grundsätzlich betrachtet ist das Ich ein Zentrum der Bewußtheit, das zumindest von Geburt an da ist, das Auge, das die Welt von diesem Punkt aus, aus diesem Körper, diesem individuellen Blickwinkel heraus betrachtet und immer betrachtet hat. Für sich genommen ist es nichts, das heißt kein Gegenstand, keine Sache. Deshalb ist es äußerst trügerisch und nicht greifbar. Man kann einfach leugnen, daß es überhaupt existiert. Und doch ist es immer gegenwärtig. Es ist nicht das Produkt von elterlicher Fürsorge, Wachstum oder Entwicklung; es ist angeboren. Man kann deutlich machen, daß es sich durch »Kollisionen» mit der Realität entwickelt und kräftigt (s. u.). Doch sein Kern ist sozusagen eine »Gabe«, eine Gabe, die mit dem Kind da ist.

Nach Jungs Beschreibung der Psyche spinnt sich ein Netzwerk von Assoziationen um die verschiedenen Inhalte des Bewußtseins. Sie alle sind direkt oder indirekt mit der Handlungszentrale, dem Ich, verbunden. Das Ich ist das Zentrum des Bewußtseins, nicht nur im geographischen, sondern auch im dynamischen Sinne. Es ist das Energiezentrum, das die Inhalte des Bewußtseins in Bewegung setzt und sie nach Prioritäten ordnet. Das Ich ist der Ort der Entscheidungsfindung und des freien Willens. Wenn ich sage: »Ich gehe zum Postamt«, hat mein Ich eine Entscheidung getroffen und mobilisiert die notwendige physische und emotionale Energie, um die Sache zu erledigen. Das Ich setzt mich in Bewegung zum Postamt und bringt mich dorthin. Es ist die Exekutive, die die Prioritäten setzt: »Geh' zum Postamt, laß dich nicht von deinem Wunsch nach einem Spaziergang im Park ablenken.« Man kann das Ich als Zentrum der Selbstsucht (des Ego-ismus) betrachten. Zugleich ist es aber auch das Zentrum des Altruismus. In und aus sich selbst heraus ist das Ich, so wie Jung es verstand und beschrieb, moralisch neutral. Es ist nichts »Schlimmes«, wie es oft in der Alltagssprache hingestellt wird (»Schlimm, er hat ein solches Ego«), sondern ein notwendiger Bestandteil des psychischen Lebens des Menschen. Das Ich ist das, was die Menschen von den anderen Geschöpfen der Natur unterscheidet, die ebenfalls Bewußtsein besitzen. Zugleich unterscheidet es das Individuum von den anderen Individuen. Es ist der individualisierende Faktor im menschlichen Bewußtsein.

Das Ich bündelt das menschliche Bewußtsein und verleiht unserem bewußten Verhalten seine Zielgerichtetheit und sein Ziel. Weil wir ein Ich haben, haben wir die Freiheit, Entscheidungen zu treffen, die sich möglicherweise über unsere Instinkte der Selbsterhaltung und Fortpflanzung hinwegsetzen. Das Ich enthält die Fähigkeit, große Materialmengen im Bewußtsein zu bewältigen und zu manipulieren. Es ist ein starker assoziativer Magnet und ein organisierender Faktor. Weil die Menschen eine solche Kraft im Zentrum ihres Bewußtseins besitzen, sind sie imstande, große Datenmengen zu integrieren und zu steuern. Ein starkes Ich ist ein Ich, das große Mengen bewußter Inhalte fassen und systematisch ordnen kann. Ein schwaches Ich dagegen kann nicht viel derartige psychische Arbeit leisten und unterliegt eher Impulsen und emotionalen Reaktionen. Ein schwaches Ich wird leicht abgelenkt, was dazu führt, daß dem Bewußtsein die Bündelung und konsistente Motivation fehlt.

Es ist den Menschen möglich, bewußt zu bleiben, während sie viele der normalen Ichfunktionen ausschalten. Durch den Willen können wir uns dazu bringen, passiv und inaktiv zu sein und die Welt in oder um uns herum wie eine Kamera einfach nur zu beobachten. Normalerweise ist es allerdings nicht möglich, ein willentlich eingeschränktes, rein auf Beobachtung ausgerichtetes Bewußtsein über eine längere Zeit aufrechtzuerhalten, da das Ich und der Rest der Psyche gewöhnlich von dem, was beobachtet wird, schnell aktiviert werden. Wenn wir zum Beispiel einen Film anschauen, dann beobachten wir am Anfang möglicherweise nur und nehmen die Menschen und die Szenerie in uns auf. Doch schon bald beginnen wir, uns mit der einen oder anderen Figur zu identifizieren, und unsere Emotionen werden geweckt. Das Ich macht sich bereit zu handeln – wenn man Schwierigkeiten hat, zwischen Filmbildern und Realität zu unterscheiden (eine weitere Ichfunktion), dann ist man vielleicht versucht, in körperlich manifestes Verhalten zu verfallen. Der Körper wird mobilisiert, und das Ich richtet sich auf einen bestimmten Handlungsverlauf ein. Filme sind so aufgebaut, daß die Zuschauer emotional Partei ergreifen und miterleben, was eine bestimmte Filmfigur tut oder fühlt. Auf diese Weise in das Geschehen einbezogen, wird das Ich als ein Zentrum des Wünschens, Hoffens und Wollens aktiviert. Es ist denkbar, daß eine Person eine wichtige Lebensentscheidung trifft, während sie einen Film anschaut, und zwar als Folge der Empfindungen und Gedanken, die durch die vor ihr ablaufenden Bilder im Bewußtsein erzeugt werden. Man weiß von Menschen, die ein Kino verlassen haben und gewalttätig wurden oder sexuelle Begierden entwickelten als direkte Folge des Einflusses des Films. Das Ich ist von Emotion, Identifikation und Begehren aktiviert worden und setzt seine steuernde Funktion und Energie zur Handlung ein. Es wird aber auch offensichtlich, daß die Freiheit des Ich beschränkt ist. Es kann leicht sowohl von inneren, psychischen als auch von äußeren, in der Umwelt liegenden Stimuli beeinflußt werden. Das Ich kann beispielsweise auf einen bedrohlichen Stimulus reagieren, indem es die Armmuskeln anspannt und sich verteidigt; oder es kann von einem inneren Drang aktiviert und stimuliert werden, schöpferisch tätig zu sein, zu lieben oder Rache zu nehmen. Es kann auch in narzißtischer Weise auf einen Ich-Impuls reagieren. Das könnte zum Beispiel bei Rachegelüsten der Fall sein.

Das Wachbewußtsein wird durch das Registrieren innerer und äußerer Reize und Phänomene und durch das In-Bewegung-Versetzen des Körpers gebündelt. Die Ursprünge des Ich reichen in die früheste Kindheit zurück. Selbst ein ganz kleines Kind erkennt bereits Formen in seiner Umwelt und wendet sich denen zu, die angenehm wirken. Diese allerersten Signale der Intentionalität des Organismus sind ein Beleg für die uranfänglichen Wurzeln des Ich, die »Ich-heit« des Individuums.

Das Nachdenken über die Beschaffenheit und das Wesen dieses Ich führt zu tiefgreifenden psychologischen Fragen. Was ist das Ich, ganz grundsätzlich betrachtet? Was bin ich? Jung würde dazu sagen, daß das Ich das Zentrum des Bewußtseins ist.

Das Ich hat das vielleicht naive Empfinden, daß es immer da war. Selbst die Vorstellung früherer Leben gewinnt vor diesem Hintergrund manchmal einen Anschein von Wahrheit und Realität. Es ist eine offene Frage, ob das Ich sich im Laufe eines Lebens wesentlich verändert. Ist nicht das Ich, das im Alter von zwei Jahren nach der Mutter schrie, dasselbe wie das, das mit 45 um eine verlorene Liebe weint oder mit 80 um einen verlorenen Lebenspartner? Während sich viele Merkmale des Ich eindeutig entwickeln und verändern, insbesondere im Hinblick auf kognitive Fähigkeiten, Selbsterkenntnis, psychosoziale Identität, Kompetenz usw., spürt man zugleich eine ganz wichtige Kontinuität im Innersten des Ich. Viele Menschen fühlen sich irgendwann in ihrem Leben dazu gedrängt, sich auf die Suche nach ihrem »inneren Kind» zu machen. Dahinter steht nichts anderes als die Erkenntnis, daß die Person, die ich als Kind war, dieselbe ist wie die, die ich als Erwachsener bin. Wahrscheinlich verändert sich der wesentliche Kern des Ich im Laufe des Lebens nicht. Das könnte auch die starke Intuition und Überzeugung vieler Menschen erklären, daß dieser Kern des Ich mit dem physischen Tod nicht verschwindet, sondern entweder an einen Ort ewiger Ruhe gelangt (Himmel, Nirwana) oder in einem anderen Leben auf der physischen Ebene wiedergeboren wird (Reinkarnation).

Ein Kind sagt zum ersten Mal mit etwa zwei Jahren »ich«. Bis dahin spricht es von sich in der dritten Person oder mit dem Eigennamen: »Timmi will« oder »Sara gehen«. Wenn ein Kind in der Lage ist, »ich« zu sagen und auf sich selbst bezogen zu denken, sich selbst in den Mittelpunkt seiner persönlichen Welt zu stellen und dieser Position ein bestimmtes Pronomen der ersten Person zu geben, hat es in seinem Bewußtsein einen großen Sprung nach vorn gemacht. Dies ist jedoch keineswegs die Geburt des uranfänglichen Ich. Schon lange davor sind Bewußtsein und Verhalten um einen Mittelpunkt herum organisiert. Das Ich existiert eindeutig, bevor der Mensch sich bewußt und reflexiv darauf beziehen kann, und der Prozeß des Erkennens dieses Ich vollzieht sich allmählich und dauert ein ganzes Leben lang. Das Hineinwachsen in ein Selbst-bewußtsein ist ein Prozeß, der sich über viele Stadien von der Kindheit bis ins Erwachsenenalter hinzieht. Eines dieser Stadien schildert Jung in *Erinnerungen, Träume, Gedanken* ausführlicher, als er davon erzählt, wie er im Alter von 13 Jahren gleichsam aus einer Wolke heraustrat und zum ersten Mal erkannte: »Jetzt bin *ich*.«[5]

Auf Grund seiner Fähigkeit, eine hohe Stufe der Selbsterkenntnis und Selbstbewußtheit zu erlangen – als selbstreflektierendes Ich –, unterscheidet sich das menschliche Bewußtsein, zumindest nach unserem gegenwärtigen Wissensstand, vom Bewußtsein des Tieres. Dieser Unterschied ist nicht allein der menschlichen Sprachfähigkeit zuzuschreiben, die den Menschen in die Lage versetzt, über das Ich, von dem er weiß und das er ist, zu sprechen und es dadurch in seiner Komplexität noch anzureichern, sondern schon der bloßen Selbstspiegelungsfunktion, die dem menschlichen Bewußtsein eigen ist. Diese Funktion aber ist vorsprachlich und übersprachlich. Sie besagt, daß der Mensch weiß, daß er ist (und später, daß er weiß, daß er sterben wird). Weil wir ein Ich haben, diesen ins Bewußtsein eingebauten Spiegel, können wir wissen, daß wir sind und was wir sind. Andere tierische Spezies wollen ebenfalls leben und ihre Umwelt kontrollieren. Sie zeigen Anzeichen von Gefühlen und Bewußtsein, aber auch von Intentionalität, Realitätsprüfung, Selbstkontrolle und anderem, was wir mit den Ichfunktionen in Verbindung bringen. Diese selbstreflektierende Funktion besitzen Tiere nicht oder doch zumindest sehr viel weniger. Sie haben weniger Ich. Wissen sie, daß sie sind, daß sie als Individuen sterben werden, daß sie gesonderte einzelne Individuen sind? Das ist zu bezweifeln. Rilke war der Überzeugung, daß Tiere dem Tod nicht so entgegensehen, wie es Menschen tun, und daß ihnen das den Vorteil verschaffe, intensiver im Augenblick leben zu können. Tiere sind nicht auf die gleiche Weise selbst-bewußt wie Menschen, da sie keine Sprache haben, können sie auch nicht differenziert ausdrücken, welcher Art ihr spezielles Bewußtsein ihrer selbst ist. Es ist ihnen nicht möglich, sich mit Hilfe der linguistischen Werkzeuge, die »die Menschen besitzen«, von anderen zu unterscheiden.[6]

Von einer gewissen Entwicklungsstufe an werden das menschliche Ich und das menschliche Bewußtsein sehr stark von dem kulturellen Umfeld, in dem eine Person aufwächst und erzogen wird, bestimmt und geformt. Daraus bildet sich eine Schicht oder Hülle in der Ichstruktur, die das zentrale Ich umgibt. Wenn das Kind in eine Kultur hineinwächst und ihre Formen und Gepflogenheiten durch die Familieninteraktionen und die Erfahrungen in der Schule lernt, wird diese Ich-Hülle immer dicker. Jung bezeichnet diese beiden Schichten des Ich als »Persönlichkeit Nr. 1« und »Persönlichkeit Nr. 2.«[7] Persönlichkeit Nr. 1 ist das angeborene Kern-Ich. Persönlichkeit Nr. 2 ist die kulturell erworbene Schicht des Ich, die im Laufe der Zeit wächst. Einige spezifische Inhalte des Ichbewußtseins einer Person können sich als relativ dauerhaft erweisen. So ist beispielsweise der eigene Name gewöhnlich ein stabiler Faktor im Bewußtsein. Von einem bestimmten Zeitpunkt an hat es beinahe den Anschein, als sei er auf Dauer mit dem Ich verschweißt. Während der Name einerseits ein unpersönliches Etikett ist und dem Bereich der Öffentlichkeit und damit der *Persona* angehört (s. Kapitel 5), berührt er, von einem Elternteil, einem Kind oder einem Geliebten ausgesprochen, die intimste Stelle unseres Selbstgefühls. Dennoch darf man nicht übersehen, daß ein Name ein kulturelles Artefakt und als solches weniger fest mit dem Ich verbunden ist als zum Beispiel der Körper. Menschen haben ihre Namen geändert und sind dieselben Menschen geblieben. Bislang hat noch niemand ganze Körper ausgetauscht, um festzustellen, ob das in diesem Fall auch gilt. Falls es einmal soweit kommen sollte, werden wir herausfinden, ob das Ich auch den Körper transzendiert. Ich vermute, daß es so ist, auch wenn die Beziehung Ich–Körper uns wie eine vollkommene Verschmelzung erscheint.

Man könnte versucht sein, das Ich als das Bewußtsein des Körpers von sich selbst als einer mit Willen ausgestatteten, individuellen, begrenzten, einzigartigen Wesenheit zu definieren. Hätte man einen anderen Namen erhalten, so könnte man argumentieren, dann würde sich das Ich deswegen nicht von seiner jetzigen Form unterscheiden. Doch wenn man einen anderen Körper hätte, wäre dann das Ich von seinem Wesen her anders? Das Ich ist tief im Körper verwurzelt, stärker noch als in der Kultur. Doch wie tief genau diese Verbindung geht, darüber kann man streiten. Auf jeden Fall hat das Ich eine tiefe Angst vor dem Tod des Körpers. Es ist die Angst, daß auf das Hinscheiden des Körpers die Auslöschung des Ich folgen wird. Nach Jung ist das Ich jedoch nicht streng auf die somatische Grundlage beschränkt. In *Aion* stellt er fest, daß das Ich

»kein einfacher, elementarer, sondern ein komplexer Faktor (ist), der als solcher nicht erschöpfend beschrieben werden kann. Er beruht erfahrungsgemäß auf zwei anscheinend verschiedenen Grundlagen, nämlich erstens auf einer *somatischen* und zweitens auf einer *psychischen*.«[8]

In Jungs Denken läßt sich die Psyche nicht auf den bloßen Ausdruck des Körpers, das Resultat chemischer Vorgänge im Gehirn oder ähnliche physische Prozesse reduzieren. Die Psyche hat auch teil am Verstand oder Geist (das griechische Wort *nous* umfaßt am treffendsten, was Jung damit meint). Sie kann ihren physischen Ort transzendieren und tut dies auch gelegentlich. In den späteren Kapiteln werden wir noch genauer sehen, wie Jung die Psyche aus einer Kombination von physischer Natur und transzendentem Geist oder Verstand, *nous*, herleitet. Für jetzt genügt es festzuhalten, daß Psyche und Körper nicht ein und derselbe Begriff sind, noch daß die eine vom anderen abgeleitet ist. Auch das Ich, das von Jung in erster Linie als ein vollkommen psychisches Objekt behandelt wird, beruht nur teilweise auf einer somatischen Grundlage, und zwar insofern, als es eine Einheit mit dem Körper erlebt. Doch der Körper, den das Ich spürt, ist psychischer Natur, es ist ein Körperbild und nicht der Körper selbst. Der Körper wird »aus der Gesamtheit der endosomatischen Empfindungen«[9] erfahren, das heißt, aus dem, was man bewußt vom Körper spüren kann. Diese Empfindungen des Körpers

»beruhen auf endsomatischen Reizen, die nur zum Teil die Bewußtseinsschwelle überschreiten. Ein erheblicher Anteil derselben verläuft unbewußt, das heißt subliminal. Die Unterschwelligkeit derselben braucht nicht notwendigerweise einen bloß physiologischen Zustand zu bedeuten, sowenig wie die eines psychischen Inhaltes. Sie können gegebenenfalls supraliminal, das heißt zu Empfindungen werden. Es besteht aber kein Zweifel darüber, daß ein großer Teil der endosomatischen Reizvorgänge schlechterdings bewußtseinsunfähig und dermaßen elementarer Natur ist, daß kein Anlaß besteht, diesen eine psychische Natur zu verleihen.«[10]

In dieser Passage wird deutlich, wo Jung die Grenzlinie der Psyche zieht, die das Ichbewußtsein und das Unbewußte einschließt, nicht aber die somatische Grundlage beider Bereiche als solche. Viele physiologische Prozesse reichen nie in den psychischen Bereich hinein, nicht einmal in die *unbewußte* Psyche. Sie sind überhaupt nicht bewußtseinsfähig. So liegt es zum Beispiel auf der Hand, daß das sympathische Nervensystem dem Bewußtsein größtenteils unzugänglich ist. Das Herz schlägt, das Blut zirkuliert und die Neuronen leiten, doch nur einige, nicht alle somatischen Prozesse können ins Bewußtsein treten. Es ist nicht ganz klar, wieweit die Fähigkeit des Ich, in die somatische Sphäre vorzudringen, weiterentwickelt werden kann. Erfahrene Yogis behaupten, eine sehr weitgehende Kontrolle über körperliche Prozesse ausüben zu können. So weiß man zum Beispiel von Yogis, die ihren Tod wollten und ihren Herzschlag willentlich stoppten. Die Fähigkeit eines anderen Yogis, die Oberflächentemperatur in seinem Handteller willentlich zu verändern, wurde überprüft und verifiziert: Er konnte die Hauttemperatur tatsächlich um fünf bis zehn Grad Celsius verändern. Das beweist eine beachtliche Fähigkeit der Psyche, den Körper zu durchdringen und zu beherrschen, läßt aber immer noch weite Teile der Somatik unberührt. Wieweit hinab in die zelluläre Substruktur kann das Ich dringen? Kann ein entsprechend geschultes Ich zum Beispiel einen Krebstumor schrumpfen lassen, oder Bluthochdruck wirksam bekämpfen? Viele Fragen sind hier noch offen.

Man sollte sich immer wieder klarmachen, daß es zwei Schwellen gibt: Die erste trennt das Bewußtsein vom Unbewußten, die zweite scheidet die Psyche (das Bewußte und das Unbewußte) vom Soma. Ich werde in späteren Kapiteln noch genauer auf diese Schwellen eingehen, doch fürs erste ist festzuhalten, daß es breite Schwellen sind und daß man sie sich als bewegliche Grenzen vorzustellen hat, nicht als feste, rigide Barrieren. Für Jung schließt die Psyche sowohl das Bewußtsein als auch das Unbewußte ein, nicht aber den ganzen Körper in seiner rein physiologischen Dimension. Das Ich beruht nach Jung auf dem *psychischen* Soma, das heißt, auf einem Körperbild und nicht auf dem Körper an sich. Daher ist das Ich im wesentlichen ein psychischer Faktor.

Die Lokalisierung des Ich

Das Territorium der Psyche fällt mit der Reichweite des Ich nahezu zusammen. Schließlich ist die Psyche nach Jungs Definition in der zitierten Passage auf den Bereich beschränkt und eingegrenzt, in dem sich das Ich bewegen kann. Das heißt jedoch nicht, daß Psyche und Ich identisch sind, da die Psyche das Unbewußte miteinschließt, während das Ich mehr oder weniger auf das Bewußtsein beschränkt ist. Das Unbewußte ist dem Ich allerdings zumindest potentiell zugänglich, auch wenn es in Wirklichkeit nicht viel von ihm spürt. Entscheidend ist, daß die Psyche eine Grenze hat. Diese Grenze ist der Punkt, an dem Reize oder außerpsychische Inhalte überhaupt nicht mehr bewußt erlebt werden *können*. In der Kantschen Philosophie, der Jung folgte, wird diese nicht erfahrbare Entität als *Ding an sich* bezeichnet. Die menschliche Erfahrung ist begrenzt, und die Psyche ist begrenzt. Jung war kein Pan-Psychist, der behauptet hätte, daß die Psyche überall und in allem ist. Der Körper liegt außerhalb der Psyche, und die Welt ist weit größer als die Psyche.

Wir sollten uns allerdings hüten, von Jung einen allzu stringenten Umgang mit seiner Terminologie zu erwarten, besonders bei Begriffen wie *Psyche* und *Unbewußtes*, sonst sehen wir Verbindungen, wo Jung bewußt Lücken und Öffnungen läßt. Die Psyche erstreckt sich nicht *genau* über das gleiche Gebiet wie die Kombination aus Bewußtem und Unbewußtem, noch ist sie *exakt* auf den Bewegungsraum des Ich beschränkt. An den Rändern, wo Psyche und Soma einander berühren und Psyche und Welt sich begegnen, gibt es Abtönungen von »Innen« und »Außen«. Jung bezeichnet diese Grauzonen als *psychoid*. Es ist dies ein Gebiet, das sich psyche-ähnlich verhält, aber nicht vollständig psychisch ist. Es ist quasi-psychisch. In diesen Grauzonen sind zum Beispiel die Rätsel der Psychosomatik beheimatet. Wie beeinflussen Geist und Körper einander? Wo hört das eine auf und fängt das andere an? Auf all diese Fragen steht die Antwort noch aus.

Jung skizziert diese feinen Unterscheidungen in der *Aion*-Passage, in der er die psychische Grundlage des Ich folgendermaßen beschreibt:

»Einerseits beruht das Ich auf dem *gesamten Bewußtseinsfeld*, andererseits auf der *Gesamtheit unbewußter Inhalte*. Diese zerfallen in drei Gruppen: Erstens temporär subliminal, das heißt willkürlich reproduzierbare (Gedächtnis), zweitens nicht willkürlich reproduzierbare, unbewußte, und drittens überhaupt nicht bewußtseinsfähige Inhalte.«[11]

Diese dritte Gruppe müßte, den vorhergehenden Definitionen nach, außerhalb der Psyche angesiedelt werden, und doch verlegt Jung sie hier in das Unbewußte. Offensichtlich wurde er gewahr, daß das Unbewußte eine Grenzlinie erreicht, an der es nicht länger Psyche ist und in nicht-psychische Regionen hineinreicht, das heißt in die »Welt« jenseits der Psyche. Dennoch liegt diese nicht-psychische Welt zumindest bis zu einem gewissen Grad im Unbewußten. Hier stoßen wir an die Grenzen der großen Mysterien, den Ausgangspunkt für außerpsychische Wahrnehmung, Synchronizität, Wunderheilungen und ähnliches.

Als Wissenschaftler mußte Jung Argumente und Beweise für dermaßen kühne Hypothesen wie die Existenz des Unbewußten, des persönlichen wie des kollektiven, vorlegen. An der eben zitierten Stelle spielt er nur auf diese Argumente an, die in anderen Schriften ausführlich entwickelt werden: »Die Gruppe zwei kann aus dem Vorkommen spontaner Einbrüche subliminaler Inhalte ins Bewußtsein erschlossen werden.«[12] So wirken Komplexe auf das Bewußtsein. »Die Gruppe drei ist hypothetisch, das heißt sie ist eine logische Folgerung aus den Tatsachen, welche der Gruppe zwei zugrunde liegen.«[13] Bestimmte konsistente Muster in den Komplexen veranlaßten Jung dazu, die Hypothese von den Archetypen zu formulieren.

Wenn bestimmte Effekte stark und dauerhaft genug sind, formuliert der Wissenschaftler eine Hypothese, die, so seine Hoffnung, diese Effekte erklärt und weitere Untersuchungen zu dieser Fragestellung nach sich zieht.[14]

Das Ich, fährt Jung im *Aion*-Text fort, ruht auf zwei Grundlagen: einer somatischen (körperlichen) und einer psychischen. Beide Grundlagen sind vielschichtig und existieren teilweise im Bewußtsein, größtenteils jedoch im Unbewußten. Daß das Ich auf ihnen ruht, heißt, daß die Wurzeln des Ich in das Unbewußte hineinreichen. In seiner oberen Struktur ist das Ich rational, kognitiv und realitätsorientiert. Doch in seinen tieferen und verborgeneren Schichten ist es dem Strom von Emotion, Phantasie und Konflikt ebenso unterworfen wie Einbrüchen aus den physischen und psychischen Schichten des Unbewußten. Das Ich ist deshalb sehr leicht durch somatische Probleme und psychische Konflikte zu irritieren. Eine rein psychische Identität, ein lebenswichtiges Zentrum des Bewußtseins, die Heimstatt von Identität und Willenskraft, ist das Ich in seinen tieferen Schichten anfällig für Störungen aus vielen Richtungen.

Wie ich oben ausgeführt habe, muß das Ich vom Bewußtseinsfeld, in dem es seinen Ort hat und für das es den entscheidenden Bezugspunkt bildet, unterschieden werden. Jung schreibt:

»Wenn ich oben sagte, das Ich *beruhe* auf dem gesamten Bewußtseinsfeld, so meine ich damit nicht, daß es daraus *bestehe*. Wäre das letztere der Fall, so könnte es von dem Bewußtseinsfeld überhaupt nicht unterschieden werden.«[15]

Wie William James, der zwischen »I« und »me«[16] unterschied, macht Jung einen Unterschied zwischen dem Ich und dem, was James als den »Strom des Bewußtseins« bezeichnete. Das Ich ist ein Punkt oder eine Stelle, die in den Strom taucht, sich aber vom Strom des Bewußtseins unterscheiden und gewahr werden kann, daß dieser Strom etwas anderes ist als es selbst. Das Bewußtsein steht nicht völlig unter der Kontrolle des Ich, auch wenn dieses genügend Distanz vom Bewußtsein erlangen kann, um den Bewußtseinsstrom zu betrachten und zu analysieren. Das Ich bewegt sich innerhalb des Bewußtseinsfeldes, beobachtend, auswählend und die motorische Aktivität des

Individuums bis zu einem gewissen Grade steuernd, zugleich aber auch einen Gutteil des Materials ignorierend, mit dem sich das Bewußtsein sonst noch befaßt. Wenn Sie mit dem Auto eine vertraute Strecke fahren, wird die Aufmerksamkeit Ihres Ich häufig wandern und sich anderen Gegenständen zuwenden. Sie kommen heil an Ihrem Bestimmungsort an, haben Ampeln beachtet und zahlreiche gefährliche Verkehrssituationen gemeistert und fragen sich, wie Sie hierher gekommen sind! Ihre Aufmerksamkeit war woanders, das Ich war fortgewandert und hatte das fahrende, nicht zum Ich gehörige Bewußtsein verlassen. Das übrige Bewußtsein dagegen ist ständig damit beschäftigt, Abläufe aufzuzeichnen, Dinge aufzunehmen, sie zu verarbeiten und auf Informationen zu reagieren. Kommt es allerdings zu einer Krise, so kehrt das Ich zurück und übernimmt das Kommando. Häufig konzentriert sich das Ich auf eine Erinnerung, einen Gedanken oder ein Gefühl oder einen Plan, die es aus dem Strom des Bewußtseins herausgegriffen hat. Routineoperationen überläßt es dem damit vertrauten Bewußtsein. Die Fähigkeit des Ich, sich vom Bewußtsein zu trennen, kann als eine milde, nicht pathologische Form der Dissoziation betrachtet werden. Das Ich kann sich bis zu einem gewissen Grad vom Bewußtsein lösen.

Obwohl von den allerersten Momenten des Bewußtseins an ein rudimentäres oder primitives Ich als eine Art Mittelpunkt vorhanden zu sein scheint, wächst und entwickelt sich diese Instanz während des Kleinkindalters und der Kindheit in entscheidender Weise. Jung schreibt:

»Das Ich ist, unbekümmert um die relative Unbekanntheit und Unbewußtheit seiner Grundlagen, ein Bewußtseinsfaktor par excellence. Es ist sogar eine empirische Erwerbung des individuellen Daseins. Es geht, wie es scheint, zunächst hervor aus dem Zusammenstoß des somatischen Faktors mit der Umwelt, und, wenn einmal als Subjekt vorhanden, entwickelt es sich aus weiteren Zusammenstößen mit der Umwelt sowohl wie mit der Innenwelt.«[17]

Nach Jung wächst das Ich also durch »Zusammenstöße«, mit anderen Worten durch Konflikte, Ärger, Qual, Kummer, Leiden. Sie alle geben den Anstoß zur Weiterentwicklung des Ich. Die Anforderungen zur Anpassung an eine äußere und eine innere Umwelt, die an jeden Menschen gestellt werden, richten sich auf einen potentielles Zentrum des Bewußtseins und stärken dessen Funktionsfähigkeit. Das Bewußtsein wird zentriert und der Organismus in eine bestimmte Richtung in Bewegung gesetzt. Das Ich als zentrale Instanz des Bewußtseins ist angeboren, seine Struktur als tatsächlich funktionierendes Zentrum verdankt es jedoch eben jenen Zusammenstößen zwischen dem psychisch-physischen Leib und einem Umweltmilieu, das Reaktion und Anpassung verlangt. Ein mittleres Maß an Reibung und Frustration in der Auseinandersetzung mit der Umwelt sind daher nach Jung die besten Voraussetzungen für das Ichwachstum.

Doch die bewußten »Zusammenstöße« können auch destruktiver Natur sein und der Psyche ernsthaften Schaden zufügen. Dann wird das heranwachsende Ich nicht gestärkt, sondern verletzt und möglicherweise so schwer traumatisiert, daß sein späteres Funktionieren radikal gestört wird. Mißbrauch von Kindern und sexuelle Traumata aus der Kindheit sind Beispiele für solche psychischen Katastrophen. Aus solchen Erfahrungen geht das Ich häufig mit einer dauerhaften Störung seiner tieferen psychischen Regionen hervor. Kognitiv ist es vielleicht in der Lage, völlig normal zu funktionieren, doch in den weniger bewußten Teilen schaffen der emotionale Aufruhr und das Fehlen zusammenhängender Strukturen schwere Persönlichkeitsstörungen und dissoziative Tendenzen. Ein solches Ich ist nicht nur verletzlich in einem normalen Sinn wie jedes Ich, sondern zerbrechlich und überempfindlich. Es zerbricht sehr leicht unter Belastung und tendiert daher dazu, sich auf primitive (aber äußerst starke) Abwehrmechanismen zurückzuziehen, um die Welt auszuschließen und die Psyche vor Eindringlingen und möglichen Verletzungen zu schützen. Solche Menschen können anderen nicht vertrauen. Paradoxerweise werden sie häufig von anderen und vom Leben ganz allgemein herumgeschubst und schwer enttäuscht. Allmählich isolieren sie sich immer mehr von der Umwelt, die als eine übermächtige Drohung empfunden wird, und leben ein Leben defensiver Isolation.

Das werdende Ich in seiner ursprünglichen Form begegnet uns im Schreien des Kleinkindes, das der Umwelt eine Diskrepanz zwischen Bedürfnis und Bedürfnisbefriedigung signalisiert. Von dieser ersten Stufe aus fängt das Ich an, sich zu entwickeln und wird schließlich zu einem sehr viel komplexeren Gebilde. Nach einer gewissen Zeit schleudert das Ich des Zweijährigen anderen Personen bereits ein »Nein« entgegen. Es versucht also nicht nur, Herausforderungen in seiner Umwelt zu meistern, sondern Aspekte dieser Umwelt zu verändern oder zu kontrollieren. Das Ich dieser kleinen Person ist intensiv damit beschäftigt, sich zu kräftigen, indem es zahlreiche »Zusammenstöße« provoziert. Das bewußt eingesetzte »Nein« und »Ich will nicht« dienen zur Übung des Ich als eigenständiger Instanz und starkem inneren Zentrum des Willens, der Intentionalität und der Kontrolle.

Ein Ich, das in der Kindheit Autonomie erlangt hat, spürt auch, daß das Bewußtsein willentlich gezügelt und gesteuert werden kann. Das ständige Auf-der-Hut-Sein überängstlicher Personen ist ein Zeichen dafür, daß ihr Ich diese Stufe selbstbewußter Autonomie nicht ganz erreicht hat. Wenn das Ich einen Grad der Kontrolle erworben hat, der ausreicht, das Überleben und die grundlegende Bedürfnisbefriedigung zu sichern, kann es offener und flexibler werden.

Jungs Gedanke, daß die Ich-Entwicklung aus Zusammenstößen mit der Umwelt erwächst, regt zu einer positiven Betrachtungsweise und einem schöpferischen Umgang mit dem Potential an, das in all den unvermeidlichen menschlichen Frustrationserfahrungen im Angesicht einer unbarmherzigen Umwelt steckt. Wenn das Ich versucht, seinen Willen durchzusetzen, begegnet es zwangsläufig einem gewissen Maß an Widerstand aus der Umwelt. Wird dieser Zusammenstoß gut bewältigt, entsteht daraus Ichwachstum. Diese Einsicht bewahrt zugleich davor, Kinder allzusehr vor den Attacken einer fordernden Realität zu schützen. Für die Anregung des Ichwachstums ist eine allzu wohltemperierte, überbeschützende Umwelt nicht besonders förderlich.

Psychologische Typen

In das Kapitel über das Ichbewußtsein gehört auch eine kurze Erörterung der Jungschen Theorie der psychologischen Typen. In der Einleitung zu *Psychologische Typen* zitieren die Herausgeber Jung, der das Werk als »eine Psychologie des Bewußtseins, betrachtet gleichsam von einem klinischen Standpunkt aus« bezeichnet.[18] Die beiden wichtigsten *Einstellungen* (Introversion und Extraversion) und die vier *Grundfunktionen* (Denken, Fühlen, Empfinden und Intuition) beeinflussen die Relation, wie das Ich sich bei der Bewältigung von Anforderungen und Anpassungsleistungen verhält. Die angeborene Disposition des Kern-Ichs für eine dieser Einstellungen und Funktionen prägt dabei entscheidend den Standpunkt, den das betreffende Ich gegenüber der Welt und der Assimilation von Erfahrungen einnimmt.

Zusammenstöße mit der Realität mobilisieren das Potential des werdenden Ich und fordern es dazu heraus, mit der Welt in Beziehung zu treten. Solche Zusammenstöße durchbrechen die *participation mystique*[19] der Psyche mit der sie umgebenden Welt. Ist es erst einmal geweckt, muß sich das Ich mit allen ihm zur Verfügung stehenden Mitteln an die Realität anpassen. Nach Jungs Auffassung stehen dem Ich dafür vier Funktionen (Gefühl, Empfindung, Denken, Intuition) zur Verfügung, die jeweils an eine introvertierte, das heißt nach innen schauende, oder extravertierte, nach außen gerichtete Einstellung gebunden sein können. Ist eine gewisse Ichentwicklung erreicht, so wird sich die angeborene Tendenz der betreffenden Person, sich der Innenwelt wie der Außenwelt gegenüber zu verhalten, auf definitive Weise zeigen. Jung behauptet, daß das Ich eine angeborene, genetische Tendenz hat, einem bestimmten *Typus*, einer bestimmten Einstellungs-Funktions-Kombination den Vorzug zu geben, und sich sekundär zum Ausgleich an einer zweiten, komplementären Kombination orientiert, während die dritte und vierte Kombination weniger zur Anwendung kommen und infolgedessen weniger entwickelt und verfügbar sind. Die jeweiligen Kombinationen bilden dabei die verschiedenen *psychologischen Typen*.

Ein Mensch bringt beispielsweise die angeborene Tendenz mit, der Welt gegenüber eine introvertierte Haltung einzunehmen. Dies findet seinen Ausdruck zunächst in einer ausgeprägten Schüchternheit des Kindes und entwickelt sich später zu einer Bevorzugung einzelgängerischer Interessen wie Lesen und Lernen. Ist diese Einstellung mit der angeborenen Neigung verbunden, sich durch den Einsatz der Denkfunktion an die Umwelt anzupassen, so wird die Person von Natur aus dazu tendieren, die Anforderungen der Welt zu meistern, indem sie wissenschaftliche Tätigkeiten wählt, die ihren Neigungen entgegenkommen. Auf diesem Gebiet wird die Person dann erfolgreich und selbstbewußt sein und auf ganz natürliche Weise zu einem zufriedenstellenden Funktionieren finden. Auf anderen Gebieten, etwa bei gesellschaftlichen Anlässen oder wenn es darum geht, Zeitungsabonnements an den Kunden zu bringen, ist eine solche introvertierte, nachdenkliche Orientierung weniger hilfreich. In solchen Situationen empfindet die Person häufig beträchtliches Unbehagen und starken Streß und kommt sich unzulänglich vor. Ist die Person in ein kulturelles Umfeld hineingeboren, das eine extravertierte Haltung stärker belohnt als eine introvertierte, oder in eine Familie, die Introversion negativ verstärkt, ist das Ich dazu gezwungen, sich an die Umwelt anzupassen, indem es Extraversion entwickelt. Das geschieht um einen hohen Preis. Die introvertierte Person muß eine Menge chronischen psychologischen Streß in Kauf nehmen, um diese Anpassungsarbeit überhaupt leisten zu können. Da eine solche Ichadaptation nicht natürlich erfolgt, wird sie dem Beobachter außerdem sofort als künstlich ins Auge fallen. Sie gelingt nie besonders gut, und doch ist sie notwendig. Eine solche Person funktioniert mit einem Handicap, wie ein von Natur aus extravertierter Mensch in einer introvertierten Kultur mit einem Handicap behaftet wäre.

Die typologischen Unterschiede zwischen den Menschen führen zu zahlreichen Konflikten innerhalb von Familien und Gruppen. Kinder, die sich typologisch von ihren Eltern unterscheiden, werden häufig mißverstanden und möglicherweise in einen falschen Funktionstypus hineingezwungen, der den elterlichen Vorlieben entspricht. Das Kind mit dem »korrekten« typologischen Profil wird immer vorgezogen werden und der Liebling sein. Das wiederum schafft die Ausgangsbasis für Geschwisterrivalität und Eifersucht. Jedes Kind in einer großen Familie wird typologisch gesehen ein bißchen anders sein, wie in der Regel auch die Eltern unterschiedlich sind. Die Extravertierten werden sich gegen die Introvertierten zusammenrotten, während die Introvertierten sich nicht so leicht damit tun, Verbündete zu finden. Dafür sind sie besonders gut darin, sich unsichtbar zu machen. Werden die typologischen Unterschiede jedoch als etwas Positives erkannt und geschätzt, dann kann daraus eine große Bereicherung für das Familien- und Gemeinschaftsleben erwachsen. Die einen empfinden als wohltuend, was die anderen einbringen, auch und gerade wenn sie nicht auf einer Wellenlänge schwingen. Die Anerkennung und Wertschätzung typologischer Unterschiede kann die Grundlage eines schöpferischen Pluralismus im familiären und kulturellen Leben bilden.

Die Kombination einer mehrwertigen Funktion mit einer in der Umwelt bevorzugten Einstellung stellt das beste Werkzeug des Ich für die Anpassung an und die Interaktion mit der inneren und der äußeren Welt dar. Die minderwertige vierte Funktion andererseits ist dem Ich am wenigsten verfügbar. Die sekundäre Funktion ist neben der mehrwertigen am nützlichsten für das Ich. Sie wirkt gleichsam kompensatorisch und wird besonders häufig und wirksam in Kombination mit der mehrwertigen Funktion zur Orientierung und zur Erreichung bestimmter Ziele eingesetzt. Dabei herrscht die Regel, daß eine dieser beiden Funktion extravertiert und die andere introvertiert ist. Die nach außen gerichtete Funktion liefert ein Bild der äußeren Realität, und die nach innen gerichtete Information darüber, was sich in der Innenwelt abspielt. Das Ich setzt diese Werkzeuge ein, um die innere und äußere Welt zu kontrollieren und zu verändern.

Viel von dem, was wir als Eindruck von anderen Menschen empfangen, und viel von dem, was wir allmählich als unsere eigene Persönlichkeit erkennen, gehört nicht in den Bereich des Ichbewußtseins. Die Vitalität, die ein Mensch ausstrahlt, das spontane Verhalten und die emotionalen Reaktionen auf andere und das Leben, das Aufblitzen von Humor, die Stimmungsschwankungen und Anfälle von Traurigkeit, die ganzen rätselhaften Komplikationen und Verwicklungen des Seelenlebens – all diese Qualitäten und Attribute werden anderen Aspekten der Psyche im weiteren Sinne und nicht dem Ichbewußtsein als solchem zugeordnet. Es ist daher nicht korrekt, sich das Ich als Äquivalent der ganzen Person vorzustellen. Das Ich ist lediglich ein Wirkfaktor, ein Brennpunkt des Bewußtseins, ein Aufmerksamkeitszentrum. Wir können seinen Wirkbereich über- oder unterschätzen.

Persönliche Freiheit

Hat das Ich erst einmal genügend Autonomie und ein gewisses Maß an Kontrolle über das Bewußtsein erlangt, so wird das Gefühl persönlicher Freiheit zu einem Kennzeichen der subjektiven Realität. In der Kindheit und Jugend wird der Spielraum der persönlichen Freiheit getestet und immer weiter ausgedehnt. Ein junger Mensch lebt typischerweise mit der Illusion einer sehr viel weitergehenden Selbstkontrolle und eines ausgeprägteren freien Willens, als es der psychologischen Realität entspricht. Sämtliche Begrenzungen der Freiheit scheinen von außen auferlegt zu sein, von der Gesellschaft und von äußeren Regeln, während wenig Bewußtsein dafür vorhanden ist, daß das Ich auch von innen kontrolliert wird. Genaueres Nachdenken macht deutlich, daß man ebensosehr ein Sklave der eigenen Charakterbildung und der eigenen inneren Dämonen ist wie äußerer Autoritäten. Häufig wird das erst in der zweiten Hälfte des Lebens erkannt, in der man in der Regel zu der Erkenntnis kommt, daß man selbst sein schlimmster Feind, schärfster Kritiker und unbarmherzigster Sklaventreiber ist. Der Faden des Schicksals wird ebensosehr von innen gesponnen, wie er von außen gespannt wird.

Jung hat einige Denkanstöße zu der Frage, wie frei der menschliche Wille tatsächlich ist. Wie wir in den folgenden Kapiteln sehen werden, ist das Ich nur ein kleiner Teil einer sehr viel weiteren psychischen Welt, so wie die Erde nur ein kleiner Teil des Sonnensystems ist. Zu lernen, daß die Erde sich um die Sonne dreht, gleicht dem Prozeß, sich bewußt zu werden, daß das Ich sich um eine größere psychische Entität dreht, das Selbst. Beide Erkenntnisse haben etwas Verstörendes und Destabilisierendes für den Menschen, der das Ich in den Mittelpunkt gestellt hat. Die Freiheit des Ich ist begrenzt.

»Es hat in Reichweite des Bewußtseinsfeldes – wie man sagt – *Willensfreiheit*. Mit diesem Begriffe meine ich nichts Philosophisches, sondern die allbekannte psychologische Tatsache der sogenannten freien Entscheidung respektive des subjektiven Freiheitsgefühls.«[20]

Innerhalb seiner eigenen Domäne hat das Ichbewußtsein ein gewisses Maß an scheinbarer Freiheit, doch wie groß ist diese Freiheit wirklich? Und in welchem Maß treffen wir unsere

Entscheidungen lediglich aufgrund von Lernvorgängen und Gewohnheiten? Coca-Cola statt Pepsi zu wählen, spiegelt ein gewisses Maß an Freiheit. Tatsächlich wird diese Entscheidung jedoch eingeschränkt durch ihr vorangehende Konditionierungen, etwa durch Werbung und die Verfügbarkeit oder das Fehlen von Alternativen. Ein Kind mag dazu ermutigt werden, seinen freien Willen zu üben und Entscheidungen zu treffen, indem es zum Beispiel zwischen drei T-Shirts wählen darf. Das Ich des Kindes fühlt sich bestätigt, weil es frei ist, das zu wählen, welches es möchte. Und doch wird der Wille des Kindes in diesem Augenblick durch zahlreiche Faktoren eingeschränkt: den unterschwelligen Wunsch, es dem Elternteil recht zu machen, oder den entgegengesetzten Wunsch, gegen den Elternteil zu rebellieren; durch die Bandbreite angebotener Möglichkeiten; durch den Druck und die Forderungen der eigenen Peergroup. Unser tatsächlicher Willensspielraum ist wie der des Kindes eingeschränkt durch Gewohnheiten, gesellschaftlichen Druck, Verfügbarkeit, Konditionierungen und zahlreiche andere Faktoren. Um mit Jung zu reden:

»Wie (...) unsere Willensfreiheit sich an den Notwendigkeiten der Umwelt stößt, so findet sie auch ihre Grenzen jenseits des Bewußtseinsfeldes in der subjektiven Innenwelt, daß heißt dort, wo sie mit den Tatsachen des Selbst in Konflikt gerät.«[21]

Die äußere Welt legt uns politische und ökonomische Beschränkungen auf, ebenso schränken uns subjektive bei freien Entscheidungen ein. Vereinfacht ausgedrückt ist es der Inhalt des Unbewußten, der den freien Willen des Ich beschneidet. Der Apostel Paulus hat diesem Tatbestand in einer klassischen Formulierung Ausdruck gegeben, als er bekannte:

»Denn ich weiß nicht, was ich tue. Denn ich tue nicht, was ich will; sondern was ich hasse, das tue ich. (...) Wollen tue ich wohl, aber das Gute vollbringen kann ich nicht.«[22]

Die Dämonen der Widersetzlichkeit stoßen mit dem Ich zusammen. Jung schreibt übereinstimmend:

»Wie äußere Umstände uns zustoßen und uns beschränken, so verhält sich auch das Selbst dem Ich gegenüber als objektive Gegebenheit, an der die Freiheit unseres Willens nicht ohne weiteres etwas zu ändern vermag.«[23]

Wenn die Psyche das Ich als unkontrollierbare innere Notwendigkeit überwältigt, ist das Ich geschlagen und muß akzeptieren lernen, daß es unfähig ist, die innere Realität zu kontrollieren – eine bittere Schlußfolgerung, zu der es auch im Hinblick auf die es umgebende soziale und physikalische Welt kommen mußte. Die meisten Menschen merken irgendwann im Laufe ihres Lebens, daß sie die Außenwelt nicht beherrschen können. Doch nur sehr wenigen wird bewußt, daß sich die inneren psychischen Prozesse ebenfalls der Kontrolle durch das Ich entziehen.

Damit haben wir uns auf den Weg in das Reich des Unbewußten gemacht. In den nächsten Kapiteln möchte ich Jungs Sichtweise der unbewußten Areale der menschlichen Psyche beschreiben, die bei weitem den größten Teil der Seelenlandkarte bedecken.

Anmerkungen:

[1] Jung, Gesammelte Werke, Bd. 4, Par. 772.
[2] Jung, Gesammelte Werke, Bd. 9/II, Par. 1.
[3] Ebd.
[4] Jung, Gesammelte Werke, Bd. 8, Par. 382.
[5] Jung, Erinnerungen, Träume, Gedanken, hrsg. v. Jaffé, A., S. 38.
[6] Viele tierische Spezies scheinen beträchtliche, wenn auch ganz besondere und geheimnisvolle Kommunikationsfähigkeiten und Ressourcen zu besitzen. Nach unserem jetzigen Wissensstand lassen sich diese jedoch nicht einmal mit den eingeschränktesten menschlichen Fähigkeiten zum Spracherwerb und Funktionieren in einem sprachlichen Universum vergleichen. Zweifellos harren jedoch noch viele nichtsprachliche Kommunikationsmöglichkeiten in der Tierwelt ihrer Entdeckung.
[7] Jung, Erinnerungen, Träume, Gedanken, hrsg. v. Jaffé, A., S. 45.
[8] Jung, Gesammelte Werke, Bd. 9/II, Par. 3.
[9] Ebd.
[10] Ebd.
[11] Ebd., Par. 4.
[12] Ebd.
[13] Ebd.
[14] Jungs Eingeständnis, daß es sich bei der Theorie der Archetypen lediglich um eine Hypothese handelt, zeigt, daß er sich ganz und gar als Wissenschaftler verstand. Sie anders zu formulieren, hätte bedeutet, sich in den Bereich der Mythenbildung und visionären Verkündigung zu begeben, in dem die Religion, nicht aber die Wissenschaft wurzelt. Jungs Schriften werden gelegentlich als Dogma behandelt. Das sollte jedoch eigentlich nicht der Fall sein, da er selbst sich auf den Boden der empirischen Methode stellt und sich in der Rolle des Wissenschaftlers und nicht in der des Propheten sieht.
[15] Jung, Gesammelte Werke, Bd. 9/II, Par. 5.

[16] William James, *Principles of Psychology*, Bd. 1, S. 291-400.
[17] Jung, Gesammelte Werke, Bd. 9/II, Par. 6.
[18] Jung, Gesammelte Werke, Bd. 6, Vorwort der Herausgeber.
[19] Jung entlehnte diese Wendung bei dem französischen Anthropologen Lévy-Bruhl, um die primitivste Beziehung des Ich zur Welt und zu der es umgebenden Gruppe oder Stammesgemeinschaft zu beschreiben. *Participation mystique* bezieht sich auf einen Zustand primitiver Identität zwischen Selbst und Objekt, ganz gleich, ob das Objekt ein Ding, eine Person oder eine Gruppe ist. Charismatische politische Führer wie Mao Tse Tung versuchten oft, ihr Volk auf dieser Bewußtseinsstufe zu halten: »Ein China, ein Geist« – das heißt Maos Geist – war der Slogan des chinesischen Diktators während der verheerenden Kulturrevolution.
[20] Jung, Gesammelte Werke, Bd. 9/II, Par. 9.
[21] Ebd.
[22] Röm 7,15-18.
[23] Jung, Gesammelte Werke, Bd. 9/II, Par. 9.

2. Das bevölkerte Innere
(Komplexe)

Im vorangehenden Kapitel haben wir gesehen, daß das Ichbewußtsein, die Oberfläche der Psyche, Irritationen und emotionalen Reaktionen unterworfen ist, die durch Zusammenstöße des Individuums mit seiner Umwelt entstehen. Jung war der Auffassung, daß diese Zusammenstöße zwischen Psyche und Welt eine durchaus positive Funktion haben. Wenn sie nicht zu heftig ausfallen, stimulieren sie die Entwicklung des Ich, weil sie eine gesteigerte Konzentrationsfähigkeit vom Bewußtsein verlangen – das führt wiederum zu einer verbesserten Problemlösefähigkeit und einer größeren individuellen Autonomie. Unter dem Druck, Entscheidungen zu treffen und einen eigenen Standpunkt einzunehmen, wird der Umgang mit diesen Prozessen immer besser. Der Prozeß ähnelt dem Aufbau eines Muskels durch isometrische Übungen. Das Ich entwickelt sich durch solche lebendigen Interaktionen mit der Welt weiter. Gefahren, Anziehungen, Ärgernisse, Bedrohungen und von anderen Menschen und verschiedenen Umweltfaktoren ausgehende Frustrationen setzen ein gewisses Maß an zentrierter Energie im Bewußtsein frei. Das Ich wird mobilisiert, mit den Aspekten der eindringenden Welt umzugehen.

Es gibt jedoch noch andere Irritationen des Bewußtseins, die eindeutig nicht mit äußeren Ursachen zusammenhängen und in keinem Verhältnis zu beobachtbaren Stimuli stehen. Diese Irritationen werden nicht primär durch äußere, sondern durch innere Zusammenstöße ausgelöst. Manchmal regen sich Menschen über scheinbar nebensächliche Dinge auf oder machen bizarre Erfahrungen mit inneren Bildern, die sie zu unerklärlichen Verhaltensweisen veranlassen. Sie werden psychotisch, sie halluzinieren, sie träumen, sie werden einfach verrückt, sie verlieben sich oder laufen Amok. Menschen handeln nicht immer rational und verhalten sich nicht immer so, wie sie es in ihrem eigenen Interesse vernünftigerweise tun sollten. Der »rationale Mensch«, von dem die ökonomische Theorie gewöhnlich ausgeht, liefert allenfalls eine Teilbeschreibung des wirklichen Menschen. Menschen werden von psychischen Kräften getrieben und von Gedanken motiviert, die nicht auf rationalen Prozessen beruhen – sie unterliegen Bildern und Einflüssen jenseits dessen, was sich in der beobachtbaren Umwelt messen läßt. Kurz gesagt, wir sind ebensosehr gefühls- und vorstellungsgetriebene Geschöpfe, wie wir rational und umweltangepaßt sind. Wir träumen genausoviel, wie wir überlegen, und wir fühlen wahrscheinlich sogar sehr viel mehr, als wir denken. Zumindest ist ein Großteil unseres Denkens emotional gefärbt und geprägt – und die meisten unserer sogenannten vernünftigen Überlegungen stehen letztlich im Dienste unserer Leidenschaften und Ängste. Das Bemühen um ein Verständnis dieser weniger rationalen Seite der menschlichen Natur führte Jung dazu, sein ganzes Leben darauf zu verwenden, mit Hilfe wissenschaftlicher Methoden zu erforschen, was menschliche Emotionen, Phantasien und das menschliche Verhalten formt und beeinflußt. Diese innere Welt war zu seiner Zeit *terra incognita*, doch Jung entdeckte, daß sie keineswegs unbewohnt ist.

Tasten nach dem Unbewußten

Stellen wir uns die Psyche für einen Augenblick als einen dreidimensionalen Raum vor, ähnlich einem Sonnensystem. Das Ichbewußtsein ist die Erde, die *terra firma*. Hier leben wir, zumindest während der Stunden, in denen wir wach sind. Der Weltraum um die Erde ist voller Satelliten und Meteoriten, einige groß, einige winzig klein. Dieser Raum steht für das Unbewußte. Wenn wir uns in ihn hinausbegeben, begegnen wir als erstes jenen Gebilden, die Jung als *Komplexe* bezeichnete. Das Unbewußte ist von Komplexen bevölkert. Jungs erste Erkundungsversuche als Psychiater galten dem Bereich, in dem sie sich aufhalten. Er nannte ihn später *persönliches Unbewußtes*.

Noch bevor er sich näher mit dem Ich-Komplex oder dem Wesen des Bewußtseins auseinandersetzte, fing er an, dieses psychische Territorium zu kartographieren. Als Ausrüstung diente ihm bei dieser ersten Expedition ein wissenschaftliches Instrument, das um die Jahrhundertwende großes Ansehen genoß: das Wort-Assoziations-Experiment.¹ Dabei kamen ihm manche Erkenntnisse aus den frühen Schriften von Sigmund Freud bei seiner Arbeit zugute. Ausgehend von der Hypothese, daß geistige Prozesse durch das Unbewußte bestimmt werden, führte Jung mit einer Gruppe von Forschern eine wissenschaftliche Studie mit dem Wort-Assoziations-Experiment durch. Sorgfältig kontrollierte Laborexperimente sollten zeigen, ob sich solche unbewußten psychologischen Faktoren empirisch verifizieren ließen.

Die Auswertung des Projekts findet sich in dem Buch *Diagnostische Assoziationsstudien*. Die Untersuchungen wurden mit Unterstützung von Jungs Lehrer Eugen Bleuler an der psychiatrischen Klinik der Universität Zürich durchgeführt.² Das Forschungsprojekt begann 1902 und erstreckte sich über einen Zeitraum von fünf Jahren. Die Ergebnisse erschienen von 1904 bis 1910 im *Journal für Psychologie und Neurologie*. Im Laufe dieser experimentellen Untersuchungen begann Jung den Terminus *Komplex* zu verwenden, den er von dem deutschen Psychologen Ziehen übernahm, später aber erweiterte und durch seine eigene Forschung und Theoriebildung stark anreicherte. Später wurde der Begriff auch von Freud übernommen und war in psychoanalytischen Kreisen³ weit verbreitet, bis Freud und Jung ihren Kontakt untereinander abbrachen. Von da an wurde der Terminus wie alles Jungianische mehr oder weniger vollständig aus dem freudianischen Vokabular verbannt. Die Theorie der Komplexe war Jungs bedeutendster erster Beitrag zum Verständnis des Unbewußten und seines Aufbaus. Zum Teil brachte Jung damit in eine Form, was Freud bis dahin über die psychologischen Ergebnisse zur Verdrängung, zur fortdauernden Bedeutung der Kindheit für die Charakterbildung und zum Rätsel des Widerstands in der Analyse geschrieben hatte. Sie ist bis heute ein brauchbares Konzept in der analytischen Praxis geblieben. Doch wie gelang es Jung, dieses Element des Unbewußten zu spezifizieren und zu kartographieren? Die Frage war, ob und wie man in den Bereich jenseits der Barrieren des Bewußtseins vordringen konnte. Bewußtsein läßt sich durch Introspektion erforschen, oder indem man einfach Fragen stellt und die Antworten notiert. Doch wie sollte man tiefer in die subjektive Welt vordringen und ihre Strukturen und ihr Funktionieren ergründen? Jung und ein

Team von Assistenzarztkollegen in der Psychiatrie entwarfen eine Reihe von Experimenten, mit deren Hilfe sie feststellen wollten, ob sie, wenn sie die Psyche ihrer Versuchspersonen mit verbalen Stimuli reizten und die Reaktionen darauf beobachteten – vor allem die Spuren subtiler emotionaler Reaktionen –, Belege für die diesen zugrundeliegenden Strukturen finden konnten. In enger Zusammenarbeit mit seinen Kollegen Bleuler, Wehrlin, Ruerst, Binswanger, Nunberg und vor allem Riklin verfeinerte Jung zunächst das Wort-Assoziations-Experiment und legte 400 gebräuchliche, scheinbar neutrale Reizwörter wie Tisch, Kopf, Tinte, Nadel, Brot und Lampe fest.[4] Eingestreut in diese Wörter waren provokativere Begriffe wie Krieg, fromm, schlagen, streicheln. Später wurde die Liste auf 100 Wörter reduziert. Diese Reizwörter wurden nacheinander einer Versuchsperson vorgelesen, die instruiert worden war, jeweils mit dem ersten Wort zu antworten, das ihr in den Sinn kam. Die Testwörter riefen bei den Versuchspersonen ein weites Spektrum ganz unterschiedlicher Reaktionen hervor. Es gab lange Pausen, sinnlose Antworten, Reime und lautmalerische Antworten und sogar physiologische Reaktionen, die sich mittels eines Geräts, des sogenannten Psycho-Galvanometers, messen ließen.[5]

Die Jung interessierende Frage war: Was geht in der Psyche der Versuchsperson vor, wenn das Stimulus-Wort gesprochen wird? Er hielt Ausschau nach Emotionen, besonders nach Anzeichen von Angst und ihren Auswirkungen auf das Bewußtsein. Die Reaktionszeiten wurden gemessen und zusammen mit den verbalen Reaktionen aufgezeichnet. Dann wurden alle Stimulus-Wörter ein zweites Mal wiederholt, und die Versuchsperson wurde gebeten, ihre früheren Antworten zu wiederholen. Wieder wurden die Ergebnisse notiert. Danach wurde der Test ausgewertet, zunächst, indem die durchschnittliche Reaktionszeit der Versuchsperson festgestellt und dann mit allen anderen Reaktionszeiten verglichen wurde. Einige Wörter brauchen eine Sekunde, um eine Reaktion auszulösen, andere zehn Sekunden, wieder andere lösen überhaupt keine Reaktion aus, wenn die Versuchsperson völlig abblockte. Im Anschluß daran wurden andere Reaktionsformen betrachtet. Auf einige Wörter erfolgten idiosynkratische Reaktionen wie Reime, sinnlose Wörter oder ungewöhnliche Assoziationen.

Jung betrachtete diese Reaktionen als *Komplexindikatoren* – Zeichen von Angst und Belege für Abwehrreaktionen gegen unbewußte psychische Konflikte. Doch was konnten sie ihm über das Wesen des Unbewußten sagen?

Die Komplexe

Jung ging davon aus, daß die Irritationen des Bewußtseins, die als Reaktionen auf die Reizwörter registriert und gemessen wurden, auf unbewußte Assoziationen zu den vorgelesenen Wörtern zurückgingen. An dieser Stelle deckte sich sein Denken mit den Überlegungen Freuds in seiner *Traumdeutung*. Freud argumentiert dort, daß Traumbilder mit Gedanken und Empfindungen des vergangenen Tages (oder sogar vergangener Jahre bis hin in die frühe Kindheit) verknüpft sein können. Dennoch sind derartige Assoziationen äußerst rätselhaft. Sie bestehen, nach Jung, nicht etwa zwischen dem Reiz- und dem Antwort-Wort, sondern zwischen den Reizwörtern und den verborgenen unbewußten Inhalten. Manche Reizwörter aktivieren unbewußte Inhalte, die wiederum mit anderen Inhalten assoziiert sind. Wird es stimuliert, so erzeugt dieses Netzwerk von assoziiertem Material, bestehend aus verdrängten Erinnerungen, Phantasien, Bildern und Gedanken, eine Störung im Bewußtsein. Die Komplexindikatoren sind lediglich die Anzeichen einer solchen Störung. Die genaue Ursache dieser Störung muß noch ausgemacht werden, und zwar durch weitere Befragung der Person und schließlich durch eine weitere Analyse, falls notwendig. Die im Rahmen des Experiments registrierten Störungen lieferten den Schlüssel zur weiteren Exploration und den Beleg dafür, daß es tatsächlich unbewußte Strukturen unterhalb der Ebene des Bewußtseins gibt. Häufig wußten die Personen zuerst gar nicht, warum bestimmte Wörter diese Reaktionen bei ihnen ausgelöst hatten.

Jung machte die Beobachtung, daß manchmal eindeutig meßbare Störungen im Strom des Bewußtseins mit scheinbar harmlosen Reizwörtern wie Tisch oder Scheune verbunden waren. Bei der Analyse der Reaktionsmuster stellte er fest, daß sich die Wörter, die mit Irritationen gekoppelt waren, thematisch bündeln ließen. Die verschiedenen Cluster deuteten jeweils auf einen gemeinsamen Inhalt. Wurden die Versuchspersonen gebeten, über ihre Assoziationen zu diesen Clustern von Reizwörtern zu sprechen, so waren sie allmählich in der Lage, Jung von stark emotional besetzten Erlebnissen aus ihrer Vergangenheit zu berichten. In der Regel waren Traumata im Spiel. Es stellte sich heraus, daß die Reizwörter schmerzliche Assoziationen geweckt hatten, die tief im Unbewußten verborgen waren. Diese belastenden Assoziationen waren es, die das Bewußtsein störten. Die unbewußten Inhalte, die für die Störungen des Bewußtseins verantwortlich waren, bezeichnete Jung als *Komplexe*.

Nachdem er festgestellt hatte, daß es im Unbewußten so etwas wie Komplexe gibt, war Jung bestrebt, mehr über sie herauszufinden. Mit Instrumenten wie dem Wort-Assoziations-Experiment konnte er sie relativ präzise messen. Durch exakte Messung ließen sich vage Intuitionen und spekulative Hypothesen in Daten und wissenschaftliche Fakten verwandeln, was Jungs wissenschaftlichem Naturell sehr entgegenkam. Er fand heraus, daß er die emotionale Belastung durch einen bestimmten Komplex ganz einfach messen konnte, wenn er die Zahl der Indikatoren, die der Komplex erzeugte, und die Schwere der durch sie signalisierten Störungen addierte. So erfuhr er etwas über die relative Quantität psychischer Energie, die in diesem Komplex gebunden war. Die Erforschung des Unbewußten war auf diese Weise quantifizierbar geworden. Das sollte nicht zuletzt auch wichtig für die Therapie werden, als Richtschnur dafür, wo die schwersten emotionalen Probleme eines Patienten lokalisiert waren und was in der Behandlung bearbeitet werden muß. Besonders nützlich ist dieses Wissen für die Kurzzeittherapie.

Die Resultate seiner Experimente überzeugten Jung, daß es tatsächlich psychische Entitäten außerhalb des Bewußtseins gibt, die sich als satellitenähnliche Gebilde um das Ichbewußtsein herumbewegen und unvorhersehbare, manchmal sehr massive Störungen im Ich auslösen können. Sie sind wie Kobolde oder innere Dämonen, die den Menschen völlig überraschend überfallen können. Von Komplexen verursachte Störungen sind begreiflicherweise von jenen Störungen zu unterscheiden, die durch Stressoren aus der Umwelt hervorgerufen werden, auch wenn beide vielleicht eng miteinander zusammenhängen, wie es häufig der Fall ist. Als Jung Freud im April 1906 seine *Diagnostischen Assoziationsstudien* schickte, witterte Freud sofort den verwandten Geist und schrieb ihm einen warmen Dankesbrief. Die beiden Männer begegneten sich ein Jahr später – von diesem Augenblick an, bis ihre Korrespondenz Anfang 1913 abriß, war ihr Verhältnis emotional und intellektuell von hohen Zielen getragen und äußerst intensiv. Man könnte sagen, daß sie gegenseitig Kernkomplexe im anderen stimulierten. Auf jeden Fall verband sie ihr gemeinsames Interesse am Unbewußten. Für Jung hatte der persönliche Kontakt mit Freud weitreichende Konsequenzen für seine Laufbahn als Psychiater wie auch für die spätere Entwicklung seiner eigenen psychologischen Theorie. Beides entwickelte sich zunächst im Schatten des wachsenden kulturellen Einflusses von Sigmund Freud. Und doch ist Jungs Karte der inneren Welt am Ende bemerkenswert unabhängig von Freud. Jungs Denken ist im Grunde radikal nicht-freudianisch. Daher weicht seine Karte von der Seele zwangsläufig stark von der Freuds ab. Für Leser, die mit Freuds Werk vertraut sind, wird das im folgenden immer wieder deutlich werden. Die beiden großen Psychologen lebten in verschiedenen geistigen Welten.

1910 war Jungs theoretische Arbeit zu den Komplexen weitgehend abgeschlossen. In späteren Jahren arbeitete er sie noch etwas detaillierter aus, fügte aber kaum neues Material hinzu. Auch an seiner Definition des Komplexes änderte sich nichts, abgesehen davon, daß er jedem Komplex eine archetypische (das heißt angeborene, primitive) Komponente zuordnete. Seine Schrift *Allgemeines zur Komplextheorie*[6], veröffentlicht 1934, bietet eine hervorragende Zusammenfassung seiner Theorie. Lange nach dem Bruch mit Freud entstanden, enthält sie einige durchaus schmeichelhafte Verweise auf den ehemaligen Lehrer und Kollegen und die Psychoanalyse im allgemeinen. Jung macht kein Hehl daraus, daß Freuds Einfluß für seine Arbeit an der Komplextheorie äußerst fruchtbar war. Wenn die Begegnung mit Freud irgendwo Spuren im Werk Jungs hinterlassen hat, dann an dieser Stelle.

Es darf nicht übergangen werden, daß Jung die Schrift *Allgemeines zur Komplextheorie* im Mai 1934 in Bad Nauheim in Deutschland beim siebten Kongreß für Psychotherapie vorstellte. Damals war er Präsident der Allgemeinen Ärztlichen

Gesellschaft für Psychotherapie, die den Kongreß finanziell förderte. Die politische Situation in Deutschland war zu dieser Zeit konfliktgeladen und konfus. Die Nationalsozialisten, die kurz zuvor die Macht ergriffen hatten, attackierten den Juden Freud als vergiftenden Einfluß, der aus der deutschen Kultur auszumerzen sei. Freuds Bücher wurden verbrannt – seine Arbeit wurde heftig angegriffen. Jung, der Vizepräsident der Organisation gewesen war und 1933 die Präsidentschaft übernommen hatte, befand sich in einer komplizierten und gefährlichen politischen Zwickmühle. Einerseits war die Zeit alles andere als dazu angetan, irgendeiner Organisation im deutschsprachigen Raum vorzustehen. Die Nationalsozialisten wachten wie die Schießhunde darüber, ob sich irgendwo auch nur das geringste Zeichen einer Abweichung von ihren rassistischen Doktrinen zeigte. Die Medizinische Gesellschaft bildete da keine Ausnahme. Jung wurde massiv dazu gedrängt, das zu sagen, was die deutschen Offiziellen zu hören wünschten, und sich ihrem Programm anzupassen. Andererseits war es ein Augenblick, in dem vielleicht allenfalls ein nicht-deutscher Psychiater etwas in dieser internationalen Vereinigung erreichen konnte. Und Jung war sehr daran gelegen, der Organisation ihren internationalen Charakter zu erhalten. Eine seiner ersten Amtshandlungen als Präsident war schließlich eine Abänderung der Statuten der Gesellschaft, die es deutschjüdischen Ärzten erlaubte, ihre Mitgliedschaft zu behalten, auch wenn sie aus allen deutschen Medizinerverbänden ausgeschlossen wurden. 1933 ließ sich noch nicht erahnen, mit welcher radikalen und grausamen Wirksamkeit sich der bösartige Impuls der nationalsozialistischen Führung durchsetzen würde.

Auf der anderen Seite bot sich Jung hier auch eine Profilierungsmöglichkeit. Ein Jahrzehnt lang hatte Freud die unumstrittene Vormachtstellung unter den Psychiatern und Psychologen Deutschlands innegehabt. Nun hatte Jung die Möglichkeit, seine Gedanken einer breiteren Öffentlichkeit vorzutragen. Jung vollführte einen moralischen Drahtseilakt. Die ganze Welt sah zu, und jede Bewegung, die er in dieser Zeit machte, beeinflußte die öffentliche Meinung. Jungs Entscheidung, 1933 den Vorsitz dieser Gesellschaft zu akzeptieren, und seine Rolle bis 1940 gaben damals wie heute Anlaß zu hitzigen

Debatten. Vorwürfe, Jung habe mit Hitlers Politik und dem nationalsozialistischen Programm einer »Säuberung des deutschen Volkes« sympathisiert, haben einen wichtigen Anhalt in den Dingen, die Jung tatsächlich, wenn auch möglicherweise unabsichtlich oder unter starkem politischem Druck, in seinen ersten Jahren als Präsident sagte und tat.[7]

Für Jung spricht, daß er 1934 in Bad Nauheim gerade den Text *Allgemeines zur Komplextheorie* vortrug, denn in dieser präsidialen Ansprache schmälert er die Bedeutung Freuds an keiner Stelle. Er gesteht ihm im Gegenteil soviel Einfluß zu, wie man seinem frühen Mentor gegenüber, mit dem er seit langem gebrochen und den er seit 20 Jahren nicht gesprochen hatte, nur erwarten konnte. 1934 war es in Deutschland schon mutig, nicht herabsetzend von Freud zu sprechen. Insofern verteidigte Jung immerhin Freuds internationalen Ruf, wenn er ihn in seinem Beitrag derart würdigte.

Am Anfang des Textes wird die Arbeit mit dem Wort-Assoziations-Experiment vorgestellt, die Jung in den Anfangsjahren seiner Tätigkeit initiierte und auch selbst durchführte. Er hatte in der Zwischenzeit viel darüber gelernt, wie Menschen in klinischen oder intimen Situationen reagieren, und stellt deshalb die Auseinandersetzung mit den psychologischen Dimensionen der experimentellen Situation voran. Er macht deutlich, daß die Testsituation an sich bereits zur Konstellation von Komplexen führt. Persönlichkeiten wirken aufeinander ein, und wenn sie miteinander interagieren, entsteht zwischen ihnen ein psychisches Feld, das Komplexe aktiviert.

Der Begriff *Konstellation* taucht in Jungs Schriften immer wieder auf und spielt in seinem Wortschatz eine wichtige Rolle. Es ist ein Begriff, der die Leser zunächst verwirrt. Gewöhnlich bezieht er sich auf die Erzeugung eines psychologisch aufgeladenen Moments, eines Augenblicks, in dem das Bewußtsein entweder bereits von einem Komplex berührt ist oder kurz davor steht.

»Mit diesem Begriff wird die Tatsache ausgedrückt, daß durch die äußere Situation ein psychischer Vorgang ausgelöst wird, welcher in einer Sammlung und Bereitstellung gewisser Inhalte besteht. Der Ausdruck, ›man ist konstelliert‹, besagt, daß man eine abwartende Bereitschaftsstellung bezogen hat, von welcher aus in ganz bestimmter Weise reagiert werden wird.«[8]

Komplexreaktionen sind relativ vorhersehbar, sobald man weiß, welche Komplexe ein Individuum hat. Diese komplexbesetzten Gebiete unserer Psyche meinen wir auch, wenn wir in der Umgangssprache sagen: »Sie weiß, auf welche Knöpfe sie bei mir drücken muß.« Wer auf einen solchen »Knopf« drückt, erhält eine bestimmte emotionale Reaktion, mit anderen Worten, er *konstelliert* einen Komplex. Wenn man eine Person schon eine Zeitlang kennt, weiß man, wo einige ihrer Knöpfe sitzen und wird diese empfindlichen Stellen entweder vermeiden oder gezielt berühren.

Jeder von uns weiß aus Erfahrung, was es heißt, konstelliert zu sein. Der Vorgang vollzieht sich auf einem Gefühlsspektrum von leichter Ängstlichkeit bis hin zum völligen Kontrollverlust. Ist ein Komplex konstelliert, so droht der Betroffene die Herrschaft über seine Gefühle und bis zu einem gewissen Grad auch über sein Verhalten zu verlieren. Er reagiert irrational und bereut es später häufig. Dem psychologisch Geschulten tut sich hier die deprimierende Erkenntnis auf, wie viele Male er schon an genau demselben Punkt war, bei wie vielen Gelegenheiten er ganz genauso reagiert hat, und wie er dennoch völlig unfähig ist, sich selbst daran zu hindern, es diesmal wieder so zu machen. Wenn man konstelliert ist, befindet man sich gleichsam im Griff eines Dämonen, einer Macht, die stärker ist als der eigene Wille. Das erzeugt ein Gefühl der Ohnmacht. Noch während man neben sich steht und beobachtet, wie man das hilflose Opfer eines inneren Zwangs wird, etwas zu sagen oder zu tun, wovon man genau weiß, daß es besser ungesagt oder ungetan bliebe, läuft die Szene vorhersagegemäß ab – die betreffenden Worte werden ausgesprochen und die Handlungen ausgeführt. Eine innerpsychische Kraft ist von einer konstellierenden Situation in Tätigkeit gesetzt worden.

Die Architekten dieser Konstellationen »sind bestimmte *Komplexe*, die ihre eigene spezifische Energie besitzen«.[9] Die *Energie* des Komplexes (auf den Energie-Begriff wird im nächsten Kapitel ausführlicher eingegangen) bezeichnet die genaue Menge an Empfindungs- und Handlungspotential, die im magnetartigen Kern des Komplexes gebunden ist. Komplexe haben Energie und eine Art von eigenem elektronischen *Spin*. Wie die Elektronen, die den Kern eines Atoms umschwirren, setzen sie, wenn sie von einer Situation oder einem Ereignis stimuliert werden, Energie frei und überwinden verschiedene Stufen, bis sie ins Bewußtsein dringen. Ihre Energie durchdringt die Schale des Ichbewußtseins und ergießt sich in dieses hinein. Dabei veranlaßt sie das Ichbewußtsein dazu, sich in derselben Richtung zu drehen und etwas von der emotionalen Energie abzugeben, die durch diesen emotionalen Zusammenstoß freigesetzt wurde. Wenn das geschieht, hat das Ich nicht mehr die völlige Kontrolle über das Bewußtsein oder über den Körper. Die Person unterliegt energetischen Entladungen, die nicht vom Ich kontrolliert werden. Das Ich kann allenfalls, wenn es stark genug ist, etwas von der Energie des Komplexes zurückhalten und den emotionalen und physischen Ausbruch minimieren. Bis zu einem gewissen Grad aber ist niemand von uns voll veranwortlich für das, was wir sagen und tun, während wir uns im Griff eines Komplexes befinden. Es muß wohl nicht eigens betont werden, daß das keine gültige Verteidigungsstrategie vor Gericht ist. Manchmal verlangt die Gesellschaft mehr von uns, als die Psyche zuläßt.

Allmählich wird deutlich, wie komplex die Psyche konstruiert ist. Tatsächlich wurde Jungs Theorie manchmal als Komplexpsychologie (und nicht mit dem gebräuchlicheren Namen »analytische Psychologie«) bezeichnet: Sowohl der Begriff der Komplexität als auch das Konzept der Komplexe sind grundlegend für seine Sicht der Psyche. Die Psyche besteht aus vielen Zentren, die jeweils Energie und ein gewisses Maß an Bewußtsein und Zielgerichtetheit besitzen. In diesem Persönlichkeitskonzept ist das Ich ein Komplex unter vielen. Jeder von ihnen besitzt sein eigenes spezifisches Energiequantum. Wenn wir von der Energie des Ich sprechen, dann bezeichnen wir sie als »freien Willen«. Möchten wir etwas über die Energiemenge, die in einem Komplex gebunden ist, aussagen, so können wir von der Macht unserer inneren Dämonen reden. Es sind dies die irrationalen Zwänge, die uns packen und mit uns machen können, was sie wollen. Im allgemeinen tut ein Komplex seine Wirkung innerhalb der Domäne des Bewußtseins, doch ist das nicht ausschließlich der Fall. Manchmal treten entsprechende Störungen auch außerhalb der Psyche auf. Jung machte die Beobachtung, daß ein Komplex auch Objekte und andere Menschen im Umfeld angreifen kann. Er kann als Poltergeist oder subtiler Einfluß auf andere Menschen wirken.

Jung beobachtete aber auch noch etwas anderes Interessantes im Zusammenhang mit den Komplexen. Eine Person kann manchmal die Wirkungen eines Reizes abblocken und die Konstellation eines Komplexes aussperren:

»Willensstarke Versuchspersonen können durch sprachlich-motorische Gewandtheit den Sinn eines Reizwortes mit kurzen Reaktionszeiten dermaßen abblenden, daß sie von ihm nicht erreicht werden. Dies gelingt aber nur in solchen Fällen, wo wirklich schwerwiegende, persönliche Geheimnisse geschützt werden müssen.«[10]

Das heißt, daß Menschen ihre unbewußten Reaktionen steuern können, indem sie bewußt Stimuli ausblenden. Um dieses Hindernis in der Testsituation auszuräumen, erdachte Jung eine Versuchsanordnung, die man als Vorgängerin des Lügendetektors bezeichnen kann. Es handelte sich um eine geniale Erweiterung des Wort-Assoziations-Experiments.

Durch Messen der elektrischen Hautleitfähigkeit mit einem Psychogalvanometer konnte Jung zeigen, daß Veränderungen der Leitfähigkeit mit Komplexindikatoren korrelieren. Mit anderen Worten, wenn eine Person lügt oder das Zutagetreten einer komplexbesetzten Reaktion zu verbergen versucht, mag ihr Ich vielleicht noch in der Lage sein, einige dieser Indikatoren zu überspielen, sehr viel schwieriger ist es jedoch, die subtileren physiologischen Reaktionen zu unterdrücken. So wird die Person als Reaktion auf ein komplexaktivierendes Wort oder eine entsprechende Frage möglicherweise schweißnasse Handflächen bekommen oder Mundtrockenheit empfinden. Durch die Einführung der Messung der Hautleitfähigkeit entwickelte Jung eine verfeinerte Methode zur Sammlung von Komplexindikatoren. Durch den Einsatz dieser Apparatur war er in der Lage, einen Diebstahlfall in seiner psychiatrischen Klinik zu lösen.[11] Natürlich ist die Methode keineswegs unfehlbar.

Das Ich der meisten Menschen wird normalerweise in der Lage sein, die Wirkung von Komplexen bis zu einem gewissen Grad zu neutralisieren. Diese Fähigkeit dient dem Ziel der Anpassung, ja dem Überleben. Sie ist der Fähigkeit verwandt, in Distanz zu bestimmten Dingen zu gehen (oder vielleicht sogar identisch mit ihr). Könnten wir dies nicht, so würde unser Ich möglicherweise gerade im Augenblick größter Gefahr versagen, wenn es am notwendigsten ist, einen klaren Kopf zu behalten. Im Berufsleben ist es entscheidend, persönliche Komplexe beiseitelassen zu können, um seine Arbeit tun zu können. Psychotherapeuten müssen imstande sein, ihre eigenen Emotionen und persönlichen Konflikte auszublenden, während sie mit Patienten arbeiten. Um für einen Patienten, dessen Leben in Scherben liegt, dasein zu können, muß der Therapeut ruhig bleiben, selbst wenn in diesem Augenblick sein eigenes Leben ein einziges Chaos ist. Alle Berufe verlangen von den Tätigen, daß die Arbeit getan wird, ganz gleich, was in ihrem persönlichen Leben geschieht. Wie es in der Theaterwelt heißt: *The show must go on.* Das setzt die Fähigkeit voraus, die Auswirkungen von Komplexen auf das Ichbewußtsein zumindest bis zu einem gewissen Grad überwinden zu können. Als Beispiel für diese Fähigkeit, die eigenen Ängste und Komplexreaktionen für sich zu behalten, führt Jung einen Meister dieses Fachs an, den Diplomaten Talleyrand. Diplomaten agieren auf Anweisung von Staatsoberhäuptern und bedienen sich eines Vokabulars, das kaum etwas von ihren eigenen Empfindungen oder Präferenzen verrät. Sie erheben eine Sprache, die alles Emotionale verdeckt und Komplexindikatoren verbirgt, zur Kunst, und sie haben dabei den Vorteil, nicht an ein Psychogalvanometer angeschlossen zu sein.

Ebenen des Unbewußten

Gewöhnlich hält man Komplexe für etwas »Persönliches«. Tatsächlich haben die meisten Komplexe ihren Ursprung in der Lebensgeschichte einer Person und gehören ganz und gar zu dem betreffenden Individuum. Daneben gibt es aber auch familiäre und soziale Komplexe. Sie sind dem Individuum nicht mehr eigen als eine Krankheit. Das Individuum »bekommt« sie, die Krankheit selbst ist jedoch Teil eines ganzen Kollektivs. In einer Gesellschaft sind viele Menschen psychisch ähnlich »verdrahtet«. Menschen, die in denselben Familien, Großfamilien oder traditionellen Kulturen aufwachsen, haben viel von deren allgemeiner Bewußtseinsstruktur. Selbst in einer so großen und vielgestaltigen Gesellschaft wie den USA teilt die gesamte Bevölkerung viele typische Erfahrungen. Fast jedes Kind kommt mit fünf oder sechs Jahren in die Schule, macht die gleiche Belastung durch Prüfungen und das Trauma des Versagens und der Demütigung durch und durchläuft schließlich die Angst der Bewerbung an verschiedenen Colleges, um seine Ausbildung fortzusetzen, oder bei verschiedenen Firmen, um einen Job zu bekommen. Diese allgemeinen Erfahrungen mit ähnlichen Autoritätspersonen schaffen durch eine Art subtile Programmierung des persönlichen Unbewußten so etwas wie gesellschaftlich fixierte psychologische Muster. Gemeinsame Traumata schaffen gemeinsame Komplexe. Manchmal sind diese Komplexe generationsgebunden. Früher war oft die Rede von der Depressionsmentalität der Menschen, die das Trauma des Börsenkrachs von 1929 erlebten. Heute reden wir von Vietnamveteranen und gehen davon aus, daß alle, die an diesem Krieg teilgenommen haben, mehr oder weniger denselben Typus der Komplexbildung, ausgelöst von den Traumata der Kampferfahrungen, mit sich herumtragen.

Man kann in diesem Zusammenhang von einer kulturellen Schicht des Unbewußten sprechen, einer Art kulturellem Unbewußten.[12] Sie ist persönlich in dem Sinne, daß sie im Laufe des Lebens des Einzelnen erworben wird, sie ist aber auch kollektiv, weil eine ganze Gruppe sie gemeinsam hat. Das Unbewußte wird auf dieser Ebene von übergreifenderen kulturellen Mustern und Einstellungen strukturiert, die die bewußten Haltungen des Individuums und seine individuellen Komplexe im Rahmen unbewußter kultureller Annahmen prägen. (Das kulturelle Unbewußte ist *nicht* identisch mit dem Kollektiven Unbewußten, das wir in Kapitel 4 betrachten wollen.)

Das führt uns zu der interessanten Frage, wie Komplexe überhaupt entstehen. Die gängige Antwort lautet: durch Traumata. Diese Aussage muß hier jedoch in einen größeren sozialen Kontext übertragen werden. In einigen Untersuchungen Jungs mit dem Wort-Assoziations-Experiment ging es um mögliche familiäre Einflüsse auf die Bildung unbewußter Inhalte bei Kindern. Mit Hilfe dieses Instruments fand er signifikante Belege für überraschend ähnliche Muster in der Komplexbildung bei Familienmitgliedern, zum Beispiel bei Müttern und Töchtern, Vätern und Söhnen und Müttern und Söhnen. Die stärksten Übereinstimmungen gab es zwischen Müttern und Töchtern. Die Reaktionen dieser beiden Gruppen auf die Reizworte offenbarten nahezu identische Ängste und Konflikte. Jung schloß daraus, daß das Unbewußte wesentlich durch enge Beziehungen im familiären Umfeld geprägt wird. Wie das geschieht, geht aus seinen Aussagen nicht hervor. Ist vielleicht eine Art Übertragung im Spiel? Oder kommt es zur Wiederholung ähnlicher Traumata, die auf diese Weise über die Generationen weitergegeben werden? Jung bleibt die Antwort darauf schuldig.

In der späteren Kindheit werden diese früh angelegten psychischen Strukturen noch einmal modifiziert, indem sie dem breiteren Umfeld der Gesellschaft und Kultur ausgesetzt werden. Der Einfluß ethnischer und familiärer Prägungen geht dabei zumindest in einer pluralistischen Gesellschaft wie den USA stark zurück, weil die Psyche ständig sozialen und kulturellen Reizen ausgesetzt ist, angefangen beim Fernsehen bis hin zur Schule. Wenn die Peergroup schließlich zentral wird, entstehen daraus wichtige neue strukturelle Elemente, von denen allerdings viele auf allgemeinen gesellschaftlich-kulturellen Mustern beruhen. Trotzdem verschwinden die von der frühen Kindheitsfamilie induzierten Komplexe nicht aus der Psyche. Mutter- und Vaterkomplexe beherrschen vielmehr weiterhin die Szene des persönlichen Unbewußten.[13]

Psychische Bilder

Wenn man den Grundaufbau des Komplexes kennenlernen will, muß man ihn in seine Teile zerlegen. Jung fragt:

»Was ist nun, wissenschaftlich gesprochen, ein ›gefühlsbetonter Komplex‹? Er ist das *Bild* einer bestimmten psychischen Situation, die lebhaft emotional betont ist und sich zudem als inkompatibel mit der habituellen Bewußtseinslage oder -einstellung erweist.«[14]

Entscheidend ist hier das Wort *Bild*, das eine wichtige Rolle in Jungs Terminologie spielt. *Bild* definiert das Wesen der Psyche. Manchmal gebraucht Jung auch das lateinische Wort *imago* statt *Bild* für einen Komplex. Die *Mutterimago* ist der Mutterkomplex, der von der wirklichen Mutter unterschieden werden muß. Wichtig ist daran, daß der Komplex ein Bild ist und als solches von seinem Wesen her der subjektiven Welt zugehört; er besteht sozusagen aus reiner Psyche, auch wenn er zugleich eine reale Person, Erfahrung oder Situation repräsentiert. Keinesfalls darf der Komplex mit der objektiven Realität verwechselt werden, also mit einer tatsächlich existierenden anderen Person oder einem Ding. Der Komplex ist ein inneres Objekt – in seinem Kern ist er ein Bild.

Erstaunlicherweise kann eine enge Verbindung zwischen einem psychischen Bild und der äußeren Realität bestehen, ohne daß die Psyche eine entsprechende Prägung erfahren hätte oder in dem betreffenden Fall auf eine eigene Erfahrung zurückgreifen konnte. Der berühmte Verhaltensforscher Konrad Lorenz untersuchte bei einigen Tierarten angeborene Reflexreaktionen auf bestimmte Stimuli. So wußten zum Beispiel Küken, die nie einen Hühnerhabicht gesehen hatten, daß sie sich schnell verstecken mußten, wenn ein Hühnerhabicht über sie hinwegflog und sein Schatten auf die Erde fiel. Mit Hilfe von Attrappen, die an Drähten liefen und Schatten warfen, die dem eines Hühnerhabichts glichen, konnte gezeigt werden, daß noch ganz unverbildete Küken sofort lossausen und sich verstecken, wenn sie den Schatten sehen. Die Schutzreaktion ist in das Verhaltensrepertoire des Kükens eingebaut, wobei das Bild des Feindes offenbar angeboren ist und ohne vorgeschalteten Lernprozeß erkannt wird.

Auf ganz ähnliche Weise arbeiten Komplexe, nur daß sie beim Menschen lediglich quasi-instinktiv wirken. Sie funktionieren insofern wie Instinkte, als sie spontane Reaktionen auf bestimmte Situationen oder Personen auslösen, sind aber nicht nur angeboren wie Instinkte. Meistens sind sie das Produkt bestimmter Erfahrungen – Traumata, familiäre Interaktions- und Verhaltensmuster, kulturelle Prägungen. Dies, kombiniert mit bestimmten angeborenen Elementen, die Jung als archetypische Bilder bezeichnete, macht schließlich die Gesamtheit des Komplexes aus. Komplexe sind der Bodensatz, der in der Psyche zurückbleibt, nachdem das Erlebte verarbeitet und in innere Objekte verwandelt wurde. Sie wirken beim Menschen ähnlich den Instinkten bei anderen Säugetieren. *Imagines* oder Komplexe sind sozusagen künstlich erzeugte menschliche Instinkte.

Träume leben sehr stark von solchen unbewußten Bildern.

Jung bezeichnet die Komplexe denn auch mehrfach als die Baumeister unserer Träume. Die Träume eines Menschen über eine gewisse Zeitspanne hinweg liefern uns Bilder, Muster, Wiederholungen und Themen, die eine gute Vorstellung davon vermitteln, wie die Komplexe der Person aussehen.

»Dieses Bild ist von starker innerer Geschlossenheit, es hat seine eigene Ganzheit und verfügt zudem über einen relativ hohen Grad von *Autonomie*, das heißt es ist den Bewußtseinsdispositionen nur in geringem Maße unterworfen und benimmt sich daher wie ein belebtes corpus alienum im Bewußtseinsraume.«[15]

Jedes dieser Merkmale des Bildes – seine innere Kohärenz, seine Ganzheit und seine Autonomie – ist ein wesentlicher Aspekt von Jungs Definition des Komplexes. Ein Komplex besitzt psychische Festigkeit, er ist stabil, auch über längere Zeiträume. Wird er sich selbst überlassen, ohne daß das Ich-bewußtsein interveniert oder ihn hinterfragt, verändert sich ein Komplex nicht wesentlich. Das wird deutlich an den endlosen Wiederholungen immer derselben emotionalen Reaktionsmuster, an den ständig wiederkehrenden Fehlern, denselben unglückseligen Entscheidungen, die immer wieder im Leben einer Person getroffen werden.

Die Analyse versucht, die Komplexe des Klienten offenzulegen und der bewußten Reflexion des Ich auszusetzen. Durch eine solche Intervention können sie verändert werden. Die Person lernt in der Analyse, wie ihre Komplexe funktionieren, was ihre Konstellation fördert und was ihrer endlosen Wiederholung vorbeugen kann. Ohne eine derartige Intervention von seiten des Ich wird sich ein Komplex verhalten wie ein lebendiger Fremdkörper oder ein Infekt. Der Mensch im Griff des Komplexes fühlt sich hilflos und seinen Emotionen preisgegeben.

Im allgemeinen bleibt die psychische Wirkung von Komplexkonstellationen noch über längere Zeit bestehen, nachdem der Stimulus aufgehört hat, die Psyche zu attackieren.

»Gewisse experimentelle Untersuchungen scheinen darauf hinzuweisen, daß seine Intensitäts- oder Aktivitätskurve einen wellenförmigen Charakter hat, mit einer Wellenlänge von Stunden, Tagen oder Wochen.«[16]

Der Stimulus, der den Komplex aktiviert, kann leicht oder stark sein, von langer oder kurzer Dauer. Unabhängig davon kann seine Wirkung auf die Psyche über einen längeren Zeitraum nachhallen und in Wellen der Emotionalität oder Angst ins Bewußtsein dringen. Eines der Anzeichen für eine erfolgreiche Psychotherapie ist, daß die komplexinduzierten Störungen kürzer dauern als zuvor. Raschere Erholung von komplexinduzierten Störungen deutet auf gewachsene Ichstärke und größere Integration psychischen Materials und zugleich auf eine schwindende Stärke der Komplexe. Eine verkürzte Perseverationsphase bedeutet, daß sich die Macht des Komplexes verringert hat. Dennoch muß man ganz klar erkennen, daß ein Komplex niemals vollständig ausgelöscht werden kann. Die wellenartigen Wirkungen des »Nachbebens« des Komplexes sind erschöpfend und auslaugend. Die Entladung eines starken Komplexes kann ungeheure Mengen psychischer und physischer Energie kosten.

Bruchstücke der Persönlichkeit

Man kann sich die Komplexe auch als Persönlichkeitsfragmente oder Unterpersönlichkeiten vorstellen. Jede Erwachsenenpersönlichkeit ist bis zu einem gewissen Grad auflösungsgefährdet, weil sie aus größeren und kleineren Bruchstücken besteht. Die Verbindung zwischen diesen kann verlorengehen.

»Meine Feststellungen in bezug auf die Komplexe ergänzen dieses etwas beunruhigende Bild der psychischen Desintegrationsmöglichkeiten, denn im Grunde genommen gibt es keinen prinzipiellen Unterschied zwischen einer Teilpersönlichkeit und einem Komplex. Sie haben alle wesentlichen Charakterzüge gemein, bis auf die delikate Frage der Teilbewußtheit. Teilpersönlichkeiten haben unzweifelhaft ein eigenes Bewußtsein, aber ob so kleine psychische Fragmente wie Komplexe auch eigenen Bewußtseins fähig sind, ist eine noch unbeantwortete Frage.«[17]

Jung stellt hier die wichtige, schwer zu entschlüsselnde Frage nach dem Unterschied zwischen normaler Spaltung, ernsthafteren dissoziativen Störungen und dem Störungsbild der multiplen Persönlichkeit.

Jeder Mensch kann sich von Zeit zu Zeit aufspalten und tut dies auch, wenn zum Beispiel leicht veränderte Bewußtseinszustände erlebt oder traumatische Erfahrungen abgespalten werden, um funktionsfähig zu bleiben. »Im Komplex zu sein« ist in sich selbst ein Zustand der Dissoziation. Das Ichbewußtsein wird gestört und kann je nach Grad der Störung in einen Zustand beträchtlicher Desorientiertheit und Verwirrung geraten. Da Komplexe eine Art eigenes Bewußtsein besitzen, befindet sich eine Person, die »im Komplex« ist, gleichsam im Zustand der Besessenheit durch eine fremde Persönlichkeit.

Beim Störungsbild der multiplen Persönlichkeit werden diese verschiedenen Bewußtseinszustände nicht durch ein einendes Bewußtsein zusammengehalten – das Ich ist nicht in der Lage, den psychischen Zwischenraum zwischen den Bruchstücken zu überbrücken. Das Ich ist in diesem Fall auf Bewußtseinsfragmente zurückgeworfen, während sämtliche Komplexe eine Art eigenes Ich besitzen, das jeweils mehr oder weniger unabhängig von den anderen agiert. Jedes hat seine eigene Identität und sogar seine eigene Form der Kontrolle über die somatischen Funktionen. Einige Untersuchungen mit multiplen Persönlichkeiten haben überraschende Verknüpfungen zwischen Psyche und Soma bei den verschiedenen Unterpersönlichkeiten ergeben, die soweit gingen, daß eine Persönlichkeit körperliche Fähigkeiten oder Schwierigkeiten haben konnte, die die anderen nicht zeigten. So kann etwa die eine Persönlichkeit allergisch gegen Tabakrauch und die andere ein Kettenraucher sein.

Die multiple Persönlichkeit stellt eine Extremform der Persönlichkeitsspaltung dar. Die Integrationsprozesse, die normalerweise in der menschlichen Psyche wirken, sind in diesem Fall durch schwere (gewöhnlich sexuelle) Kindheitstraumata blockiert worden. In einem weit geringeren Maße besitzt jedoch jeder von uns solche Unterpersönlichkeiten, weil wir alle Komplexe haben. Der Unterschied liegt darin, daß Komplexe im Normalfall dem integrierten Ich untergeordnet sind und das Ichbewußtsein, auch wenn ein Komplex konstelliert wird, erhalten bleibt. Im allgemeinen haben die Komplexe sehr viel weniger Energie als das Ich und weisen nur ein minimales eigenständiges Bewußtsein auf. Das Ich dagegen hat eine beträchtliche Energiemenge und Willenskraft zur Verfügung und fungiert unangefochten als primäres Zentrum des Bewußtseins.

Neben dem Ich, das für vieles, was wir Motivation und Zielgerichtetheit nennen, verantwortlich ist, scheinen auch die anderen Komplexe eigenständige Ziele und einen eigenen Willen zu haben. Häufig befinden sich diese Ziele in Konflikt mit dem, was der Ichkomplex in einem bestimmten Augenblick will. Jung beschreibt die Komplexe als

»die handelnden Personen unserer Träume, denen wir (...) machtlos gegenüberstehen; sie sind das elfische Wesen, das in der dänischen Folklore so treffend gekennzeichnet ist durch jene Geschichte vom Pastor, welcher zwei Elfen das Vaterunser lehren wollte. Sie gaben sich alle Mühe, ihm richtig nachzusprechen, aber schon beim ersten Satz konnten sie nicht umhin, zu sagen: ›Unser Vater, der du *nicht* bist in dem Himmel.‹«.[18]

Die Moral von dieser Geschichte ist, daß Komplexe ganz offensichtlich nicht dazu gebracht werden können zu tun, was das Ich von ihnen will. Sie sind unlenkbar – zu Eis erstarrte Erinnerungsbilder traumatischer Erfahrungen. Sie machen sich nicht nur in Träumen, sondern auch im täglichen Leben bemerkbar und vermitteln dem Ich dort das gleiche Gefühl völliger Ohnmacht.

Die Struktur von Komplexen

Nach Jung besteht ein Komplex aus assoziierten Bilden und erstarrten Erinnerungen an traumatische Augenblicke, die tief im Unbewußten verborgen und dem Ich nicht ohne weiteres zur Rekonstruktion zugänglich sind, weil sie verdrängte Erinnerungen wurden. Zusammengehalten werden die verschiedenen Elemente des Komplexes durch die Emotion. Sie bildet gleichsam den Klebstoff, der alles an seinem Platz hält.

»Der gefühlsbetonte Inhalt, der Komplex, besteht aus einem Kernelement und einer großen Anzahl sekundär konstellierter Assoziationen.«[19]

Das nukleare Element ist das Kernbild, die Kernerfahrung, auf dem der Komplex beruht – die erstarrte Erinnerung. Bei genauerem Hinsehen stellt sich jedoch heraus, daß dieses Herzstück aus zwei Teilen besteht, dem Bild oder der psychischen Spur des ursprünglichen Traumas und einem angeborenen (archetypischen) Teil, der eng damit verbunden ist. Dieser duale Kern schwillt an, indem der Komplex Assoziationen um sich herum anlagert, ein Prozeß, der sich über das ganze Leben hinziehen kann. Erinnert ein Mann eine Frau zum Beispiel an ihren strengen, mißbrauchenden Vater, sei es durch den Ton seiner Stimme, durch seine Art, mit dem Leben umzugehen, durch seine emotionalen Reaktionen usw., dann wird er verständlicherweise ihren Vaterkomplex konstellieren. Wenn sie über eine bestimmte Zeitspanne mit ihm zu tun hat, wird dem betreffenden Komplex weiteres Material hinzugefügt. Wenn der Mann sie mißbraucht, wird der negative Vaterkomplex energetisch noch mehr aufgeladen, und die Frau wird umso empfindlicher für Situationen, in denen der Vaterkomplex konstelliert wird. Wahrscheinlich wird sie solche Männer immer mehr meiden, vielleicht fühlt sie sich aber auch auf irrationale Weise zu ihnen hingezogen. In jedem Fall wird ihr Leben durch den Komplex immer mehr eingeschränkt. Je stärker die Komplexe, desto enger der Entscheidungsspielraum des Ich.

Es ist ein Segen für das Individuum, daß Komplexe durch spätere Erfahrungen modifiziert werden können. Hier hat auch das Heilungspotential der Psychotherapie sein Fundament. Ein Teil der Therapie besteht darin, die eingefrorenen Erinnerungsbilder »aufzutauen«. Die Therapie kann die Persönlichkeit bis zu einem gewissen Grad neu strukturieren, weil die Übertragung es dem Therapeuten ermöglicht, auf verschiedenen Stufen der Therapie neben anderen Gestalten der Psyche des Klienten auch dessen Eltern, Mutter und Vater, zu verkörpern. Wenn durch den Therapeuten ein elterlicher Komplex konstelliert wurde, wird durch die Erfahrung, die der Patient nun mit einer sich ganz anders verhaltenden Elternfigur macht, weiteres Material um den alten Komplex herumgelagert. Er wird gleichsam mit einer neuen Schicht überzogen. Diese neue Struktur ersetzt die alte nicht völlig, kann sie aber wesentlich modifizieren, soweit, daß der Komplex das Leben der Person nicht länger einschränkt und ihm Energie entzieht. Die Grausamkeit eines mißbrauchenden Elternbildes kann durch die neuen Strukturen gemildert – »aufgetaut« – oder ausgeglichen werden.

Das andere Teilstück des Komplexkerns besteht »aus einer dem individuellen Charakter immanenten Bedingung dispositioneller Natur«.[20] Dieses Stück ist archetypisch. Im Fall elterlicher Komplexe ist es zum Beispiel das archetypische Bild der Mutter oder des Vaters, das nicht aus der persönlichen Erfahrung abgeleitet ist, sondern aus dem kollektiven Unbewußten kommt. Die archetypischen Elemente der Persönlichkeit sind angeborene Dispositionen, auf eine bestimmte typische und vorhersagbare Weise zu reagieren, sich zu verhalten und zu interagieren. Sie sind den angeborenen Instinktreaktionen von Tieren ähnlich, ererbt, nicht erworben und jedem Menschen schon allein deshalb eigen, weil er als Mensch auf die Welt gekommen ist. Letztlich sind sie es, die uns einzigartig und typisch menschlich machen. Nicht nur unser Körper, auch unsere Seele – die Psyche – ist spezifisch menschlich und bringt dadurch die Vorbedingung für alle unsere späteren Erfahrungen, Entwicklungen und Ausbildungen mit. Ich werde in den folgenden Kapiteln genauer auf Jungs Theorie von den Archetypen eingehen. Für jetzt mag es genügen zu wissen, daß die archetypischen Elemente der Psyche im täglichen Leben über die Komplexe erlebt werden.

Grob gesagt werden Komplexe durch Traumata erzeugt. Vor dem Trauma ist das archetypische Element als Bild und motivierende Kraft da, hat jedoch nicht so zerstörerische und angsterzeugende Qualitäten wie der Komplex. Das Trauma schafft ein emotional besetztes Gedächtnisbild, das mit einem archetypischen Bild assoziiert wird – beide zusammen verfestigen sich zu einer mehr oder weniger dauerhaften Struktur. Diese Struktur enthält einen bestimmten Betrag an Energie, mit der sie an andere assoziierte Bilder anknüpfen und so ein ganzes Netz schaffen kann. Auf diese Weise wird der Komplex durch spätere Erfahrungen ähnlicher Art angereichert und erweitert. Doch nicht alle Traumata sind äußerer Natur oder werden durch Zusammenstöße mit der Außenwelt zugefügt. Es gibt auch Traumata, die sich fast ganz im Innern der Psyche einer Person abspielen. Jung zeigt auf, daß Komplexe auch durch einen »moralische[n] Konflikt, welcher seinen letzten

Grund in der anscheinenden Unmöglichkeit hat, das Ganze des menschlichen Wesens zu bejahen«[21], geschaffen oder erweitert werden können. Ständig sich ändernde moralische Einstellungen in unserer Gesellschaft machen es in vielen Situationen unmöglich, unsere Ganzheit völlig zu bejahen. Wir müssen unsere wahren Gefühle leugnen und dürfen sie nicht zum Ausdruck bringen, um in unserem Umfeld zurechtzukommen, um überhaupt zu überleben. Diese sozialen Anpassungsleistungen schaffen eine Art gesellschaftlicher Maske, die *Persona*, die wesentliche Teile der Person ausklammert. Im allgemeinen möchten Menschen gerne in ihre sozialen Gruppen integriert sein. Andererseits werden jene, die unverblümt sagen, was sie denken, oder sich nicht konform zu den Gruppenstandards verhalten, in der Regel geächtet oder an den Rand gedrängt. Dieses soziale Dilemma stürzt die Person in das, was Jung als moralischen Konflikt bezeichnet. Im tiefsten Grund steht der Mensch jedoch unter dem Imperativ, ganz zu sein. Seine Natur rebelliert gegen die Einschränkungen der Gesellschaft und der Kultur, wenn sie diesen angeborenen Trieb zur Ganzheit zu stark beschneiden – das wird zu einer weiteren Ursache für Komplexe. Ein Beispiel dafür ist die Wiener Gesellschaft, mit der sich Freud konfrontiert sah, eine Gesellschaft, die sexuell verklemmt und gleichzeitig unglaublich heuchlerisch im Hinblick auf ihre wahren sexuellen Gepflogenheiten war. Freud zeigte, wie Konflikte im Umfeld der Sexualität in psychologische Muster eingehen und Neurosen erzeugen. Die Sexualität, die zur angeborenen Ausstattung des Menschen gehört, wird sozial inkompatibel und deshalb vom Bewußtsein abgespalten und verdrängt. Das schafft einen sexuellen Komplex, um den sich verwandte Traumata herumlagern. Was die Unterdrückung der Sexualität zur Ursache pathologischer Störungen macht, ist der beharrliche Imperativ des menschlichen Organismus, seiner angeborenen Ganzheit zu folgen, die ein Ausleben seiner Sexualität einschließt. Nicht der Konflikt zwischen dem Individuum und der Gesellschaft an sich schafft das neurotische Problem, wie Freud meinte, sondern der moralische Konflikt, der in einer Psyche entsteht, die auf der einen Seite meint, sich selbst verleugnen zu müssen und auf der anderen gezwungen ist, sich zu verwirklichen.

Der Ausbruch von Komplexen

Komplexe haben die Fähigkeit, plötzlich und spontan in das Bewußtsein einzubrechen und von den Ichfunktionen Besitz zu ergreifen. Was äußerlich wie Spontaneität aussieht, ist nicht unbedingt ursachelos. Häufig läßt sich ein unmerklicher auslösender Reiz entdecken, wenn man die jüngste Vergangenheit vor dem Ausbruch gründlich durchleuchtet. Eine neurotische Depression zum Beispiel kann endogen wirken, bis man die winzige Kränkung findet, die sie ausgelöst hat. Wenn das Ich auf diese Weise besessen ist, wird es dem Komplex und seinen Zielen assimiliert. Die Betroffenen selbst sind sich dessen oft gar nicht bewußt. Sie sind einfach nur »in der Stimmung« – ihr Verhalten erscheint ihnen kongruent mit dem Ich. Genau das ist aber das Wesen der Besessenheit: Das Ich wird dahingehend getäuscht, daß es meint, sich selbst frei auszudrücken. Erst im Rückblick erkennt man: »Irgend etwas ist in mich gefahren und hat mich dazu gebracht, es zu tun. Ich wußte nicht, was ich tat!« Wenn ein anderer versucht, die Person darauf hinzuweisen, daß sie sich nicht ihrem eigentlichen Wesen gemäß verhält, ist die Reaktion gewöhnlicherweise ärgerliche Abwehr. Der Mensch im Zustand der Besessenheit nimmt eine solche Rückmeldung höchst ungnädig auf. Nach Jung hatte diese starke Identifikation mit dem Komplex im Mittelalter

»einen anderen Namen: damals hieß er Besessenheit. Man stellt sich diesen Zustand wohl nicht so harmlos vor, aber es ist prinzipiell zwischen einem gewöhnlichen Komplexversprechen und den vielen Blasphemien eines Besessenen kein Unterschied«.[22]

Der Unterschied liegt im Maß. Es gibt verschiedene Grade der Besessenheit: von der momentanen und leichten bis hin zur psychotischen und chronischen. Das Auffallende an der Besessenheit ist, daß hier plötzlich Persönlichkeitszüge massiv zum Durchbruch kommen, die gewöhnlich nicht zum Wesen und Stil des Ich gehören. Diese fremden Züge sind im Unbewußten über eine bestimmte Zeitspanne hinweg aufgebaut worden – auf einmal wird das Ich von diesem inneren Widerpart überwältigt. Die Person ist vom Teufel besessen und verflucht die Dinge, die dem Bewußtsein zuvor am heiligsten waren.

Menschen mit Tourettesyndrom tun das ganz offen und ständig. Bei einer mit einer sogenannten normalen Psyche ausgestatteten Person zeigen sich die Splitterpersönlichkeiten auf sehr viel subtilere Weise. Manche sind so unauffällig, daß sie kaum zu entdecken sind – sie tarnen sich als Versprecher, Vergeßlichkeit o. ä. Im Laufe einer Stunde kann ein Mensch ganz verschiedene Bewußtseinszustände, Stimmungen, Unterpersönlichkeiten durchleben und die Verschiebungen kaum wahrnehmen. Anders sieht es aus, wenn wir uns dem Zustand echter Besessenheit nähern. Besessenheit hat eine extremere und deutlichere Qualität. Sie ist kaum zu übersehen oder zu überhören und nimmt oft sogar die Züge eines bestimmten Charaktertyps an. Ein Erlöserkomplex zum Beispiel entwickelt sich typischerweise aus schmerzhaften Erfahrungen des Verlassenwerdens in der Kindheit und manifestiert sich in Verhaltensweisen, die als Freundlichkeit und Hilfsbereitschaft erscheinen. Diese Eigenschaften gehören jedoch nicht als integrativer Bestandteil zum Ich. Sie schwellen unberechenbar an und ebben ab, weil sie in einem autonomen Komplex wurzeln, über den das Ich wenig Kontrolle hat. Das sind dann Menschen, die gar nicht anders können, als anderen zu helfen und sie zu stützen, ganz gleich, wie zerstörerisch das für sie selbst oder die anderen sein mag. Ihr Verhalten wird letztlich von einem Komplex gesteuert und steht daher nicht unter der Kontrolle des Ich. Es tendiert außerdem dazu, mehr oder weniger zufällig zu schwanken. Es gibt plötzliche Unbeständigkeiten, die nicht erklärbar oder vorhersehbar sind. Dieselbe Person wird sich manchmal im Übermaß einfühlend und fürsorglich gebärden und zu anderen Zeiten rücksichtslos gleichgültig oder sogar mißbrauchend auftreten. Andere Splitterpersönlichkeiten (Komplexe) kämpfen um die Unterstützung des Ich. Wenn ein zur Besessenheit neigendes Ich aufhört, sich mit dem einen Komplex zu identifizieren, wechselt es zu einem anderen. Dieser ist häufig eine Art Schattenbruder oder -schwester des ersten. Ein Christuskomplex mit seinen spirituellen, nach oben gerichteten und altruistischen Zügen wird zum Beispiel ergänzt durch einen Teufelskomplex mit materialistischer, selbstsüchtiger Grundhaltung. Die beiden ergreifen in Jekyll und Hyde-Manier abwechselnd Besitz vom Ich. Der eine wird in der Öffentlichkeit als offizielle Persona fungieren, während der andere die bewußte Persönlichkeit im privaten Umfeld dominieren wird. Ein solches Ich ist anfällig für das, was Jung als *Enantiodromie* bezeichnete, die Verkehrung einer Sache ins Gegenteil.

Die Komplexe sind Gebilde unserer inneren Welt. Von ihnen »hängt das Wohl und Wehe des persönlichen Lebens ab; sie sind die Laren und Penaten, die uns am häuslichen Herde erwarten, dessen Frieden man so gefährlich laut preist«.[23] Mit solchen Göttern ist nicht zu spaßen.

Anmerkungen:

[1] Das Wort-Assoziations-Experiment war ein Test, der von Galton entwickelt und von dem deutschen Psychologen Wilhelm Wundt verfeinert wurde, der es im späten 19. Jahrhundert in die europäische experimentelle Psychologie einführte. Bevor Jung und Bleuler sich dieses Verfahrens bedienten, war es hauptsächlich für Untersuchungen über die Assoziationen zwischen Worten und Gedanken eingesetzt worden (vgl. Gesammelte Werke 2, Par. 730). Im Gefolge Bleulers und inspiriert durch Freuds Arbeiten über die Bedeutung unbewußter Faktoren im geistigen Leben versuchte Jung, diesen Test in der psychiatrischen Klinik einzusetzen, während er die Resultate zugleich als Grundlage für seine Theorie über den Aufbau der Psyche benutzte.
[2] Genauere Details dieses Forschungsprojekts s. Ellenberger, *Die Entdeckung des Unbewußten*, S. 928-932.
[3] Zu einer faszinierenden Erörterung von Freuds Gebrauch der Begriffe *Komplex* und *Kernkomplex* s. Kerr, *Eine höchst gefährliche Methode*, S. 296 ff.
[4] Jung, Gesammelte Werke, Bd. 2, Par. 8.
[5] Ebd., Par. 1015 ff.
[6] Jung, Gesammelte Werke, Bd. 8, Par. 194-210.
[7] Die verschiedenen Meinungen in dieser Diskussion sind in *Lingering Shadows* veröffentlicht. Die dort zusammengetragenen Argumente wurden von Anthony Stevens in seinem Buch *Jung* analysiert, in dem Stevens vehement dafür eintritt, daß Jung sich nicht antisemitisch und pronationalsozialistisch verhalten habe. Die entgegengesetzte Ansicht findet sich in einer Reihe von Schriften von Andrew Samuels.
[8] Jung, Gesammelte Werke, Bd. 8, Par. 198.
[9] Ebd.
[10] Ebd.
[11] Jung, Gesammelte Werke, Bd. 2, Par. 1316-1347.
[12] Der heftigste Verfechter dieser Sicht im jungianischen Lager ist Joseph Henderson. Zu einer Erörterung des kulturellen Unbewußten und seiner verschiedenen Aspekte vgl. Hendersons Aufsatz »Cultural Attitudes and the Cultural Unconscious« in *Shadow and Self*, S. 103-126.
[13] Dieser Punkt wurde von Hans Dieckmann in seiner wichtigen Schrift *Formation of and dealing with symbols in borderline patients* sehr gut herausgearbeitet. Mutter- und Vaterkomplexe sind die Riesen in diesem Territorium.
[14] Jung, Gesammelte Werke, Bd. 8, Par. 201.
[15] Ebd.
[16] Ebd.
[17] Ebd., Par. 202.
[18] Ebd., Par. 18.
[19] Ebd.
[20] Ebd.
[21] Ebd., Par. 204.
[22] Ebd.
[23] Ebd., Par. 209.

3. Die psychische Energie
(Libidotheorie)

Bis jetzt haben wir zwei Grundelemente der Psyche, wie Jung sie sah und in seinen Schriften darstellte, kennengelernt: das Ichbewußtsein und die Komplexe. Als nächstes möchte ich mich der Kraft zuwenden, die diese Elemente beseelt und ihnen Leben gibt: der *Libido*. Die Libido ist gleichsam der Lebenssaft der Psyche. Jung bezeichnete sie als *psychische Energie*. In den beiden vorangegangenen Kapiteln tauchte der Begriff *Energie* immer wieder auf. Damit ist der dynamische Aspekt der Psyche gemeint. Jungs Libidotheorie erklärt mit dieser Abstraktion die Beziehungen zwischen den verschiedenen Teilen der Psyche. Wenn wir bei der Metapher von der Psyche als Sonnensystem bleiben, dann handelt das vorliegende Kapitel von den Kräften, die auf die verschiedenen Himmelskörper im psychischen Universum einwirken.

In einem allgemeinen philosophischen Sinne haben sich Denker aller Zeiten mit der Frage nach der psychischen Energie auseinandergesetzt. Es ist nichts Neues oder Modernes, über Begriffe wie Lebenskraft, Wille, Leidenschaft und Gefühl, das Auf und Ab von Interesse und Begehren nachzudenken. Die abendländische Philosophie beschäftigt sich seit Heraklit und Plato mit diesen Dingen, die des Morgenlands seit Lao-Tsu und Konfuzius. Im letzten Jahrhundert rückten Schopenhauer, Bergson und Nietzsche das Thema erneut in den Vordergrund. Ärzte wie Anton Mesmer mit seiner Theorie von einer psychischen Flüssigkeit im Körper begannen, stärker empirische und quasi wissenschaftlich zur psychischen Dynamik und Motivation zu forschen.

Der berühmte deutsche Arzt und Philosoph C. G. Carus stellte im 19. Jahrhundert tiefgründige Überlegungen über das Unbewußte als Energiequelle an und wies auf den starken Einfluß dieser Quelle auf den bewußten Geist hin. Jung zitiert die genannten Persönlichkeiten neben anderen wie von Hartmann, Wundt, Schiller und Goethe als Vorläufer seines eigenen Denkens. Wenngleich Freud der von der modernen Psychologie herkommende Erfinder des Begriffes *Libido* war und Jung ihm in seinen psychoanalytischen Erörterungen der Libidotheorie entsprechend verpflichtet ist, so war er doch nicht der einzige Einfluß, der Jungs Denken zu diesem Thema prägte und mit dem er sich in seinen Schriften über die Libido und die psychische Energie auseinandersetzt.

Die Vorstellung von Wesen und Fluß der psychischen Energie ist in der Tat fundamental für alles Philosophieren über die Seele. In dieser Vorstellung findet die Auffassung des jeweiligen philosophischen Systems von Motiven und dynamischen Elementen des Lebens seinen Ausdruck, die lebendige Wesen von den toten unterscheiden. Die Unterscheidung zwischen Bewegung und Stasis bildet eine Grundkategorie menschlichen Denkens und führt ganz selbstverständlich zu der Frage, was wohl für den Unterschied zwischen diesen beiden Seinszuständen verantwortlich ist. Warum bewegen sich Körper im Raum, und warum bewegen sie sich in die eine Richtung und nicht in die andere? In der Physik führen diese Fragen zu Theorien von Ursache und Wirkung und zur Formulierung der Bewegungsgesetze wie etwa dem Gesetz der Schwerkraft. Nicht weniger wichtig sind diese Fragen für die Philosophie und Psychologie. Auch hier geht es um Ursache und Wirkung, um Motivation und um die Gesetze, die psychische Körper in ihrer Bewegung bestimmen. In der Psychologie steht dabei die Seele und ihre Regungen wie auch ihre Kraft, andere Objekte zu bewegen, im Vordergrund. Schon bei Aristoteles finden sich dazu Gedanken. Psychische Energie ist im lebenden Körper vorhanden, nicht in einem Leichnam. Sie ist im gesamten Wachleben und im Traumleben präsent. Sie macht den Unterschied zwischen dem »An- und Aussein«, um eine Metapher aus der Elektronik zu gebrauchen. Aber was ist diese Energie eigentlich?

Sexualität und Libido

Was Schopenhauer *Willen* nannte und als ersten Ursprung aller menschlichen Aktivität und menschlichen Denkens darstellte, bezeichnete Freud als Libido. Mit dieser Begriffswahl betonte er das sinnliche, lustbetonte Element der menschlichen Natur. Für Freud ist die Seele wesentlich durch sexuelle Energie bestimmt. Das lateinische Wort *libido* paßte besonders gut für seine Zwecke, weil er überzeugt war, daß der Sexualtrieb die Grundlage allen psychischen Lebens bildet und die primäre Ursache der Regungen der Psyche ist. Freuds Libidotheorie bot die Möglichkeit, in diskreter Weise offen über Sexualität zu reden, weil sie einen lateinischen Namen bekam und die Konversation dadurch medizinisch-steril klang. Zugleich konnte man nun quasi-wissenschaftlich und abstrakt darüber diskutieren, auf welche Weise die Sexualität eine Person dazu bewegt und motiviert, sich in allen möglichen Aktivitäten zu engagieren, und wie sie in manchen Fällen schließlich zu neurotischen Einstellungen und Verhaltensweisen führt.

Freud behauptete, daß die Sexualität das erste Movens der meisten, wenn nicht gar aller geistigen Prozesse und allen Verhaltens sei. Die Libido ist der Brennstoff, der die menschliche Maschine antreibt. Selbst wenn die Aktivitäten, mit denen sich eine Person befaßt, nicht spezifisch sexuell erscheinen, wie etwa Violine spielen oder Geld zählen, ist die Sexualität ihr primärer Auslöser. Sie ist auch die Hauptursache der psychischen Konflikte, die eine Person mit den Fangarmen der Neurose oder schwerer Geisteskrankheiten wie Paranoia oder Schizophrenie umschlingen. Geht man den Dingen wirklich auf den Grund, so Freud, dann können alle Manifestationen psychischer Energie im individuellen wie im kollektiven Leben zumindest zu einem großen Teil dem Sexualtrieb und seiner Sublimierung oder Verdrängung zugeschrieben werden.

Besonders wichtig war es Freud, deutlich zu machen, daß sämtlichen neurotischen und psychotischen Erkrankungen sexuelle Konflikte zugrundeliegen.

In seinen anfänglichen Diskussionen mit Freud über psychologische Theorie und klinische Praxis äußerte Jung starke Vorbehalte gegen den Primat der Sexualität und gab zu bedenken, was eigentlich auf der Hand lag, daß nämlich neben der Sexualität auch noch andere Triebe im menschlichen Leben wirksam sein müßten. Da ist zum Beispiel ein grundlegender Antrieb namens *Hunger*:

»Wie Sie bemerken, ist es möglich, daß meine Zurückhaltung gegenüber Ihren weitgehenden Ansichten auf mangelhafter Erfahrung beruht. Glauben Sie aber nicht, daß man eine Reihe von Grenzpunkten vielleicht eher sub specie des andern Grundtriebes, des *Hungers*, betrachten kann, z. B. das Essen, Saugen (vorwiegend Hunger), das Küssen (vorwiegend Sexualität)? Zwei gleichzeitig bestehende Komplexe müssen ja immer psychologisch verschmelzen, so daß der eine immer Konstellationen des andern enthält.«[1]

Dieser Einwand taucht bereits in Jungs zweitem Brief an Freud, datiert vom 22. Oktober 1906, auf. Schon ganz am Anfang ihrer Zusammenarbeit hatte Jung also offensichtlich Zweifel an Freuds Beharren auf der zentralen Rolle des sexuellen Konflikts in der Psychopathologie. In den folgenden Jahren kam es zu einer regen Korrespondenz und einem in zahlreiche Veröffentlichungen eingehenden intensiven Austausch zur Frage der Triebe und der Quellen psychischer Energie. Jung schwankte dabei immer wieder in seiner Gefolgschaft zur Freudschen Lehre. »Unter dem Eindruck von Freuds Persönlichkeit«, sollte er viele Jahre später in seiner Autobiographie schreiben, »hatte ich, soweit wie möglich, auf mein eigenes Urteil verzichtet und meine Kritik zurückgedrängt. Das war die Voraussetzung, unter der ich mitarbeiten konnte.«[2] Manchmal klingt Jung in seinen frühen Schriften auch wie ein echter Reduktionist Freudscher Prägung, und doch wird aus ebendiesen Schriften immer wieder deutlich, daß er nie zu einem unkritischen Schüler Freuds wurde, auch wenn er manchmal mit seiner abweichenden Meinung zurückhielt, um Differenzen und mögliche Reibungspunkte in ihrem Verhältnis abzumildern.

Wie sich herausstellen sollte, ließ sich der Streit darüber, wie die psychische Energie zu fassen und zu benennen sei, nicht als zweitrangige technische Frage abtun. Mochten Jungs anfängliche Einwände noch etwas trivial und verschwommen erscheinen oder auf Mißverständnissen beruhen, so zeichneten sich hier doch bereits grundlegende Unterschiede ab, die mit der Zeit zu schwerwiegenderen philosophischen, theoretischen und klinischen Meinungsverschiedenheiten führten. Letztlich sollte ihre unterschiedliche Auffassung zum Thema Libido den zentralen theoretischen Unterscheidungspunkt zwischen Freud und Jung bilden. Es ging dabei um das Verständnis der menschlichen Natur und die Rolle des menschlichen Bewußtseins. In den Anfangsjahren ließ sich das noch nicht mit der Klarheit voraussehen, die der Rückblick schenkt. Jung lernte ständig dazu – von Freud wie auch von seinen Patienten und aus vielen anderen Quellen.

In der glänzenden Abhandlung *Über die Energetik der Seele*[3], veröffentlicht 1928, formuliert Jung seine vollentfaltete Position zum Thema Libido. Auf diese Schrift stützt sich das vorliegende Kapitel in erster Linie. Als er sie in der Mitte der 20er Jahre verfaßte, lag die Trennung von Freud und der psychoanalytischen Richtung schon über ein Jahrzehnt zurück. Der Aufsatz ist von kühler Objektivität geprägt, während Jungs früheres Werk zum selben Thema, *Wandlungen und Symbole der Libido* (1912-13), hastig zusammengestellt war und die Merkmale fieberhafter schöpferischer Denkarbeit trägt, die noch nicht voll ausgegoren ist. In diesem früheren Werk, das entstand, als er noch in engem Austausch mit Freud stand und noch Freuds Kronprinz und Erbe als Präsident der Internationalen Psychoanalytischen Vereinigung zu sein schien, behandelte er die Libido-Theorie als eine Art Nebenfrage, die sich allerdings, noch bevor er die Schrift vollendet hatte, zum zentralen Thema mauserte. Ich möchte kurz auf diesen Text als historischen Hintergrund eingehen, bevor ich mich wieder Jungs späterem Aufsatz über die psychische Energie zuwende.

In einem Brief an Freud vom 14. November 1911 schrieb Jung:

»In meinem zweiten Teil [von *Wandlungen und Symbole der Libido*] habe ich mich mit der Libidotheorie einmal recht kühn auseinandergesetzt. Jene Stelle in Ihrer Schreberanalyse, wo Sie auf das Libidoproblem stoßen (Natur der Libido, deren Wegnahme Realitätsverlust bewirkt), gehört zu den Punkten, wo einer meiner Gedankenpfade einen der Ihrigen kreuzt. Ich bin nämlich der Ansicht, daß der Libidobegriff der ›Drei Abhandlungen‹ um das genetische Moment erweitert werden müsse, damit die Libidotheorie auf die Dementia praecox Anwendung finden kann.«[4]

Jung bezieht sich hier auf sein zweites Kapitel in Teil zwei der *Wandlungen und Symbole der Libido*: »Über den Begriff und die genetische Theorie der Libido«. In diesem Kapitel diskutiert er die Frage des Verhältnisses zwischen Libido (sexuell definiert von Freud in *Drei Abhandlungen zur Sexualtheorie*, 1905) und der *fonction du réel* (ein Begriff, den der französische Psychiater Pierre Janet für das Ichbewußtsein verwendet), auf die er im oben zitierten Brief eingeht. Stammt die letztere aus der ersteren? Wenn das Ichbewußtsein ein Derivat sexuell determinierter Objektbeziehungen ist, dann würde daraus folgen, daß Störungen der Sexualität Störungen im Ich hervorrufen und man folglich davon ausgehen könnte, daß Ich-Störungen in sexuellen Störungen ihre Wurzel haben. Was Freud (und der Berliner Psychoanalytiker Karl Abraham) belegen wollten, war, daß die schweren Ich-Störungen in der Psychose und Schizophrenie dem Verlust sexuellen Interesses an der Objektwelt zuzuschreiben sind, weil die Realitätsfunktion und die Bindung an Objekte vor allem durch sexuelles Interesse geschaffen werden. Das ist jedoch ein Zirkelschluß, wie Jung zwingend darlegt.[5] Er bietet statt dessen eine andere Erklärung für Schizophrenie und Psychose, die letztlich zu einer grundlegenden Revision der Libidotheorie führen sollte.

Jung geht von einer genetischen Position aus, wie er es nennt, und nicht von einer deskriptiven. Er stellt eine globale Definition der Libido als psychischer Energie an den Anfang, mit der er Schopenhauers Konzept des Willens folgt: »Ich muß ja«, schreibt er etwas entschuldigend an Freud, »wie Sie wissen, immer von außen nach innen gehen und aus dem Ganzen auf das Einzelne schließen«.[6] Aus dieser breiten Perspektive stellt sich die sexuelle Libido lediglich als eine Verzweigung des Willens oder der Lebenskraft dar. Der allgemeine Strom psychischer Energie hat verschiedene Arme, und im Laufe der menschlichen Evolution haben sich manche dieser Seitenarme stärker durchgesetzt als andere. Auf manchen Stufen der menschlichen Entwicklung, der kollektiven wie der individuellen, tritt die sexuelle Libido mehr in den Vordergrund, auf anderen weniger.

Außerdem kann man feststellen, so Jung, daß Aktivitäten, die einmal eng mit der Sexualität verwandt waren und tatsächlich als Derivate des sexuellen Instinkts betrachtet werden könnten, mittlerweile durch die Evolution des menschlichen Bewußtseins und der Kultur in einem solchen Grad vom sexuellen Bereich abgelöst wurden, daß sie keinerlei Beziehung mehr zur Sexualität haben:

»So erblicken wir die ersten Kunsttriebe in der Tierreihe im Dienste es Propagationstriebes, beschränkt auf die Brutsaison. Der ursprüngliche Sexualcharakter dieser biologischen Phänomene verliert sich mit ihrer organischen Fixation und funktionellen Selbständigkeit. Wenn schon über die ursprüngliche Zugehörigkeit der Musik zur Propagationssphäre kein Zweifel obwalten kann, so wäre es doch eine ebenso unberechtigte wie seltsame Betrachtungsweise, wenn man Musik unter der Kategorie der Sexualität begreifen wollte. Eine derartige Auffassung würde dazu führen, den Kölner Dom in der Mineralogie abzuhandeln, nämlich darum, weil er unter anderem aus Steinen besteht.«[7]

Für Jung lag es auf der Hand, daß nicht jeder Ausdruck psychischer Aktivität sexuellen Ursprungs ist oder ein sexuelles Ziel hat, selbst wenn solche Verbindungen in der Vorgeschichte der Menschheit existiert haben mögen. Indem er einen evolutionistischen Standpunkt einnimmt, spekuliert Jung dann darüber, wie Aktivitäten, die einmal eine sexuelle Bedeutung und Intention hatten, später in nicht-sexuelle Aktivitäten wie Musik und Kunst verwandelt wurden.

Die Transformation psychischer Energie

Wie wird psychische Energie vom Ausdruck eines einfachen Instinkts, von der Entladung eines starken Antriebs (zum Beispiel Essen, weil man hungrig ist, oder Kopulieren, weil man Lust darauf hat) in kulturellen Ausdruck und kulturelle Aktivität verwandelt (zum Beispiel in *haute cuisine* oder Musizieren)? Wann hören diese Aktivitäten auf, »instinktiv« in irgendeiner sinnvollen Wortbedeutung zu sein, und werden zu etwas anderem mit einer ganz anderen Bedeutung und Intention?

In *Wandlungen und Symbole der Libido* führt Jung aus, daß diese Verwandlung möglicherweise durch die dem menschlichen Geist angeborene Fähigkeit zur Schaffung von Analogien geschieht. Menschen haben die Fähigkeit und das Bedürfnis, in Metaphern zu denken, und genau dies mag hinter dem Prozeß der Transformation stehen. Jagen ist zum Beispiel *gleich wie* die Suche nach einem Sexualpartner, also kann diese Analogie angewendet werden, um Jagdbegeisterung und Jagdfieber zu erzeugen. Mit der Zeit entwickelt die Aktivität des Jagens ihre eigenen kulturellen Bedeutungen und Motive und gewinnt ein

Eigenleben. Es bedarf der sexuellen Metapher nicht mehr, und infolgedessen läßt sich die Sexualität nicht mehr in konkretem Sinne mit ihr in Zusammenhang bringen. Etwas von der einstigen starken Analogie bleibt jedoch immer zurück. Diese Reste sind es, die einer reduktionistischen sexuellen Deutung gegenwärtiger kultureller Aktivitäten Anhalt bieten.

Durch die menschliche Neigung zur Schaffung von Analogien erfährt die Welt des Bewußtseins und der Kultur mit der Zeit eine enorme Erweiterung:

»Es scheint, als ob auf diesem Wege phantastischer Analogiebildung allmählich immer mehr Libido desexualisiert wurde, indem zunehmend Phantasiekorrelate für die primitiven Verrichtungen der Sexuallibido eingesetzt wurden. Damit wurde allmählich eine gewaltige Erweiterung des Weltbildes erzielt, indem immer neue Objekte als Sexualsymbole assimiliert wurden.«[8]

Auf diese Weise wurde die archaische Welt der menschlichen Aktivität und des menschlichen Bewußtseins gleichzeitig immer stärker sexualisiert und entsexualisiert: Sexualisiert, weil ständig neue Analogien zur Sexualität geschaffen wurden, zugleich aber auch entsexualisiert, weil diese Analogien sich immer mehr von ihrem Ursprung entfernten.

Jung kam zu der Erkenntnis, daß sexuelle Motive und Gedanken allmählich durch Metaphern, Analogien und Symbole im bewußten und unbewußten Leben des Menschen ersetzt werden. Allerdings wird das sexuelle Motiv bei Regressionen im geistigen Leben des Patienten mit aller Macht wiederkehren, und darauf basieren Freuds Annahmen. Bis hierher unterstützte Jung die Anschauung, daß weite Teile des geistigen Lebens des Erwachsenen aus sexuellen Quellen gespeist werden, auch wenn sie nicht mehr unmittelbar mit Sexualität zu tun haben. Er ergänzte diese Auffassung allenfalls um weitere Details. Die leichten Abweichungen seines Ansatzes von der Freudschen Lehre hätten ihn noch nicht zum Häretiker gestempelt. Der kritischere Teil seiner Ausführung folgte erst im Schlußkapitel von *Wandlungen und Symbole der Libido* mit dem Titel »Das Opfer«. Es geht darin um das Thema des Inzests.

In seiner Autobiographie erinnert sich Jung:

»Als ich bei meiner Arbeit an ›Wandlungen und Symbole der Libido‹ gegen den Schluß an das Kapitel über das ›Opfer‹ kam, wußte ich zum voraus, daß es mich die Freundschaft mit Freud kosten würde. Es sollten darin meine eigene Auffassung des Inzestes, die entscheidende Wandlung des Libidobegriffes und noch andere Gedanken, in denen ich mich von Freud unterschied, zur Sprache kommen. Für mich bedeutet der Inzest nur in den allerseltensten Fällen eine persönliche Komplikation. Meist stellt er einen hochreligiösen Inhalt dar, weshalb er auch in fast allen Kosmogonien und zahlreichen Mythen eine entscheidende Rolle spielt. Aber Freud hielt an der wortwörtlichen Auffassung fest und konnte die geistige Bedeutung des Inzestes als eines Symbols nicht fassen. Ich wußte, daß er dies alles niemals würde annehmen können.«[9]

Warum lief Jungs Inzestkonzept auf eine »entscheidende Wandlung des Libidobegriffs« hinaus? Weil Jung den Inzestwunsch nicht wörtlich verstand. Freud sah im Inzestwunsch den unbewußten Wunsch, konkret sexuellen Kontakt mit der realen Mutter zu haben. Jung dagegen deutete den Inzestwunsch symbolisch als Sehnsucht, im Paradies der Kindheit zu bleiben. Diese Sehnsucht tritt umso deutlicher hervor, wenn eine Person der erschreckenden Herausforderung des Lebens gegenübersteht, erwachsen zu werden und sich an ein Umfeld anzupassen, das voller Belastungen ist. Man möchte am liebsten ins Bett kriechen und sich die Decke über den Kopf ziehen. Die »Mutter«, nach der man sich in dieser Situation sehnt, wird in Jungs symbolischer Interpretation zu dem Wunsch, in die kindliche Abhängigkeit zurückzufallen, in die Unbewußtheit und in das Nicht-verantwortlich-Sein. Dieses Motiv steht hinter vielen Drogen- und Alkoholabhängigkeiten. Wenn bei der Behandlung von Neurosen Inzest-Phantasien auftauchten, pflegte Jung sie daher eher als Widerstände gegen die Anpassung zu deuten denn als Auftauchen tatsächlicher unbewußter Wünsche oder Kindheitserinnerungen an solche Wünsche. Die Praxis des Inzests bei verschiedenen Völkern der Antike, wie etwa bei den ägyptischen Pharaonen, verstand Jung unter dem Aspekt religiöser Symbolik als Garanten eines privilegierten Status und Zeichen der Einheit mit einer göttlichen Energiequelle. Es war die Ehe mit der Mutter-als-Ursprung-des-Lebens, keine Wunscherfüllung eines wörtlich zu verstehenden sexuellen Begehrens. Tatsächlich, so argumentierte Jung, hat Sexualität wenig mit Inzest zu tun. Inzest ist symbolisch bedeutsam und wird nicht biologisch erstrebt. Diese Art symbolischer Deutung psychischer Inhalte und Bilder machte Freud nervös. Gegen Freuds Auffassung vertrat Jung den Standpunkt, daß die Libido nicht einfach aus dem sexuellen Begehren bestimmter Objekte besteht, noch als eine Art innerer Druck gedacht werden darf, der sich zu entladen sucht, indem er sich an bestimmte fixierte Liebesobjekte heftet (kathetisiert ist der prätentiöse psychoanalytische Terminus). Libido ist *Wille*. Jung verneigt sich hier vor Schopenhauer. Aber, fährt er fort, der Wille zerfällt in zwei Teile, einen Willen zum Leben und einen Willen zum Tod. »In der ersten Lebenshälfte will sie [die Libido] Wachstum, in der zweiten Lebenshälfte deutet sie erst leise, dann vernehmlich ihren Todeswillen an.«[10] Erstaunlicherweise greift dieser Hinweis auf eine geteilte Libido und die Andeutung eines Todeswunsches Freuds Theorie des Todestriebs um gut ein Jahrzehnt voraus. Sie entspringt höchstwahrscheinlich Jungs Zusammenarbeit mit seiner damaligen Schülerin Sabina Spielrein. Bemerkenswerterweise strich Jung diese Formulierung, als er den Text 1952 für das Werk *Symbole der Wandlung*[11] überarbeitete. Zu dieser Zeit hatte er Spielrein aus seiner Theorie ausgeklammert und trat nicht mehr für den Gedanken eines Todesinstinkts ein.

Das Thema des Opfers, über das sich Jung in *Wandlungen und Symbole der Libido* ausführlich verbreitet, ist zentral für seine Gedanken über das Wachstum des Bewußtseins und das Bedürfnis der menschlichen Persönlichkeit, zur Reife zu gelangen. Wo Menschen, symbolisch gesprochen, in den Fesseln inzestuösen Begehrens und Verhaltens gefangen bleiben, kann keine psychische Fortbewegung aus der Kindheit stattfinden. Das Paradies wird zur Heimat. Gleichzeitig würde sich die menschliche Spezies nicht weiterentwickeln, weil es zu keiner Anpassung an eine harte, anspruchsvolle Umwelt kommen kann. Der inzestuöse Wunsch nach ewiger Kindheit mußte vor Urzeiten kollektiv geopfert und muß von jedem Menschen der Moderne ganz individuell erneut geopfert werden, um eine Vorwärtsbewegung zu einem größeren Bewußtsein anzustoßen. Für Jung stellt sich diese Bewegung zu mehr psychischer Reife ganz selbstverständlich durch innere Mechanismen und Kräfte ein. Sie muß nicht durch Bedrohungen von außen ausgelöst werden. Der Inzestwunsch wird freiwillig geopfert, nicht (wie es die Freudsche Theorie lehrt) aus Furcht vor der Kastration. Freuds Theorie vom Vatermord oder von der Sühne für die Schuld als Grundlage des Gewissens war Jungs Denkungsart fremd. Die Menschen entwickeln Gewissen, Moral und Kultur ganz selbstverständlich, als Teil ihres Wesens. Kultur ist deshalb für die menschliche Spezies etwas Natürliches.

In *Wandlungen und Symbole der Libido* führt Jung aus, daß die Transformation der Libido nicht durch einen Konflikt zwischen dem Sexualtrieb und der äußeren Realität, sondern vielmehr durch einen Wirkungsmechanismus in der menschlichen Natur selbst ausgelöst wird. Dieser Mechanismus führt zum Opfer des Inzest um der Entwicklung willen. Man kann diesen Mechanismus in vielen Religionen nachweisen, vor allem im Mithraskult und im Christentum, die Jung hier relativ ausführlich vergleicht.

Zu diesem Zeitpunkt hatte Jung den Archetyp als eine Kraft, die die Psyche und die psychische Energie formt, noch nicht in sein Konzept eingebaut. Das sollte erst später geschehen und ihm ermöglichen, die verschiedenen Transformationen der instinktgeleiteten Sphäre der Psyche mit sehr viel größerer Genauigkeit zu verfolgen. Als er sich 1952 an die gründliche Neubearbeitung des Texts aus den Jahren 1912/13 machte, die dann unter dem Titel *Symbole der Wandlung* erschien, fügte er an vielen Stellen die Theorie der Archetypen ein, um ebendiese genauere Zuordnung zu erreichen. 1913 war seine Theorie jedoch noch nicht so weit ausgereift, und er konnte nur vage andeuten, daß es so etwas wie einen natürlichen Trend zum Opfer instinktgebundener Belohnung gibt, die dem psychischen System des Menschen von Natur aus eigen ist und ohne Kultur und menschliches Bewußtsein, wie wir es kennen, nicht möglich wären. Dieses Opfer ist für die Verwandlung der Energie von einer Ausdrucks- und Aktivitätsform in eine andere verantwortlich. Unklar blieb damals allerdings noch, was die Menschen dazu treibt, solch außergewöhnliche Opfer zu bringen.[12] Außerdem ist da die Frage, was die Energie auf bestimmte Bahnen hin zu bestimmten Beschäftigungen und Unternehmungen lenkt. Wesentlich hierfür sollte die Erkenntnis werden, daß *Symbole* imstande sind, die Libido zu verwandeln und zu steuern.

Jung war sich bewußt, daß bei dieser Auffassung von Instinkt und Libido seine Tage als Freuds Erbe und Kronprinz gezählt waren. Freud war nicht der Mann, abweichende Meinungen bei seinen Anhängern zu dulden. Seine Autorität stand auf dem Spiel, und Freud würde ein intellektuelles Kotau von Jung erwarten. Dazu konnte sich Jung wiederum nicht entschließen. Hier lag wohl auch der psychologische Auslöser ihrer von Bitterkeit begleiteten Trennung.[13]

Tatsächlich endete Jungs kollegiales Verhältnis zu Freud nur wenige Monate nach der Veröffentlichung vom zweiten Teil von *Wandlungen und Symbole der Libido* im September 1912. Das Material erschien im sechsten Band des *Jahrbuchs für psychoanalytische und psychopathologische Forschungen*, dessen Herausgeber Jung war. Jung ging es bei seiner Meinungsverschiedenheit mit Freud im Hinblick auf die Definition und Konzeption der Libido vor allem darum, Freuds extremen Reduktionismus zu vermeiden, der in jeder Manifestation des bewußten Lebens und jeder kulturellen Aktivität den Ausdruck einer der zahllosen Facetten der Sexualität erblickte. Freud dagegen beharrte auf der zentralen Rolle der Sexualität, um den Kern der entscheidenden psychoanalytischen Einsicht in jene Prozesse zu bewahren, durch die der zivilisierte Mensch die Wahrheit meidet und sich Leiden schafft, weil er so heuchlerisch mit seiner Sexualität umgehen muß. Jung strebte darüber hinaus nach einer allgemeinen Theorie der Energie und einer allgemeinen Psychologie, während Freud sich immer tiefer in die Abwegigkeiten und Ausflüchte der Psyche im Zusammenhang mit der Sexualität und (später) im Zusammenhang mit der Destruktivität und dem Todeswunsch verstricken sollte.

1928, als Jung *Über die Energetik der Seele* veröffentlichte, hatte er 20 Jahre lang über sein Thema nachgedacht. Der Duktus seiner Argumentation und die Verweise auf zahlreiche Gewährsleute in diesem Aufsatz spiegeln noch immer seine Auseinandersetzung mit Freud und der Psychoanalyse und sein Bemühen um Abgrenzung. Es geht ihm aber spürbar auch darum, die Definition der Libido als psychischer Energie auf ein möglichst unumstößliches Fundament zu stellen.

Die Physik als Vorbild

Die Wissenschaft der Physik, mit der Jung zwar praktisch nicht besonders vertraut war, die Anfang des 20. Jahrhunderts in Zürich jedoch förmlich in der Luft lag, lieferte ihm ein theoretisches Modell für seine Gedanken zur psychischen Energie. Für Jung war die Physik eine Metapher, die Möglichkeiten zur Formulierung von parallel laufenden Definitionen und Gesetzmäßigkeiten der psychischen Energie bot. Die Physik hatte eine komplizierte Energietheorie entwickelt, in der es Gesetze der Kausalität, Entropie, der Erhaltung von Energie, ihrer Verwandlung usw. gab. Jung ging daran, in Anlehnung an diese Gesetze der Physik, wenn auch ohne mathematische Formeln, psychologische Gesetzmäßigkeiten in einer Weise zu fassen, die an seine frühe experimental-psychologische Arbeit mit dem Wort-Assoziations-Experiment erinnert. Seiner Ansicht nach ist man, wenn man es mit Energie zu tun hat, automatisch zur Quantifizierung genötigt.[14]

Energie ist eine Abstraktion von der Objektwelt. Man kann sie nicht sehen, fühlen oder schmecken. Wenn man von Energie spricht, hat man es eher mit der Beziehung zwischen Objekten zu tun als mit den Objekten selbst. Die Schwerkraft zum Beispiel beschreibt die Art und Weise, wie ein Objekt auf ein anderes wirkt, sagt jedoch nichts über die Eigenschaften der betreffenden Gegenstände aus. In gleicher Weise, argumentiert Jung, sollte eine Theorie der psychischen Energie oder Libido erklären, wie Objekte in der psychischen Welt aufeinander wirken.

Jung legt dar, daß Energie finalistisch ist und etwas mit der Übertragung von Bewegung oder dem Momentum zwischen (psychischen) Objekten zu tun hat, die sich unumkehrbar auf einem Gradienten entlangbewegen und schließlich einen Zustand des Gleichgewichts erreichen. Das erinnert an die Beschreibung einer physikalischen Ereigniskette: Wenn ein Objekt gegen ein anderes stößt, wird das erste in seiner Bewegung verlangsamt und das Momentum des zweiten gesteigert. Das Gesetz von der Erhaltung der Energie besagt, auf diese Abfolge angewendet, daß Energie weder geschaffen noch vernichtet werden kann, so daß der Energiebetrag, der dem ersten Objekt entzogen wird, dem Betrag an Energie gleich sein muß, den das zweite empfängt. Das läßt sich genau messen. Während also die Energie an sich abstrakt und ungreifbar ist, sind ihre Wirkungen beobachtbar, wie jeder, der Pool-Billard spielt, wohl weiß. Dieses Modell wandte Jung nun auf die Psyche an. Sein Aufsatz handelt vom Messen psychischer Energie und der Erfassung des psychischen Lebens in einer Terminologie von Energieübertragung und -bewegungen.

»Einfühlung führt zur mechanistischen, Abstraktion zur energetischen Betrachtungsweise«[15], schreibt Jung und setzt einer mechanistischen Sicht der physikalischen und psychischen Realität eine energetische Auffassung gegenüber. Die sich daraus ergebenden Perspektiven sind inkompatibel, und doch sind beide richtig. »Die kausal-mechanistische Anschauung sieht die Tatsachenreihe a-b-c-d folgendermaßen: A bewirkt b, b bewirkt c, usw.«[16] Das Hauptgewicht liegt dabei auf der Verursachung. Eine Kugel trifft eine zweite, die wiederum die dritte trifft. Der erste Zusammenstoß verursacht eine Wirkung, die eine weitere Wirkung verursacht, usw. Auf diese Weise werden Wirkungen auf eine anfängliche Ursache zurückgeführt. »Hierin ist der Wirkungsbegriff eine Qualitätsbezeichnung, also eine virtus der Ursache, oder mit anderen Worten, eine Dynamis.«[17] Wendet man diese Sichtweise auf das psychische Leben an, so wird ein Komplex von einem Trauma verursacht. Die Kraft des Traumas dringt in das psychische System ein und verursacht eine Reihe von Wirkungen, die sich viele Jahre lang immer weiter in Gestalt von Symptomen manifestieren. Aus einer mechanistischen Perspektive wird das Trauma als kausale Ursache des Komplexes betrachtet. Dieses Verständnis wiederum führt zu Empathie für die traumatisierte Person.

»Die final-energetische Anschauung dagegen«, schreibt Jung »sieht folgendermaßen aus: a-b-c-d sind Mittel der Energieumsetzungen, die ursachelos von a, dem unwahrscheinlichen Zustand, über b-c entropisch zum wahrscheinlichen Zustande ablaufen. Hierin ist von einer Ursachewirkung gänzlich abgesehen, indem nur die Wirkungsintensitäten berücksichtigt werden. Insofern die Intensitäten dieselben sind, so können wir statt a-b-c-d auch w-x-y-z setzen.«[18]

Von einer finalistischen, energetischen Auffassung her wird Energie aus einem weniger wahrscheinlichen in einen wahrscheinlicheren Zustand überführt, indem sie sich an einem Gradienten der Intensität entlangbewegt, bis sie im Gleichgewicht endet. Wendet man diese Perspektive wiederum auf das psychische Leben an – und hier wird unmittelbar klar, warum Jung dies als eine abstrakte und nicht als eine empathische Sichtweise bezeichnete –, so endet man, psychologisch oder emotional gesprochen, immer dort im Leben, wo die Intensität der Gradienten hingeführt hat, um einen Zustand des Gleichgewichts zu erreichen. Das Ziel ist Gleichgewicht, und in diesem Sinn ist das Gleichgewicht die Ursache, eine finale Ursache, die eine Kette von Ereignissen nach sich zieht. Es ist eine »so ist es halt«-Geschichte, die Verursachung erscheint wie ein persönliches Schicksal.[19]

Aus welchem Grund auch immer, ob von hinten angeschoben oder nach vorn zu einem Ziel in der Zukunft hingezogen, Energie ist in Bewegung. Nach dem physikalischen Gesetz der Entropie fließt Energie von höheren auf niedrigere Ebenen, von weniger wahrscheinlichen zu wahrscheinlicheren Zuständen der Intensität. Dem Gesetz der Negentropie zufolge bewegt sie sich andererseits auf Zustände größerer Komplexität zu. Der energetische Standpunkt betrachtet den Endzustand als wichtigstes Faktum, während der mechanistisch-kausale sich auf den Anfangsimpuls konzentriert, der zunächst einmal Energie in das System freisetzte. Keine der beiden Sichtweisen betrachtet das Ergebnis als zufällig oder unvorhersagbar – beide sind potentiell wissenschaftlich.

Es muß an dieser Stelle gesagt werden, daß Jung sich hier nicht etwa mit der Frage nach dem letzten Ziel oder dem Sinn auseinandersetzt. Obwohl ihm oft vorgeworfen wurde, er sei ein Mystiker, war er besonders empfindlich gegen die Gefahren der Projektion von Sinn oder Bedeutung in natürliche Prozesse. So betrachtet er seine final-energetische Auffassung nicht als teleologisch in dem religiösen Sinn, daß natürliche und historische Prozesse auf eine sinnvolle, spirituelle Lösung zustreben. Er redet hier einfach von einer Möglichkeit, die beobachtete Übertragung von Energie von weniger wahrscheinlichen zu wahrscheinlicheren Zuständen zu beschreiben. Fragen wie »Steht ein Schöpfer hinter dem Entwurf?«, »Kontrolliert und lenkt Gott die Energie und leitet sie auf vorherbestimmte Lösungen und Ziele hin?« sind metaphysisch interessant, doch solche Themen interessierten Jung in diesem Zusammenhang nicht. Ihm ging es lediglich um die Übertragung von Energie von einer Ebene auf eine andere.

Obwohl seine psychologische Theorie in vielen zentralen Aspekten finalistisch ist, arbeitete Jung auch an einer Synthese zwischen kausalistischen und finalistischen Sichtweisen. Seiner Ansicht nach rührte die Meinungsverschiedenheit zwischen Freud und Adler von ihrem unterschiedlichen kausalistischen bzw. finalistischen Ansatz her. Während Freuds Psychologie (extravertiert) nach Ursachen forscht, blickt Adlers finalistische Psychologie (introvertiert) auf die Endpunkte. Adler nahm an, daß die gegenwärtige Lebenssituation einer Person, ganz gleich, wie sie auch aussehen mag, so aufgebaut ist, daß sie den persönlichen Bedürfnissen und Vorlieben des Individuums in irgendeiner Weise entspricht. Adlers final-energetische Auffassung geriet mit Freuds mechanistisch-kausaler Position radikal in Konflikt. Jung suchte nach einem Mittelweg, einer Position, die beide Perspektiven einschloß.[20]

Kausal-mechanistische Modelle und finalistische Modelle gehen im Hinblick auf den ursprünglichen Energiezustand von unterschiedlichen Prämissen aus. Das kausal-mechanistische Modell setzt mit der Annahme einer ursprünglichen *stasis* ein. Am Anfang ist noch nichts passiert, und es wird auch nichts passieren, bis etwas von außerhalb des Systems interveniert und dem System einen Energieschub gibt. Jemand gibt einer Kugel einen Stoß. Die trifft eine andere, und auf diese Weise wird eine Kette von Ereignissen ausgelöst. Die final-energetische Position andererseits postuliert einen hoch energiegeladenen Zustand am Anfang, von dem Bewegungsmuster ausgehen, indem die Energie angemessenere Zustände aufsucht, um letztlich Gleichgewicht und *stasis* zu erlangen. Jung würde zum Beispiel sagen, daß Komplexe ein bestimmtes Quantum an Energie besitzen und daß dies zu Bewegung führen kann, wenn das psychische System im Ungleichgewicht ist. Komplexe sind damit nicht nur reaktiv, sie können zu bestimmten Zeiten auch kreativ sein. Wenn Komplexe nicht proaktiv und kreativ, sondern lediglich reaktiv wären, könnte man sie nicht als autonom im strengen Sinn des Wortes betrachten. Unter bestimmten Bedingungen werden sie sich durch eine Phantasie, einen Wunsch oder Gedanken ins Ichbewußtsein drängen, welche nicht nur von der Umwelt ausgelöst wurden. Der Umweltreiz kurbelt die Energie, die an den Komplex gebunden ist, lediglich an oder setzt sie frei. Aus finalistischer Sicht würde man sagen, daß der Komplex nach Energieentladung strebt und auf ein niedrigeres Energieniveau zurückzukehren sucht. Er tut dies, indem er das bewußte Subjekt mit einem Gedanken, einer Empfindung oder Stimmung oder einer Phantasievorstellung konfrontiert, die die Person unter Umständen veranlaßt, sich auf eine bestimmte Weise zu verhalten. Ist Energieentladung erfolgt, so kehrt der Komplex in einen eher latenten Zustand im Unbewußten zurück und verharrt so, bis entweder mehr Energie aus dem intrapsychischen System aufgestaut wird oder sich durch einen äußeren Reiz eine entsprechende Konstellation ergibt.

Die Quelle der Energie

In seiner Abhandlung *Über die Energetik der Seele* geht Jung nicht genauer darauf ein, woher die Energie der Komplexe stammt. Er hält lediglich fest, daß die psychische Energie sich auf die verschiedenen Komponenten der Psyche verteilt. Sein Hauptinteresse gilt dabei der Frage der Energieverschiebung von einem Zustand zum anderen. Wie bewegt sich die Energie innerhalb der Psyche? Warum sind manche Komplexe stärker energetisch aufgeladen als andere bzw. zu manchen Zeiten stärker energetisch aufgeladen als zu anderen? Wie wird die Instinktenergie, die ihren Ursprung in der biologischen Schicht der Psyche hat, in andere Aktivitäten umgewandelt?

Ein Komplex lädt sich auf zweierlei Weise mit neuer psychischer Energie auf: durch neue Traumata, die mit ihm verknüpft werden und ihn mit Material versehen, und mit Hilfe der Magnetkraft seines archetypischen Kerns. Dieser Kern bezieht seine Energie wiederum aus zwei Quellen. Einerseits wird er vom Instinkt, dem er angegliedert ist, mit Energie versorgt. Instinkte und Archetypen sind wie die zwei Seiten einer Münze, wie ich im nächsten Kapitel genauer ausführen werde. Das archetypische Bild wirkt energiebindend, wenn es aus der biologischen Schicht aufsteigt und durch einen Prozeß, den Jung als »Psychisierung« bezeichnet, für die Psyche zugänglich wird. Doch den Archetypen fließt daneben auch noch aus einer ganz anderen Richtung Energie zu. Sie empfangen Impulse aus der Kultur, aus dem Austausch mit anderen Menschen, ja vom Geist selbst, wie Jung in seinem späteren Aufsatz *Theoretische Überlegungen zum Wesen des Psychischen* sagen wird. Die Psyche ist keineswegs ein abgeschlossenes System. Sie ist über den Körper und den Geist offen für die Welt.

Der Einbruch eines Komplexes in das Bewußtsein zeigt an, daß dieser vorübergehend stärker energetisch aufgeladen ist als das Ich. Energie fließt vom Komplex in das Ichsystem und kann dieses möglicherweise überfluten. Ob das Ich mit diesem Zustrom von Energie umgehen und ihn aufnehmen kann oder nicht, ist eine wichtige Frage der psychischen Gesundheit. Wie kann das Ich das kanalisieren und sich zunutze machen, was wie eine ungeheure Flut ungezähmter Energie über ihm zusammenzuschlagen scheint? Der Schlüssel liegt hier beim Ich. Wenn es stark und entschlossen genug ist, kann es den Energiestrom beispielsweise in die Schaffung von ordnenden Strukturen, die Ziehung von Grenzen oder die Realisierung von Vorhaben leiten. Im anderen Fall ist die Person möglicherweise einfach emotional überfordert und kann dysfunktional werden.

Die Psyche stellte sich für Jung also nicht als in sich abgeschlossenes energetisches System dar. Geschlossene Systeme bewegen sich auf den Zustand der Entropie zu, und absolut geschlossene Systeme stabilisieren sich in einem völlig statischen Endzustand. Jung glaubte, daß das psychische System nur relativ abgeschlossen ist. Die gesunde Psyche ist teilweise geschlossen und weist eine Tendenz zur Entropie auf, zugleich ist sie aber auch durchlässig insofern, als sie von der sie umgebenden Welt genährt und beeinflußt wird. Streng geschlossene psychische Systeme sind pathologisch. Sie werden häufig so radikal gegen äußere Einflüsse abgeschirmt, daß sie nicht auf eine Psychotherapie ansprechen. Paranoide Schizophrenie zum Beispiel ist ein solch streng geschlossenes psychisches System, das in die totale *stasis* mit rigiden, erstarrten Vorstellungen und Einstellungen und wachsender Isolation führt. Dieser Zustand kann nur durch eine biologische Behandlung beeinflußt werden.

Auch in einer gesunden Persönlichkeit folgt die psychische

Energie bis zu einem gewissen Grad dem Gesetz der Entropie. So stellt sich im Laufe des Lebens eine Tendenz zum Konservatismus und zu allmählicher *stasis* ein. Eine Veränderung wird mit zunehmendem Alter immer schwieriger. Die Polaritäten innerhalb der Psyche, die durch ihr lebendiges Zusammenspiel Energie erzeugen, nähern sich einer Position der Stabilität und Akkomodation. Das kann als Beleg dafür gewertet werden, daß das normale psychische System nur relativ offen und bis zu einem gewissen Grad geschlossen ist. Die Energieverteilung tendiert zu einer Bewegung von höheren auf niedrigere Energiestufen, analog dem Wasser, das immer der niedrigsten zugänglichen Ebene zustrebt.

Die Messung psychischer Energie

Jung fragt in dem zitierten Aufsatz, wie sich solche Energiezustände wissenschaftlich messen lassen. Er schlägt vor, dies über die Einschätzung von *Werten* zu tun. Der Wert, der einer Einstellung oder Aktivität beigemessen wird, zeigt die Energiestärke an. Eine Quantifizierung dieses Vorgehens ist allerdings schwierig. Wenn wir ein Inventar unserer Bewußtseinsinhalte und Vorlieben – im Hinblick auf Bereiche wie Politik, Religion, Geld, Geschlecht, Karriere, Beziehungen, Familie – erstellen und jeden Inhalt mit einer Wertung auf einer Skala von 1 bis 100 versehen müßten, würden wir eine gewisse Vorstellung davon bekommen, wie sich die psychische Energie zwischen den verschiedenen Inhalten unseres Bewußtseins verteilt. Natürlich schwankt diese Wertung von Tag zu Tag, von Jahr zu Jahr, von Jahrzehnt zu Jahrzehnt. Außerdem – wie soll man wissen, wie hoch etwas tatsächlich von der Psyche bewertet wird? Nur zu leicht kann man sich hier etwas vormachen. Natürlich läßt sich ein solches Inventar der bewußten Inhalte auf einer Skala bewerten. Was die Genauigkeit dieser Bewertungen angeht, kann man sich jedoch erst sicher sein, wenn sie auf die Probe gestellt werden. Erst wenn wir gezwungen sind, zwischen zwei oder noch mehr attraktiven Dingen zu wählen, merken wir, welchen relativen Wert diese Dinge besitzen. Ein Alkoholiker, der gezwungen ist, sich zwischen dem Weitertrinken und Frau und Familie zu entscheiden, steht unter massivem Druck festzulegen, welcher Sache er sich verschreiben will. Zugleich stellt eine solche Krise seinen Vorsatz auf die Probe, nie wieder zu trinken. Kaufpräferenzen können ebenfalls wichtige Anhaltspunkte für die tatsächlichen Werte im Unterschied zu denen, die man bei sich voraussetzt, sein. Der Fluß des Geldes, zugleich ein Symbol der Energie, zeigt in gewisser Weise, wie es um die Stärke der verschiedenen Werte steht. Freiwillig geben die Menschen Geld für die Dinge aus, die sie wirklich hoch schätzen.

Das sind einige der Möglichkeiten, die Energie bewußter Inhalte zu messen. Doch wie steht es mit den Werten unbewußter Inhalte? Wie können sie gemessen werden? In jedem Fall kann dies nicht durch Introspektion allein geschehen, da das Ich normalerweise gar nicht weit genug in die Tiefen des Unbewußten vordringen kann. Komplexe treffen Entscheidungen, die das Ich nicht treffen würde. Eine indirekte Meßmethode tut also not, und für Jung stellte das Wort-Assoziations-Eperiment eine solche Methode dar. Das Energieniveau eines Komplexes wird durch die Zahl von Komplexindikatoren, die mit ihm verbunden sind, angezeigt. Ist sie bekannt, so kann man das Energiepotential des Komplexes einschätzen. Mit der Zeit lernt man auch aus Erfahrung, welche Komplexe die intensivsten emotionalen Reaktionen erzeugen. Diese empfindlichen Bereiche werden wegen der mit ihnen gekoppelten vorhersagbar starken Reaktionen besser nicht in der Öffentlichkeit bloßgestellt. Einige kollektive Komplexe, die um Themen wie Sexualität, Religion, Geld oder Macht angeordnet sind, betreffen jeden von uns bis zu einem gewissen Grad und können zu heftigsten Energieentladungen, ja zu Kriegen führen, wenn sie stark genug provoziert werden. Die Intensität und Häufigkeit von Irritationen im täglichen Leben sind weitere nützliche Indikatoren für das Energieniveau der unbewußten Komplexe einer Person. Das Energieniveau eines psychischen Inhaltes kann dabei genauso durch positive wie durch negative Emotionen und Reaktionen angezeigt werden. Aus rein energetischer Sicht spielt dieser Unterschied keine Rolle.

Die Einheit von Körper und Geist

Psychische Energie ist eine Unterkategorie der Lebensenergie – Jung wiederholt damit in dem zitierten Aufsatz, was er bereits 15 Jahre zuvor in *Wandlungen und Symbole des Unbewußten* gesagt hatte. Manche Menschen haben viel davon, andere weniger. So hieß es zum Beispiel von Lyndon B. Johnson, daß er reicher mit Energie gesegnet war als seine gesamte Umgebung. Er konnte Menschen mit seiner schieren Energie förmlich erdrücken. Als er Senator war, schrieb er täglich 250 Briefe an Wähler, während er gleichzeitig seinen normalen Regierungsverpflichtungen nachkam. Manche Leute strotzen nur so vor Lebensenergie, während andere kaum den Weg vom Bett an den Frühstückstisch schaffen. Der Einfluß der Physis auf die Psyche darf hier freilich nicht unterschätzt werden – wenn man sich physisch gesund fühlt, trägt dies ungeheuer zu dem verfügbaren Reservoir an psychischer Energie bei. Doch das Verhältnis zwischen Psyche und Körper ist komplex und häufig paradox. Nietzsche zum Beispiel war schwer krank und litt schlimmste Schmerzen, während er sein poetisches Meisterwerk *Also sprach Zarathustra* schrieb. Heinrich Heine verbrachte die letzten zehn Jahre seines Lebens unter schwersten körperlichen Qualen im Bett, und dennoch schuf er in dieser Zeit Hunderte von Liedern, Gedichten und anderen literarischen Werken. Die ungeheure Menge an psychischer Energie, die für derartige geniale Leistungen erforderlich ist, läßt sich nicht einfach mit dem schlichten Satz erklären, daß ein gesunder Körper die psychische Energie bereitstellt, die für diese Arbeit notwendig ist. Es spielt sich ganz offenbar sehr viel mehr zwischen Soma, Seele und Geist ab als ein bloßer Kalorientransfer.

Das hat manche Denker dazu veranlaßt, den physischen und den psychischen Bereich als zwei relativ unabhängige, parallele Systeme zu betrachten. Dieser Ansatz hat den Vorteil, daß die Unantastbarkeit beider Systeme gewahrt wird und die psychische Energie sich nicht auf physische Energie reduzieren läßt. Jung gab sich mit diesem Modell jedoch nicht zufrieden, obwohl er sich streng gegen jeden biologischen Reduktionismus verwahrte. Auch er ging davon aus, daß es sich um zwei Systeme handelt, deren Interaktion miteinander jedoch so verzweigt und komplex ist und sich dazu größtenteils so tief im Unbewußten abspielt, daß es schwerfällt festzulegen, wo das eine beginnt und das andere zu wirken aufhört. In mancher Hinsicht sind die beiden Systeme offenbar unabhängig, in anderer dagegen stehen sie in enger wechselseitiger Verbindung und scheinen voneinander abhängig zu sein. Die Geist/Körper-Frage taucht an vielen Stellen in Jungs Schriften auf – ich werde in späteren Kapiteln wieder auf sie zurückkommen. In der Abhandlung *Über die Energetik der Seele* berührt er das Problem lediglich kurz.

Da die Psyche-Soma-Einheit kein absolut geschlossenes System bildet, kommen weder das Gesetz der Entropie noch das der Energieerhaltung ganz präzise in ihr zur Anwendung. Praktisch besteht jedoch eine starke Korrelation zwischen beiden. Wenn eine Person das Interesse an einer Sache verliert, taucht dasselbe Quantum an Energie häufig an einer anderen Stelle auf. Die beiden Gegenstände des Interesses mögen in keiner sichtbaren Weise miteinander verknüpft sein, doch die absolute Energiemenge im System bleibt konstant. Andererseits verschwindet manchmal eine große Energiemenge vollständig. Eine Person kann lethargisch oder depressiv werden. In diesem Fall ist die Energie, wie Jung sagt, in die Regression geflossen. Sie ist aus dem Bewußtsein gesickert und ins Unbewußte zurückgekehrt.

Energie, Bewegung und Richtung

Die *Regression* und *Progression* der Libido sind wichtige Begriffe in Jungs Theorie. Es geht dabei um die Richtungen des Energieflusses. In der Progression wird die Libido für die Anpassung an das Leben und die Welt genutzt. Die Person braucht sie, um in der Welt zu funktionieren, und kann sie frei für bestimmte gewählte Aktivitäten einsetzen. Diese Person erlebt einen positiven Fluß ihrer psychischen Energie. Man stelle sich nun jedoch vor, derselbe Mensch fällt durch eine wichtige Prüfung, wird beruflich aufs Abstellgleis geschoben oder verliert einen geliebten Partner oder ein Kind. Die Progression der Libido wird stoppen, das Leben verliert seine Vorwärtsbewegung, und der Energiefluß kehrt sich in seiner Richtung um. Er fließt in die Regression und verschwindet im Unbewußten, wo er Komplexe aktiviert. Das kann dazu führen, daß Polaritäten, die einmal miteinander verbunden waren, auseinandergesprengt werden. Sie werden plötzlich zu Gegensätzen. Das Ichbewußtsein besitzt nun vielleicht einen bestimmten Bestand an Prinzipien und Werten, während das Unbewußte eine völlig entgegengesetzte Position einnimmt. Die Person ist durch diesen inneren Konflikt zerrissen und gelähmt. In der Progression balancieren sich die Polaritäten im Selbst aus und erzeugen Energie, die vorwärtsstrebt. Man mag in bestimmten Situationen ambivalent empfinden, doch in einer Weise, die realitätsangepaßt ist. In der Regression dagegen ergießt sich der Energiefluß zurück in das psychische System und ist nicht mehr für die Anpassung verfügbar. Wenn die Polaritäten auseinanderdriften, entwickelt sich eine schwere Form der Ambivalenz, die das Leben lähmt. Es kommt zum Stillstand, Ja und Nein heben einander auf; man ist bewegungsunfähig.

Jung stellte fest, daß die Energie, wenn sie nicht für die Anpassung an die Welt verbraucht wird und sich nicht in progressiver Weise bewegt, Komplexe aktiviert und deren Energiepotential im gleichen Maße steigert, in dem das Ich an verfügbarer Energie verliert. Das ist das Gesetz von der Erhaltung der Energie, angewandt auf die Psyche. Die Energie verschwindet nicht aus dem System, sie verschwindet lediglich aus dem Bewußtsein. Das wiederum führt typischerweise zu Zuständen der Depression, zu inneren Konflikten, Unsicherheit, Zweifeln, Fragen und Antriebslosigkeit.

Während die Progression die Anpassung an die Welt fördert, führt die Regression jedoch paradoxerweise zu neuen Möglichkeiten der Entwicklung. Die Regression aktiviert die innere Welt. Wenn seine innere Welt aktiviert worden ist, ist der Mensch gezwungen, sich mit ihr auseinanderzusetzen und später eine neue Anpassung an das Leben zu vollziehen, in die die Ergebnisse dieser Auseinandersetzung eingehen. Die Bewegung hin zu einer inneren Anpassung führt so am Ende zu einer neuen äußeren Anpassung, wenn die Libido wieder in Richtung der Progression fließt. Die Person ist nun reifer, gerade aufgrund der zurückliegenden Konfrontation mit dem Unbewußten – den Komplexen, der eigenen Geschichte, Schwächen, Fehlern und all den anderen ärgerlichen und schmerzlichen

Dingen, die in der Regression an die Oberfläche dringen (in Kapitel 8 werde ich genauer auf Jungs Konzept der Individuation eingehen, das hier anklingt).

Es muß betont werden, daß Jung eine klare Unterscheidung zwischen der Progression und Regression der Libido auf der einen und den Haltungen der Extraversion und Introversion auf der anderen Seite macht. Der Nichtkundige bringt diese Haltungen leicht durcheinander. Introvertierte vollziehen jedoch auf ihre ganz eigene Weise durchaus eine Progression, indem sie sich in einer introvertierten Form an die Welt anpassen, während Extravertierte auf extrovertierte Weise eine Progression leben. Dasselbe gilt für die Regression. So wird beispielsweise eine Person vom extravertiert-rationalen Typus, die bisher gewohnt war, auf rationale Weise mit der Welt und mit Menschen umzugehen, möglicherweise irgendwann einmal vor einer Situation in ihrem Leben stehen, in der diese Funktion nicht besonders brauchbar ist, und eine Niederlage erleben. Beziehungsprobleme lassen sich nicht grundsätzlich durch extravertiertes Denken lösen. Hier ist ein völlig anderer Ansatz erforderlich. Hat sich die mehrwertige Funktion dieser Person als nutzlos oder unbrauchbar erwiesen, so wird sie ein Gefühl der Frustration und des Versagens empfinden, denn plötzlich sind andere Funktionen gefragt, die ihr wiederum nicht ohne weiteres zu Gebote stehen. Als Folge regrediert die Libido und aktiviert damit typischerweise ihre minderwertige, in diesem Fall die introvertiert-intuitive Funktion. Die minderwertige Funktion ist, wie Jung ausführt, unbewußt und trägt den Schleim der dunklen Tiefen an sich, wenn sie ins Bewußtsein aufsteigt. Während eine integrierte intuitive Funktion ein nützliches Werkzeug des Ich ist, eine äußerst fein unterscheidende, rationale Funktion, die Orientierung schafft, indem sie Werte setzt, bietet die minderwertige, undifferenzierte, intuitive Funktion, die aus dem Unbewußten kommt, kaum Orientierung. Sie schreit einfach in knallroten Großbuchstaben: »Das ist die wichtigste Sache in meinem ganzen Leben! Ich kann nicht ohne sie leben!« Die hoch emotionale Qualität und die mangelnde Anpassungsfähigkeit der minderwertigen Funktion tritt im allgemeinen klar zutage. Das Ich steht nun unter dem Druck, mit den Emotionen und Gedanken fertigzuwerden, die auf diese Weise ins Bewußtsein dringen. Indem es sich darum bemüht, setzt aber auch schon die Anpassung an die verborgene Seite der Persönlichkeit, das Unbewußte, ein.

Im Gegensatz dazu erreichen Menschen, die in der ersten Hälfte ihres Lebens große Befriedigung und Nutzen aus ihrer Fähigkeit ziehen, gute Beziehungen zu anderen Menschen aufzubauen, einen Punkt, an dem sie das nicht länger zufriedenstellt. Die hochentwickelte extravertiert-intuitive Funktion reicht nicht länger aus, die Bedürfnisse ihrer Seele zu stillen. Es gilt, andere Potentiale zu entdecken und auszuschöpfen. Intuitiv-rationale Projekte (etwa ein Studium der Philosophie oder Theologie) erscheinen nun vielleicht verlockender als ein weiteres gemeinsames Essen mit Freunden oder noch ein Familienurlaub. Die Spanne des menschlichen Lebens umfaßt viele solcher Phasen, in denen es zu entscheidenden Transformationen kommt.

Wandlungen und Symbole

Wie solche Wandlungen ablaufen, war eine Frage, die Jung lange und tief beschäftigte. In der Schrift *Über die Energetik der Seele* gibt er einen formalen theoretischen Abriß der Wandlung. In dem Abschnitt über *Die Verlagerung der Libido*[21] geht er von einer Art natürlichem Gradienten der Energie aus. Ein Gradient ist eine Bahn, in der die Energie fließt. Im natürlichen Zustand, das heißt im paradiesischen Zustand, wie wir ihn uns vorstellen, wird keine Arbeit als solche gefordert oder getan. Wie der Schoßhund, der in einem komfortablen Heim lebt, viel schläft, bei Tisch bettelt und von Zeit zu Zeit heftigen sexuellen Aktivitäten frönt, würde ein Mensch, der ganz im Naturzustand lebt, allein von seinem physischen Instinkt und seinem Begehren geleitet. Die Menschen haben jedoch die Kultur geschaffen und sich in der Arbeit spezialisiert. Das aber setzt die Fähigkeit voraus, Energie aus den natürlichen Gradienten in andere, scheinbar künstliche Bahnen umzuleiten. Wie kommt es dazu?

Jung versteht Natur und Kultur nicht als diametral entgegengesetzte Pole. Er betrachtet beide vielmehr als in fundamentaler Weise zum menschlichen Wesen gehörig. Die kulturellen Errungenschaften und die Spezialisierung in der Arbeit kommen zustande, indem der Geist Analoga zu den instinktiven Zielen und Aktivitäten schafft. Solche Analoga wirken als Symbole.[22] Ideen und Bilder – mentale Inhalte – geben der Libido eine neue Richtung, indem sie diese von ihrer natürlichen Bahn und ihren natürlichen Objekten ablenken. Zum Beispiel entsteht im Kleinkind ein Gedanke, der ebenso ansprechend ist wie das Bild der Brust. Diese Idee, die im Spiel realisiert wird, zieht mehr Energie an sich als die Brust und ermöglicht es dem Kind, den Drang nach sofortiger Bedürfnisbefriedigung des Hungers zu verzögern und sich schließlich spontan von der Mutterbrust zu entwöhnen. Im späteren Leben bildet vielleicht eine Gourmet-Mahlzeit die Entsprechung oder das Symbol, das die Brust ersetzt. Der Gedanke an den Genuß von haute cuisine wirkt auf den Erwachsenen gleich besänftigend wie das Bild der prallen Brust auf das Kleinkind. Auf diese Weise zieht eine Idee oder ein Kulturobjekt die Energie auf sich, die sonst auf die Mutterbrust fixiert geblieben wäre. Beide, Brust und Gourmet-Restaurant, sind Symbole für etwas, das zu diesem Zeitpunkt der psychischen Entwicklung noch nicht auf andere Weise zum Ausdruck gebracht werden kann.

Ein *Symbol* bindet sehr viel Energie und hat großen Einfluß darauf, welchen Weg die psychische Energie nimmt und wofür sie verbraucht wird. Religionen haben traditionell große Mengen menschlicher Energie auf sich gezogen. Dabei stützen sie ihre Macht fast ausschließlich auf Symbole. Durch ihren Gebrauch von Symbolen erlangen sie darüber hinaus politische und ökonomische Macht. Diese Macht ist jedoch sekundär neben der symbolischen, die ihnen zugrunde liegt. Nimmt man die Symbolkraft fort, fällt das ganze Bauwerk in sich zusammen. Solange sie jedoch kraftvoll und lebendig sind, haben religiöse Ideen und Rituale eine ungeheure Anziehungskraft, die die menschliche Energie auf bestimmte Aktivitäten lenken und für bestimmte Vorhaben nutzbar machen kann. Wie kommt es, daß das Symbol einen steileren Gradienten hat als das natürliche Objekt? Wie kann eine Idee für Menschen interessanter und fesselnder werden als instinktiv attraktive Objekte wie Brüste oder Penisse?

Jung war sich der Tatsache bewußt, daß dies nicht etwa auf Grund einer bewußten Entscheidung des Ich geschieht. Als

»Bill W.« (William G. Wilson), der Gründer der Anonymen Alkoholiker, ihm 1961 brieflich von Roland H.'s Schicksal berichtete (einem Patienten, den Jung Anfang der 30er Jahre wegen seines Alkoholismus behandelt hatte), räumte Jung in seiner Antwort ein, daß der Therapeut im Grunde hilflos ist, wenn es darum geht, die Abhängigkeit eines Patienten von einem bestimmten Stoff zu durchbrechen.[23] Jungs Botschaft lautete, von mir frei formuliert: *Man braucht ein Symbol, eine Entsprechung, die die Energie auf sich zieht, die bisher ins Trinken geflossen ist. Es gilt, ein Äquivalent zu finden, das spannender ist, als sich jeden Abend vollaufen zu lassen, interessanter als eine Flasche Wodka.* Um eine solche tiefgreifende Wandlung in einem Alkoholiker zu bewirken, ist ein machtvolles Symbol erforderlich. Jung sprach von der Notwendigkeit eines Bekehrungserlebnisses. Symbole steigen aus dem archetypischen Grund der Persönlichkeit auf, dem kollektiven Unbewußten. Sie werden nicht künstlich vom Ich erdacht, sondern erscheinen vielmehr spontan aus dem Unbewußten, gerade in Zeiten, in denen wir ihrer besonders bedürfen.

Symbole sind die großen Organisatoren der Libido. Jungs Gebrauch des Begriffes »Symbol« ist sehr genau. Ein Symbol ist nicht etwa ein Zeichen. Zeichen können gelesen und gedeutet werden, ohne etwas von ihrer Bedeutung zu verlieren. Ein Stopzeichen heißt »Stop!«. Ein Symbol dagegen ist nach Jungs Verständnis die bestmögliche Aussage oder der bestmögliche Ausdruck für etwas, das sich der Erkenntnis entweder von seinem Wesen her verschließt oder doch zumindest im gegenwärtigen Bewußtseinszustand noch nicht erkannt werden kann. Symboldeutungen sind Versuche, die Bedeutung des Symbols in ein verständlicheres Vokabular bzw. in einen vorhandenen Begriffsbestand zu übersetzen, doch bleibt das Symbol selbst der beste momentane Ausdruck der Bedeutung, die es vermittelt. Symbole öffnen uns für das Geheimnis. Zugleich verbinden sie Elemente des Geistes und des Instinkts, des Bildes und des Triebs. Aus diesem Grund beziehen sich Schilderungen höherer Bewußtseinszustände und mystischer Erfahrungen häufig auf physische und instinktive Befriedigungen wie Essen und Sexualität. Die Mystiker sprechen von der Ekstase der Vereinigung mit Gott als einem orgasmischen Erlebnis – höchstwahrscheinlich trifft das auch zu. Die Erfahrung des Symbols vereint Körper und Seele in einem starken, überwältigenden Gefühl der Ganzheit. Für Jung ist das Symbol deshalb so wichtig, weil es imstande ist, natürliche Energie in kulturelle und geistige Form zu transformieren. In der zitierten Abhandlung geht er nicht auf den Zeitpunkt solcher symbolischer Ausbrüche in der Psyche ein. Das wird in anderen Schriften thematisiert, ganz besonders in seinem Spätwerk *Synchronizität als ein Prinzip akausaler Zusammenhänge*.[24]

Die Unterscheidung zwischen Transformation und Sublimation markiert einen grundlegenden Unterschied zwischen den Ansätzen von Jung und Freud. Für Freud sind zivilisierte Menschen in der Lage, ihre libidinösen Wünsche zu sublimieren. Die Sublimation erzeugt jedoch lediglich einen Ersatz für die wahren Objekte dieser Wünsche. Die Libido wird sich an die Ersatzobjekte heften, doch diese bleiben immer das Zweitbeste. In Wirklichkeit möchte die Libido in die frühe Kindheit zurückkehren, zu Mutter- und Vaterfixierungen, zur Erfüllung ödipaler Phantasien. Freuds Analyse war daher immer reduktiv. Jung stimmte mit ihm darin überein, daß die Libido ursprünglich den mütterlichen Körper sucht, weil Nahrung entscheidend für das Überleben des Kleinkindes ist. Später wird die Libido in sexuelle Kanäle gelenkt und fließt in die entsprechenden Bahnen, da die Fortpflanzung notwendig für das Überleben der Art ist. Wenn die Libido jedoch eine geistige Entsprechung findet, eine Idee oder ein Bild, so wird sie sich dorthin richten, nicht als Ersatz für sexuelle Erfüllung, sondern weil das ihr Ziel ist. Für Jung vollzieht sich hier eine Transformation der Libido – aus solchen Transformationen entsteht Kultur. Kultur ist die Erfüllung von Wünschen und Bedürfnissen, nicht ihre Blockierung. Jung ist überzeugt, daß die Natur des Menschen auf Kulturbildung ausgerichtet ist, auf die Schaffung von Symbolen, auf die Einbindung von Energie, die den Fluß der Energie auf spirituelle und mentale Inhalte richtet.

Anmerkungen:

1. McGuire, W. und Sauerländer, W. (Hrsg.). *Sigmund Freud. C. G. Jung – Briefwechsel.* Frankfurt/Main: S. Fischer, 1974, S. 7.
2. Jung, *Erinnerungen, Träume, Gedanken,* 1974, S. 167-168.
3. Jung, Gesammelte Werke, Bd. 8, Par. 1-130.
4. McGuire, a.a.O., S. 509–510.
5. Jung, *Wandlungen und Symbole der Libido,* S. 142-143.
6. McGuire, a.a.O., S. 509.
7. Jung, *Wandlungen und Symbole der Libido,* S. 144-145. Auch in: Symbole der Wandlung, Gesammelte Werke, Bd. 5, Par. 194.
8. Jung, *Wandlungen und Symbole der Libido,* S. 134.
9. Jung, *Erinnerungen, Träume, Gedanken,* 1974, S. 171.
10. Jung, *Wandlungen und Symbole der Libido,* S. 411 (in der Ausgabe von 1912).
11. Jung, Gesammelte Werke Bd. 5.
12. Interessant sind in diesem Zusammenhang Jungs Auffassungen über den Wert regelmäßiger Arbeit. Seiner Ansicht nach ist die Arbeitsethik letztlich eine Befreierin aus der Fessel des Inzestwunsches. »Die Zerstörung der Sklaverei war dazu Postulat und Bedingung; denn das Altertum hatte die Arbeitspflicht und die Pflichtarbeit als soziale Bedingung prinzipiellster Bedeutung noch nicht erkannt. Sklavenarbeit war Zwangsarbeit, das Gegenstück zum ebenso unheilvollen Libidozwang der Besitzenden. Nur die Arbeitspflicht des Einzelnen war es, welche auf die Dauer jene regelmäßige ›Drainage‹ des Unbewußten, das durch beständige Libidoregressionen überschwemmt wurde, ermöglichte. Die Faulheit ist aller Laster anfang, weil im Zustande faulen Träumens die Libido reichlich Gelegenheit hat, in sich selber zu versinken, um durch regressiv wiederbelebte inzestuöse Bindungen zwingende Verpflichtungen zu schaffen. Davon befreit am besten regelmäßige Arbeit. Die Arbeit ist aber nur dann Erlösung, wenn sie eine freie Tat ist und nichts mehr von infantilem Zwang an sich hat. Unter diesem Aspekt erscheint die religiöse Zeremonie zu gutem Teil als organisierte Untätigkeit und zugleich als Vorstufe des modernen Arbeitens.« (*Wandlungen und Symbole der Libido,* S. 389, Ausgabe von 1912). Das ist eine Variante des Satzes »Arbeit macht frei«, der von den Nationalsozialisten in jenen Lagern so grauenhaft mißbraucht wurde, in denen die Sklaverei letztlich institutionalisiert wurde. Nur wenn Arbeit frei gewählt und als eine Verpflichtung dem Leben gegenüber angenommen wird, kann es zur Transformation der Libido kommen. Wenn man frei einen Beruf wählt und freiwillig Vergnügen und sinnliche Belohnung opfert, um diesen Beruf zu erlernen und auszuüben, dann war die Transformation der Libido erfolgreich.
13. George Hoganson diskutiert die Autoritätsfrage ausführlich in seinem Buch *Jungs Struggle with Freud.*
14. Jung, Gesammelte Werke Bd. 8, Par. 6ff.
15. Ebd., Par. 5.
16. Ebd., Par 58.
17. Ebd.
18. Ebd.
19. Ein Therapeut, der diese final-energetische Auffassung übernimmt, würde mit Recht als unpersönlich und unempathisch empfunden werden. Er würde Kausalfaktoren wie Kindheitstraumata oder konfliktgeladenen und von Mißbrauch gekennzeichneten Beziehungen in der Vergangenheit wenig Beachtung schenken. Im Mittelpunkt stünde das Mitverfolgen des Energieflusses vom Ich zum Unbewußten (Regression), zu neuer Adaptation (Progression) und die Analyse von Einstellungen und kognitiven Strukturen, die den Fluß der Libido daran hindern oder darin blockieren, seinen natürlichen Gradienten oder Weg zu finden. Das ist ein stärker kognitiver Ansatz. Der empathische Analytiker andererseits würde nach Gründen in der Vergangenheit für die gegenwärtige Schwierigkeit suchen und Verständnis dafür zeigen, daß die Vergangenheit die Probleme der Gegenwart geschaffen hat. Jung glaubte,

daß der freudianische Ansatz der kausal-mechanistischen, empathischen Spielart zugehörte, während seine eigene Angehensweise eher vom finalenergetischen, unpersönlichen Typ war. Der Analytiker, der die Psyche zergliedert und den Blick darauf richtet, die Bewegung der Energie zu analysieren und ihren Fluß hin zum Ziel der Balance und des Gleichgewichts zu erleichtern, wendet die unpersönliche Methode an. Extravertierte Menschen fühlen sich nach Jungs typologischem Verständnis gewöhnlich mehr von Kausaltheorien angezogen, während introvertierte einen finalistischen Ansatz favorisieren, der abstrakter ist. Viele zeitgenössische Analytiker versuchen, beide Angehensweisen zu verbinden.

20 Die unterschiedlichen Positionen Adlers und Freuds waren ein wichtiges Element in Jungs Auseinandersetzung mit Freud, und sein fortgesetztes Bemühen, die interpersonelle Dynamik zu verstehen, mündete zugleich in seine Theorie der psychologischen Typen. Ein Grund dafür, daß Jung sich mit der Erforschung von Persönlichkeitsunterschieden im Sinne psychologischer Typen befaßte, lag darin, daß er den Unterschied zwischen den theoretischen Positionen von Adler und Freud begreifen wollte. Beide Theorien hatten viel zu bieten, und beide schienen in vieler Hinsicht richtig. Doch Jung, der sich sowohl von Freud als auch von Adler abgrenzte, kam zu dem Schluß, daß Freuds Theorie in einem fundamentalen Sinne extravertiert war insofern, als sie Triebe postulierte, die über den Weg von Objekten Befriedigung und Erleichterung suchen, während Adlers Position introvertiert war, weil sie davon ausging, daß die Menschen grundsätzlich bestrebt sind, Ich-Kontrolle über Objekte zu gewinnen. Jung sah den Machttrieb, der in Adlers Theorie beschrieben wird, als primäres Bedürfnis introvertierter Individuen, die Objektwelt zu kontrollieren statt sich in ihr zu verhalten und Vergnügen aus ihr zu ziehen. Introvertierte Menschen werden stärker vom Trieb nach Macht und der Kontrolle über bedrohliche Objekte angetrieben als von der Suche nach Lust. Extravertierte dagegen orientieren sich am Lustprinzip, und diese Menschen entsprechen Freuds psychologischer Auffassung. Sowohl Freud, der die Menschen als grundlegend extravertiert und vom Lustprinzip angetrieben betrachtet, als auch Adler, der uns als introvertiert und vom Wunsch nach Macht angetrieben versteht, bieten richtige Erklärungen menschlichen Verhaltens. Beide näherten sich der Psyche jedoch aus einem unterschiedlichen Blickwinkel an und beschrieben in gewissem Sinn unterschiedliche Typen.

[21] Jung, Gesammelte Werke, Bd. 8, Par. 79-87
[22] Ebd., Par. 88-113.
[23] Jung, Briefe, Bd. 2, S. 624.
[24] Jung, Gesammelte Werke, Bd. 8, Par. 818-968.

4. Die Grenzen der Psyche
(Instinkte, Archetypen und das kollektive Unbewußte)

Die ersten Kartographen drückten ihren Werken ihren ganz persönlichen Stempel auf. Man konnte eine Karte an bestimmten einzigartigen Kennzeichen identifizieren, die auf die Hand ihres Schöpfers wiesen. Eine Landkarte war damals ebensosehr ein Kunstwerk wie das Ergebnis wissenschaftlicher Arbeit. Bisher unterscheidet sich Jungs Landkarte der Seele noch kaum von anderen tiefenpsychologischen Ansätzen. Mit diesem Kapitel beginnt jedoch die persönliche Handschrift ihres Schöpfers deutlicher hervorzutreten. Was Jungs Werk sein ureigenes Gepräge gab, war das Vordringen in jenen Bereich, den er als *kollektives Unbewußtes* bezeichnete.

Um den Faden dort wieder aufzunehmen, wo wir ihn im vorigen Kapitel über psychische Energie losgelassen haben, kann zunächst einfach festgehalten werden, daß der Archetyp für Jung eine primäre Quelle psychischer Energie und Formgebung ist. Er bildet den letzten Ursprung psychischer Symbole, die sich mit Energie aufladen, strukturierend wirken und am Ende zur Schaffung von Zivilisation und Kultur führen. Aus Hinweisen in den früheren Kapiteln ist schon einigermaßen deutlich geworden, daß die Theorie der Archetypen entscheidend für Jungs Gesamtkonzeption der Psyche ist, ja ihre Grundlage bildet.

Wenn wir uns mit Jungs Theorie der Archetypen auseinandersetzen wollen, kommen wir gleichzeitig nicht um seine Theorie der Instinkte herum. Archetyp und Instinkt sind nach Jungs Auffassung zutiefst miteinander verwandt. Für Jung stehen Geist und Körper in einem so engen wechselseitigen Verhältnis, daß sie nahezu untrennbar sind. Wenn man das beiseite läßt, dann gleitet die Erörterung archetypischer Bilder allzu leicht ab in esoterisch angehauchte, abgehobene psychologische Spekulation. Wenn man sich dem Archetyp aus psychologischer und nicht aus philosophischer oder metaphysischer Sicht nähern möchte, muß man ihm einen Anhalt im Leben geben, in einem Leben im menschlichen Körper, wo er mit der

Geschichte des Individuums und seiner psychologischen Entwicklung verquickt ist. Die Theorie der Archetypen gibt Jungs Karte von der Seele eine platonische Färbung. Der Unterschied zwischen Jung und Plato liegt jedoch darin, daß Jung die Ideen als psychologische Faktoren untersuchte und nicht als ewige Formen oder Abstraktionen.

Wie ich zu Anfang dieses Buches sagte, war es Jungs Anliegen, bis an die äußersten Gestade der Seele vorzustoßen. Wenn er auch kein systematischer Denker war, so war er doch auf jeden Fall hoch ambitioniert, und sein Ehrgeiz trieb ihn weit über die Grenzen der wissenschaftlichen Erkenntnis seiner Zeit hinaus. Die Wissenschaft ist heute noch damit beschäftigt, viele seiner intuitiven Erkenntnisse nachzuvollziehen. Indem er immer weiter in das dunkle, unbekannte Terrain des Geistes vordrang, gelangen ihm einige seiner bahnbrechendsten Beiträge zur Psychologie und Psychoanalyse mit seiner Theorie über das kollektive Unbewußte und seine Inhalte. Manchmal wird man gefragt, ob das, was Jung als psychische Fakten hinstellt, Entdeckungen oder Erfindungen seien. Aber das ist das Schicksal des Kartographen, der Kontinente mit seinem Stift umreißt, die noch völlig unbekannt und unerforscht sind. Der erste Kartograph ist immer gezwungen, sich auch auf seine Intuition zu verlassen und mit Vermutungen zu arbeiten. Natürlich zieht er zusätzlich die bereits vorliegenden Karten anderer Meister zu Rate und studiert alte Texte. Solche Quellen können hilfreich sein oder in die Irre führen. Jung war sich der Risiken seines Unternehmens klar bewußt und ging bei der Formulierung seiner Vermutungen ebenso behutsam wie kühn zu Werke, da er ja immerhin als erster wagte, derartige Gedanken überhaupt auszusprechen.[1]

Im vorliegenden Kapitel beziehe ich mich hauptsächlich auf Jungs späte Zusammenfassung seiner Theorie: die klassisch gewordene Schrift *Theoretische Überlegungen zum Wesen des Psychischen*. Der Bereich des kollektiven Unbewußten wird darin nicht in jener blumigen, bildhaften Weise dargestellt, wie sie uns in den Schriften Jungs begegnet, in denen er sich der Bildersprache und der Texte der Alchemie bediente. Der genannte Text liefert im Vergleich dazu einen auffallend nüchternen, abstrakten und theoretischen Abriß, ist recht schwierig zu lesen und ziemlich trocken für den Geschmack all jener

Leser, die bei Jung in erster Linie visionäre Inspiration suchen. Dennoch bildet gerade dieses Werk das theoretische Fundament, auf dem alle anderen Formeln beruhen, und ohne ein Verständnis dieser theoretischen Basis wirkt das übrige leicht wie eine Sammlung merkwürdiger Tiere in einem wohlbestückten Zoo: Jede Menge Exotik, aber wenig systematische Ordnung.[2] Kritikern, die Jung so lesen, geht schlicht und einfach das Verständnis für die Beschaffenheit seines Projektes ab. Die systematische Ordnung für seine Sammlungen abstruser und exotischer Fakten wird an vielen Stellen deutlich, doch mit besonderer Klarheit in der genannten theoretischen Abhandlung.

Der Text entstand 1945/46 und wurde 1954 überarbeitet. Ich halte ihn für Jungs umfassendstes theoretisches Werk. Um ihn wirklich ganz verstehen zu können, bedarf es einer gründlichen Kenntnis aller vorhergehenden Schriften Jungs. Es wird hier kaum etwas Neues eingeführt, vielmehr werden die zahllosen Fäden miteinander verknüpft, die in den Arbeiten der vorangegangenen drei Jahrzehnte gesponnen wurden. Es ist daher ein kurzer Rückblick auf den gedanklichen Weg angebracht, der zu diesem Überblickswerk hinführte, um den Hintergrund zu haben, vor dem seine Bedeutung erst recht greifbar wird.

Schon sehr früh ging es Jung um eine allgemeine Psychologie, die die Psyche von ihren höchsten bis in ihre tiefsten Dimensionen, von ihren engsten bis zu ihren weitesten Grenzen abbildete: eine echte Karte der Seele. Dieses Projekt läßt sich bis in die Anfangsjahre seiner Laufbahn zurückverfolgen. In einem an die Herausgeber der neugegründeten *Psychoanalytical Review*, Smith Ely Jelliffe und William Alanson White, gerichteten Brief aus dem Jahr 1913, der in der ersten Ausgabe dieser Zeitschrift abgedruckt wurde, skizziert Jung seine kühne Vision für diese neue Psychologie. Er zollt den Herausgebern Beifall zu ihrem Plan, »in ihrer Zeitschrift die Beiträge kompetenter Spezialisten verschiedenster Gebiete zu vereinen«.[3] Die Gebiete, die er als relevant für die Psychologie aufzählt, sind überraschenderweise Philologie, Geschichtswissenschaft, Archäologie, Mythologie, Volkskunde, Ethnologie, Philosophie, Theologie, Pädagogik und Biologie! Wenn alle diese Disziplinen ihr Spezialwissen zur Erforschung der menschlichen Psyche beisteuern, dann, so Jung, besteht die Möglichkeit, »das ferne Ziel einer genetischen Psychologie« zu erreichen, »die unseren Blick für die medizinische Psychologie klären wird, ebenso wie es die vergleichende Anatomie für Bau und Funktion des menschlichen Körpers getan hat«.[4] Jung spricht in diesem Brief auch von einer »vergleichende[n] Anatomie des Geistes«[5], die erzielt werden kann, wenn man das Fachwissen vieler Forschungs- und Studienbereiche bündelt. Sein Ziel war es, einen breiten Überblick über die Psyche zu gewinnen und sie als ein Ganzes zu erfassen, um von diesem Blickwinkel aus die verschiedenen Einzelteile in ihrem dynamischen Zusammenspiel zu beobachten.

Als Jung tiefer zu den Quellen unbewußten Materials vorstieß, das ihm seine Patienten in Gestalt von Träumen und Phantasien lieferten und mit dem ihn sein eigenes Inneres konfrontierte, sah er sich veranlaßt, theoretische Annahmen über gewisse allgemeine Strukturen aufzustellen, die allen Menschen eigen sind, nicht nur dem einzelnen Patienten, den er vor sich hatte. Diese tiefste Schicht der menschlichen Psyche bezeichnete er als *kollektives Unbewußtes* und stellte sich ihre Inhalte als eine Kombination aus universalen Mustern und Kräften vor, den sogenannten Archetypen und Instinkten. Seiner Auffassung nach haftet den Menschen auf dieser Ebene nichts Individuelles oder Einzigartiges an. Jeder besitzt die gleichen Archetypen und Instinkte. Will man das Einzigartige einer Person erfassen, so muß man den Blick auf eine andere Seite der Persönlichkeit richten. Wahre Individualität, so behauptete er in in seinen Schriften *Psychologische Typen* und *Zwei Schriften über Analytische Psychologie*, ist das Produkt des persönlichen Ringens um Bewußtsein, das er in den Begriff *Individuationsprozeß* faßte (s. Kap. 8). Individuation erwächst aus der bewußten Auseinandersetzung einer Person mit dem Paradoxon der Psyche über eine längere Zeitspanne hinweg.

Instinkte und Archetypen dagegen sind Gaben der Natur an jeden von uns. Sie werden allen gleichermaßen zuteil, und alle haben sie miteinander gemein, ob reich oder arm, schwarz oder weiß, alt oder modern. Der Begriff der Universalität ist grundlegend für Jungs Verständnis der menschlichen Psyche. Gegen Ende seines Lebens gab er diesem Thema Gestalt in der Überarbeitung eines Werkes mit dem Titel *Die Bedeutungen des Vaters für das Schicksal des Einzelnen*:

»Der Mensch ist nämlich ›im Besitze‹ vieler Dinge, die er sich nie erworben, sondern die er von seinen Ahnen ererbt hat. Er wird ja nicht als tabula rasa, sondern bloß als unbewußt geboren. Er bringt aber spezifisch menschlich organisierte, funktionsbereite Systeme mit, welche er den Millionen Jahren menschlicher Entwicklung verdankt. Wie der Wandertrieb und der Nestbauinstinkt des Vogels niemals individuell erlernt oder erworben werden, so bringt auch der Mensch bei seiner Geburt die Grundzeichnung seines Wesens und zwar nicht nur seiner individuellen, sondern auch seiner kollektiven Natur mit. Die ererbten Systeme entsprechen den seit der Urzeit prävalierenden menschlichen Situationen, das heißt es gibt Jugend und Alter, Geburt und Tod; es gibt Söhne und Töchter, Väter und Mütter; es gibt Paarung usw. Nur sein individuelles Bewußtsein erlebt derartiges zum erstenmal, das körperliche System und das Unbewußte aber keineswegs. Für diese bedeutet es nur die Betätigung altgewohnter Instinkte, die alle schon längstens präformiert sind.«[6]

Archetypen (psychische Universalia)

Die Ursprünge von Jungs Verständnis der Archetypen lassen sich in seinen Schriften bis in die Zeit zwischen 1909 und 1912 zurückverfolgen, als er, während seine Zusammenarbeit mit Freud noch fortbestand, mythologische Studien betrieb und *Wandlungen und Symbole der Libido* verfaßte. In diesem Werk setzte er sich mit den Phantasien von Miss Frank Miller auseinander, die sein Freund und Genfer Kollege Gustav Flournoy veröffentlicht hatte. Jung wollte die Bedeutung dieser Phantasien aus der neuen Perspektive untersuchen, die ihn schon seit seinen ersten psychiatrischen Studien mit seiner medial begabten Cousine Helene Preiswerk beschäftigte und nun immer klarere Konturen gewann. Die Auseinandersetzung mit Miss Millers Phantasiematerial bot Jung die Gelegenheit, sich allmählich explizit von Freuds Libidotheorie zu lösen und allgemeine Muster jener Instanz zu erörtern, die er später als *kollektives Unbewußtes* bezeichnen würde.

Jungs Autobiographie zufolge empfing er einen ersten Eindruck von den unpersönlichen Schichten des Unbewußten durch einen Traum, den er auf der Amerikareise mit Freud im Jahr 1909 hatte. Er träumte von einem Haus (im Kontext des Traumes »mein Haus«), das viele Stockwerke hatte. Im Traum erkundete Jung die Geschosse des Hauses vom Hauptgeschoß (die Gegenwart) bis in den Keller (die kurz zurückliegende Vergangenheit) und darüber hinaus noch verschiedene Unterkeller (die Vergangenheit der Antike, etwa der griechischen und römischen, und schließlich die prähistorische und paläolithische Vergangenheit). Dieser Traum gab ihm die Antwort auf eine Frage, die er sich während der Reise gestellt hatte, nämlich: »Auf welchen Prämissen beruht die Freudsche Psychologie? Zu welcher Kategorie des menschlichen Denkens gehört sie?«[7] Das Traumbild, so schreibt er, »wurde mir zu einem Leitbild«. »Er gab mir die erste Ahnung eines kollektiven a priori der persönlichen Psyche.«[8] Als er Flournoys Buch zum ersten Mal las, wußte Jung wenig über Miß Miller und ihre persönliche Lebensgeschichte. Er ging davon aus, daß dies vielleicht für die Theoriebildung von Vorteil sein könnte, da sein Denken nun nicht von persönlichen Assoziationen und Projektionen belastet war. Unabgelenkt von den Bäumen sah er wirklich den Wald. Er war dadurch frei, über allgemeinere psychologische Muster zu spekulieren, und genau dies tat er auch mit beträchtlichem Vergnügen und spürbarer Begeisterung. Beim Blick auf Miß Millers Phantasien umriß er ihre Realität mit Hilfe der wenigen Fakten, die in Flournoys Bericht enthalten waren: Eine junge unverheiratete Frau, die allein durch Europa reiste und sich zu einem italienischen Seemann hingezogen fühlte, jedoch unfähig war, ihrem erotischen Interesse nachzugeben. Eine Frau, die ihre ungenutzte sexuelle Libido blockierte und in tiefe Regression verfiel. Anhand dessen, was er damals, weitgehend auf Freud und andere Psychoanalytiker gestützt, über die Dynamik der Psyche wußte, wagte es Jung, einige bis dahin gängige Vorstellungen dahingehend auszuweiten, daß er die Vermutung aussprach, daß die Libido, die Sexualität, eine duale Natur besitze. Auf der einen Seite strebt sie nach Erfüllung in der sexuellen Betätigung und Lust. Andererseits verhindert sie eine solche Betätigung und strebt hin zu ihrem Gegenteil, dem Tod. Jung postulierte damit kühn einen Todeswunsch, der dem Wunsch nach Leben gleichgestellt ist und in der zweiten Lebenshälfte, in der der Mensch sich darauf vorbereitet zu sterben, stärker hervortritt.

Der menschlichen Psyche ist die Neigung angeboren, sexuelle oder andere Befriedigungen zu opfern und nichtsexuellen Neigungen und Wünschen zu folgen, eine Tendenz, die durch keine noch so starke sexuelle Befriedigung aufgehoben werden kann.

Hier nahmen Jungs Überlegungen zur psychischen Situation der jungen Frau eine neue, befremdliche Richtung. Einerseits war sie offensichtlich auf der Suche nach einem erotischen Ventil in ihrem Leben und konnte keines finden. Daher ihre Regressionen und Sublimierungsversuche: Visionen, das Schreiben von Gedichten, Tagträume, die für Jungs Gefühl alle ein Hinweis auf den drohenden Ausbruch einer Krankheit waren und in eine Psychose münden konnten. Andererseits spiegelten Miß Millers sexuelle Hemmungen möglicherweise einen tieferen Konflikt in ihrer Psyche, den man als allgemein menschlich, ja archetypisch betrachten konnte. Das brachte die sehr viel breiter angelegte Frage nach dem allgemeinen Verlauf menschlicher Evolution und Entwicklung ins Spiel. Nach Jungs These wurde die sexuelle Libido im Laufe von Äonen menschlicher Evolution zunächst durch Metaphern und Bilder in kulturelle Bahnen gelenkt und mündete dann in tiefere Transformationen, die sich nicht mehr über die Sexualität definieren ließen. Während er sich mit den Libidoschwankungen von Miß Miller beschäftigte, gelangte Jung zu einer völlig neuen Kulturtheorie. Kein Wunder, daß viele Leser durch seine Ausführungen verstört wurden.

Als er die Parallelen zwischen der gewissermaßen ungesunden Entwicklung Miß Millers und der Entwicklungsgeschichte der Menschheit mit ihren Jahrtausenden herauszuarbeiten versuchte, stieß Jung auf den Heldenmythos. Für ihn kam dem Helden die Rolle des schöpferischen Bewußtseins zu. Der Held ist ein menschliches Grundmuster, das für Frauen genauso Geltung hat wie für Männer. Er fordert das Opfer der »Mutter«, das heißt der passiv-kindlichen Haltung, die Übernahme eigener Verantwortung im Leben und eine reife Realitätsbewältigung. Der Archetypus des Helden verkörpert das Zurücklassen des kindlich-phantastischen Denkens und eine aktive Auseinandersetzung mit der Realität. Wären die Menschen im Laufe ihrer Entwicklung nicht in der Lage gewesen, die Herausforderung des Helden anzunehmen, so wären sie schon vor langer Zeit untergegangen. Um der Realität auf reife Weise gegenüberzutreten, muß jedoch ein ungeheures Opfer an kindlichen Bedürfnissen und nostalgischer Sehnsucht nach den

Annehmlichkeiten der Kindheit gebracht werden. Hier lag Miß Millers Dilemma. Sie war mit der Aufgabe konfrontiert, erwachsen zu werden, sich ihren Erwachsenenrollen im Leben zu stellen, und scheute vor dieser Herausforderung zurück. Sie ließ das phantastische Denken nicht hinter sich, sondern verlor sich in einer morbiden, unwirklichen Welt, die wenig Bezug zu ihrer realen Situation hatte. Sie befand sich in einer massiven Regression auf die »Mutter«, und es war die Frage, ob sie in diesem Zustand wie Theseus im Hades steckenbleiben, oder ob sie jemals herausfinden würde. Jung war sich nicht sicher, befürchtete aber, daß die junge Frau in eine Psychose verfallen könnte.

Um die Bilder Miß Millers zu deuten, trug Jung eine große Menge verwandter Mythen, Märchen und religiöser Motive von allen Enden der Welt zusammen. Er war verblüfft über die überraschenden Gemeinsamkeiten und suchte nach einer Erklärung dafür, daß die junge Frau spontan Bilder und Themen produziert hatte, die an Bilder der ägyptischen Mythologie, der australischen Aborigines und der Indianer Amerikas erinnerten. Wie kommt es zu diesem völlig absichtslos und spontan erscheinenden Auftauchen so frappierender Parallelen – was hat das Ganze zu bedeuten? Jung brachte die gewonnenen Fakten mit seinem Traum von den immer tiefer hinabreichenden Kellern in Verbindung. Ihm wurde klar, daß er dabei war, Belege für das Existieren einer kollektiven Schicht des Unbewußten zu entdecken. Das würde bedeuten, daß es im Unbewußten Material gibt, das nicht durch Verdrängung aus dem Bewußtsein dorthin gelangt ist. Es ist dort von Anfang an.

Dieselbe Suche nach psychischen Universalia beschäftigte auch Freud, wenn auch in einer ganz anderen Weise. Freud forschte nach dem einen unbewußten Wunsch – dem zentralen Komplex –, der alle psychischen Konflikte erklären konnte, und dachte, ihn in der Geschichte der Urhorde gefunden zu haben. Während Jung *Wandlungen und Symbole der Libido* schrieb, arbeitete Freud an *Totem und Tabu*. Anhand von klinischem Material auf der einen und Frazers *Golden Bough* auf der anderen Seite verfolgte Freud ein ganz ähnliches Projekt wie Jung – es war die Frage, wer von beiden das Rennen machen würde. Ob man nun Freuds oder Jungs Version vorzieht, der gemeinsame Nenner ist, daß der menschliche Geist ebenso universale Strukturen aufweist wie der menschliche Körper und daß diese Strukturen mit Hilfe von deutenden und vergleichenden Methoden offengelegt werden können.

In gewissem Sinne stellte Freud ebenfalls eine Theorie der Archetypen auf. Dadurch, daß er von archaischen Resten sprach, erkannte auch er das Vorhandensein uralter psychischer Muster an. Obgleich Freuds Einstellung sich stark von Jungs Beschäftigung mit der Mythologie und ihrem Verhältnis zur Psyche unterschied, verfolgten beide Männer ähnliche Gedankengänge und kamen zu ähnlichen Schlußfolgerungen.

Das Unbewußte

Die Parallelen, die Jung in den Bildern und Mythen von Individuen und Gruppen in voneinander unabhängigen geschichtlichen Perioden und an voneinander unabhängigen Orten fand, ließen ihn umso intensiver nach einer Erklärung für dieses Phänomen suchen. Gibt es einen gemeinsamen Ursprungspunkt für psychotische Bilder, Traumbilder und persönliche Phantasiegebilde einerseits und kollektive mythische und religiöse Bilder und Gedanken auf der anderen Seite? Jung ging es um die Entdeckung der Gemeinsamkeiten im menschlichen Denken und Imaginieren. Um in dieser Frage weiterzukommen, mußte er seine Patienten dazu bringen, ihre unbewußten Phantasien und Gedanken zu enthüllen.

In seiner Schrift *Theoretische Überlegungen zum Wesen des Psychischen* berichtet Jung, wie er die Phantasietätigkeit seiner Patienten anregte.

»Ich habe öfters Patienten beobachtet, deren Träume ein reiches Phantasiematerial andeuteten. Ebenso erhielt ich von den Patienten selber den Eindruck, als ob sie von Phantasien förmlich vollgestopft wären, ohne angeben zu können, worin der innere Druck bestand. Ich habe daher ein Traumbild oder einen Einfall des Patienten zum Anlaß genommen, ihm den Auftrag zu geben, diesen Vorwurf in freier Phantasietätigkeit auszubauen oder zu entwickeln.«[9]

Freuds Technik der Freien Assoziation war ganz ähnlich, doch ließ Jung der Vorstellungskraft größeren Freiraum. Er ermutigte seine Patienten, ihr Phantasiematerial auszugestalten.

»Dies konnte je nach individueller Neigung und Begabung in dramatischer, dialektischer, visueller, akustischer, tänzerischer, malerischer, zeichnerischer oder plastischer Form geschehen. Das Ergebnis dieser Technik war eine Unzahl komplizierter Gestaltungen, in deren Vielfalt ich mich jahrelang nicht auskannte, nämlich solange nicht, als ich nicht zu erkennen vermochte, daß es sich bei dieser Methode um die spontane, durch das technische Können des Patienten nur unterstützte Manifestation eines an sich unbewußten Prozesses handelte, dem ich später den Namen ›Individuationsprozeß‹ gab.«[10]

Der Prozeß der Imagination unbewußter Inhalte überführt diese in eine bewußte Form.

»Das anfänglich chaotische Vielerlei der Bilder verdichtete sich im Laufe der Arbeit zu gewissen Motiven und Formelementen, welche sich in identischer oder analoger Gestalt bei den verschiedensten Individuen wiederholten. Ich erwähne als hauptsächlichste Merkmale das chaotisch Vielfache und die Ordnung, die Dualität, den Gegensatz von Hell und Dunkel, Oben und Unten, Rechts und Links, die Einigung des Gegensatzes im Dritten, die Quaternität (Viereck, Kreuz), die Rotation (Kreis, Kugel) und schließlich die Zentrierung und radiäre Anordnung, in der Regel nach einem quaternitären System. (...) Die Zentrierung bildet den in meiner Erfahrung nie überschrittenen Höhepunkt der Entwicklung, welcher sich als solcher dadurch charakterisiert, daß er mit dem praktisch größtmöglichen therapeutischen Effekt zusammenfällt.«[11]

Jung spricht in diesem Zusammenhang von »Gestaltungsprinzipien«, die »unbewußt« sind.[12] Neben seiner Beschäftigung mit dem Phantasiematerial von Psychotikern brachten die Erfahrungen mit neurotischen Patienten Jung auf den Gedanken, daß im Unbewußten größere Gestaltungselemente existieren. Da das Ichbewußtsein auf diesen Prozeß keinen Einfluß hat, muß der Ursprung der auftauchenden Formen irgendwo anders liegen. Manche Formen mögen von Komplexen determiniert sein, doch andere weisen auf viel weiter zurückliegende Anfänge, sind unpersönlicher und können nicht aus der Lebenserfahrung des einzelnen erklärt werden.

Jung legte seine Schrift 1946 auf der Eranostagung in Ascona vor, einem Forum, dem viele seiner bedeutenderen Arbeiten zum ersten Mal vorgestellt wurden und an dem er von seinen Anfängen 1933 bis 1960, bis zum Jahr vor seinem Tod, teilnahm. Hier kamen alljährlich Menschen aus der ganzen Welt zusammen. Ihr besonderes Interesse galt der Psychologie und der Religion, hier wiederum in erster Linie den östlichen Religionen. Olga Froebe-Kapetym, die Gründerin, deren langjähriges, ernsthaftes Interesse am östlichen Denken und allen Formen des Okkultismus den Anstoß zu der Veranstaltung gegeben hatte, sammelte immer wieder eine Schar anerkannter Experten um sich, die die verschiedensten Themen diskutierten. Für Jung war dieses Auditorium ein echtes Stimulans, das ihn zu seinen besten Werken anregte. Die Teilnehmer waren Koryphäen der Wissenschaft und Gelehrsamkeit aus der ganzen Welt und erwarteten die Vorlage wissenschaftlicher Arbeiten ersten Ranges.

Theoretische Überlegungen zum Wesen des Psychischen stellt eine reife Zusammenfassung Jungs gesamter psychologischer Theorie dar. Die historischen Abschnitte befassen sich mit dem Unbewußten in der Philosophie und der akademischen Psychologie. Hier legt Jung das Fundament für seine eigenen Definitionen des Unbewußten, für sein Verständnis der Beziehung des Unbewußten zum Bewußten und für die innerpsychische Dynamik. Das Postulat des Unbewußten ist für alle Tiefenpsychologen gleichermaßen fundamental. Es trennt die Tiefenpsychologie von anderen psychologischen Modellen. Als Beleg für die Existenz des Unbewußten führt Jung die Dissoziabilität der Psyche an. In bestimmten veränderten Bewußtseinszuständen stößt man zum Beispiel auf ein subliminales Selbst oder Subjekt, eine innere Gestalt, die nicht das Ich ist, aber Intentionalität und Willen zeigt. Das Ich kann in einen Dialog mit dieser Unterpersönlichkeit treten. Ein solches Jekyll und Hyde-Phänomen weist auf das Vorhandensein zweier voneinander unterschiedener Bewußtseinszentren innerhalb einer Persönlichkeit. Das ist auch bei sogenannten »normalen« Persönlichkeiten so, schreibt Jung, selbst wenn sie sich dieser Tatsache nicht bewußt sind.

Doch wenn man einen unbewußten Bereich der Psyche postuliert, wie sind dann seine Grenzen abzustecken? Können sie überhaupt definiert werden oder sind sie so unbestimmt, daß man sich dieses Unbewußte mehr oder weniger grenzenlos denken muß? Jung strebte als Wissenschaftler und Denker nach klaren Definitionen, davon legt auch die genannte Schrift Zeugnis ab. Eine der wichtigsten dort formulierten Bestimmungen betrifft ein theoretisches Konzept, das als *psychoider* Aspekt der Psyche bezeichnet wird. Der psychoide Bereich stellt gleichsam die Schwelle der Psyche dar.

»Die durch das menschliche Ohr wahrnehmbaren Schwingungszahlen des Tones reichen etwa von 20 bis 20 000, und die Wellenlängen des sichtbaren Lichtes reichen von 7 700 bis zu 3 900 Angström. Aus dieser Analogie heraus erscheint es als denkbar, daß es für psychische Vorgänge nicht nur eine untere, sondern auch eine obere Schwelle gibt, und daß mithin das Bewußtsein, welches ja das Wahrnehmungssystem par excellence ist, der wahrnehmbaren Ton- oder Lichtskala verglichen werden kann, wobei ihm, ähnlich wie bei Ton und Licht, nicht nur eine untere, sondern auch eine obere Grenze gesetzt wäre. Vielleicht ließe sich dieser Vergleich auf die Psyche überhaupt ausdehnen, was dann möglich wäre, wenn es *psychoide* Vorgänge an beiden Enden des Skala gäbe.«[13]

Nach Jungs Auffassung bewegt sich die Psyche an einer Skala entlang, deren Endpunkte in eine psychoide (das heißt psycheartige) Zone hineinragen. Jung räumt ein, daß er das Adjektiv *psychoid* von Bleuler entlehnt hat, der *das Psychoide* als »die Summe aller zielgerichteten und gedächtnismäßigen und nach Lebenserhaltung strebenden körperlichen inkl. zentralnervösen Funktionen (mit Ausnahme derjenigen Rindenfunktionen, die wir von jeher gewohnt sind, als psychisch zu bezeichnen)«[14] definierte. Bleuler postulierte damit eine Unterscheidung zwischen den psychischen Funktionen, zu denen nach Jungs Terminologie das Ichbewußtsein und das Unbewußte (das persönliche und das kollektive) gehören und den anderen lebenserhaltenden Funktionen des Körpers und des Zentralnervensystems, von denen einige quasi-psychisch erscheinen. Auch der Körper ist fähig, sich zu erinnern und zu lernen. Wenn wir zum Beispiel radfahren lernen, müssen wir diese Fertigkeit nicht bewußt abrufen. Unser Körper bewahrt die Erinnerung an die Bewegungskoordination. Außerdem ist der Körper zielgerichtet und strebt nach Lebenserhaltung, das heißt, er kämpft auf seine eigene Weise außerhalb des Bereiches der Psyche für das Überleben. Auf diese Definitionen des Psychischen, des Quasi-Psychischen und des Nicht-Psychischen stützt sich Jung hauptsächlich.

Er behandelt Bleulers Terminus *psychoid* allerdings mit gewissen Vorbehalten. So kritisiert er, daß Bleuler den Begriff unzulässigerweise mit bestimmten Körperorganen verbindet und damit einer Art Pan-Psychismus Vorschub leistet, der in allem Lebendigen Spuren der Psyche entdeckt. Für Jung ist »psychoid« ein Begriff, der Prozesse beschreibt, die Psyche-ähnlich oder quasi-psychisch, aber nicht wirklich psychisch sind. Der Begriff dient dazu, psychische Funktionen von vitalistischen zu unterscheiden. Psychoide Prozesse sind zwischen somatischer Lebensenergie und rein körperlichen Prozessen auf der einen Seite und echten psychischen Prozessen auf der anderen angesiedelt.

Instinkte

An dieser Stelle greift Jung das Thema des menschlichen Instinkts auf. Der Instinkt wurzelt im Physischen und dringt als Impuls, Gedanke, Erinnerung, Phantasie oder Emotion in die Psyche ein. Natürlich ist der Begriff *Instinkt* in Hinsicht auf den Menschen schon an sich problematisch. Weil die Menschen die Fähigkeit haben, auf sogenannte instinktive Impulse hin zu entscheiden, zu reflektieren und zu handeln oder nicht zu handeln, was bei anderen Lebewesen nicht der Fall ist, muß man fragen, wie wichtig die Instinkte überhaupt für das menschliche Verhalten sind. Jung war sich bewußt, daß die instinktive Seite des Verhaltens beim Menschen sehr viel weniger determiniert ist als beim Tier. Dennoch werden auch Menschen bis zu einem gewissen Grad von physiologischen, im Unterschied zu psychischen, Bedürfnissen und Prozessen gesteuert. Janets Terminologie aufgreifend, bezeichnet Jung diesen Teil als *partie inférieure* der menschlichen Existenz. Die *partie inférieure* wird von Hormonen kontrolliert und weist einen zwanghaften Charakter auf, der manche Autoren dazu veranlaßt hat, in diesem Zusammenhang von »Trieben« zu sprechen.[15] Insofern Hormone diktieren, was wir tun oder fühlen, sind wir tatsächlich Trieben und Instinkten unterworfen. Die *partie inférieure*, das heißt die somatische Ebene der Psyche, steht stark unter dem Einfluß körperlicher Prozesse.

Nachdem er dieses somatische Substrat erkannt hatte, schreibt Jung:

»Das Psychische erscheint nach dieser Überlegung als eine Emanzipation der Funktion aus der Instinktform und deren Zwangsläufigkeit, welche, als alleinige Bestimmung der Funktion, diese zu einem Mechanismus erstarren läßt. Die psychische Kondition oder Qualität beginnt dort, wo sich die Funktion von ihrer äußeren und inneren Bedingtheit zu lösen beginnt und erweiterter und freierer Anwendung fähig wird ...«[16]

Wenn die Information vom Soma zur Psyche wandert, passiert sie den psychoiden Bereich. Das mildert ihre biologische Determiniertheit beträchtlich und gibt »erweiterter und freierer Anwendung« Raum, »wo sie dem aus anderen Quellen motivierten Willen als zugänglich zu erweisen sich anschickt«.[17] Das Auftauchen des Willens ist entscheidend dafür, daß eine Funktion als psychische Funktion etabliert wird. Hunger und Sexualität zum Beispiel sind zunächst rein somatisch begründete Triebe, die auf der Freisetzung von Hormonen basieren. Beide sind Instinkte. Der Mensch muß essen, und der Körper braucht sexuelle Entladung. An irgendeinem Punkt macht sich dann jedoch der Wille bemerkbar, weil die Person wählen und entscheiden kann, was sie ißt oder wie sie ihre sexuellen Bedürfnisse befriedigt. Der Wille kann bis zu einem gewissen Ausmaß steuernd intervenieren, auch wenn er das Verhalten letztlich nicht in jeder Hinsicht kontrollieren kann.

Wie es eine Grenze für die Psyche am somatischen Ende des Spektrums (der *partie inférieure*) gibt, so besteht auch eine Grenze an der *partie supérieure* des Bewußtseins:

»Mit zunehmender Befreiung vom bloß Triebhaften erreicht nämlich die partie supérieure (Bewußtsein) schließlich ein Niveau, wo die der Funktion innewohnende Energie gegebenenfalls überhaupt nicht nach dem ursprünglichen Sinne des Triebes orientiert ist, sondern eine sogenannte geistige Form erlangt.«[18]

Der Instinkt hat von einem bestimmten Punkt an keine Herrschaft mehr über die Psyche – andere Faktoren treten auf den Plan, die sie steuern und ausrichten. Jung bezeichnet diese Faktoren als »geistig«.[19] Diese Kontrollfaktoren entspringen dem Geist im Sinne des griechischen Wortes *nous* und wurzeln nicht mehr im Organischen. Sie können allerdings wirken wie Instinkte, indem sie den Willen aktivieren, sie können den Körper sogar dazu veranlassen, Hormone abzusondern. Jungs

Ziel ist es, das gesamte Gefüge aus Soma, Psyche und Geist zu einem Ganzen zusammenzufügen und sich dabei jedoch die analytische Unterscheidungsmöglichkeit zwischen seinen verschiedenen Elementen zu erhalten.

Das Ich wird so zum Teil durch Instinkte, zum Teil durch geistige Formen und Bilder in Bewegung gesetzt. Dabei bleibt ihm eine gewisse Entscheidungsfreiheit im Blick auf seine verschiedenen Optionen. Es hat einen gewissen »zur Disposition stehenden Libidobetrag« zur Verfügung[20], wenngleich seine Motivation ihre eigentliche Grundlage im Instinkt hat oder vom Geist ausgeht. Jung, der eingefleischte Biologe und medizinische Psychologe, weigerte sich, Triebe und Instinkte radikal aus seinem Modell der Psyche auszuklammern. Selbst der Wille, die Grundessenz dessen, was die Psyche definiert, wird von biologischen Trieben motiviert: »Die Willensmotivierung (ist) zunächst als wesentlich biologisch zu bewerten.«[21] Am geistigen Ende des psychischen Spektrums verlieren die Instinkte jedoch ihre motivierende Kraft:

»An der (...) ›oberen‹ Grenze des Psychischen, wo sich die Funktion sozusagen von ihrem ursprünglichen Ziel löst, verlieren die Instinkte als Willensmotive ihren Einfluß. Durch diese Veränderung ihrer Form tritt die Funktion in den Dienst anderer Bestimmungen oder Motivationen, welche anscheinend mit den Instinkten nichts mehr zu tun haben.«[22]

Jung fügt hinzu:

»Damit möchte ich nämlich die bemerkenswerte Tatsache beschreiben, daß der Wille die Grenzen der psychischen Sphäre nicht überschreiten kann: er vermag den Instinkt nicht zu erzwingen, noch hat er Macht über den Geist, insofern man unter letzterem nicht etwa nur den Intellekt versteht. *Geist und Instinkt sind in ihrer Art autonom*, und beide beschränken gleicherweise das Anwendungsgebiet des Willens.«[23]

Die psychoide Grenze verkörpert die Grauzone zwischen den vielleicht noch erkennbaren und den völlig unerkennbaren, den unter Umständen kontrollierbaren und den völlig unkontrollierbaren Aspekten menschlichen Funktionierens. Es ist keine scharfe Grenze, sondern eher ein Bereich der Transformation. An den psychoiden Schwellen zeigt sich jener Effekt, den Jung als »Psychisierung« bezeichnet: Nicht-psychische Information wird *psychisiert*, indem sie vom Unerkennbaren in das Unerkannte (die unbewußte Psyche) wandert und schließlich ins Erkannte (Ichbewußtsein) vorstößt. Der psychische Apparat des Menschen weist, kurz gesagt, die Fähigkeit auf, Material von den somatischen und geistigen Polen der nicht-psychischen Realität zu psychisieren.

Wenn man das psychische Leben konkret und aus einer klinischen Perspektive beobachtet, stellt man fest, daß selbst die auf Instinkten basierenden Triebdaten niemals völlig frei von geistigen Formen und Bildern sind. Immer hat man es mit einem Gemisch zu tun. Das liegt daran, daß der Instinkt »die Gestalt seiner Situation hat. Er erfüllt stets ein Bild, das fest stehende Eigenschaften besitzt«.[24] Instinkte funktionieren äußerst präzise, weil sie von Bildern geleitet und von Mustern geformt werden, die auch die Bedeutung des Instinktes bilden. An dieser Stelle verbindet Jung die Archetypen, die grundlegenden geistigen Muster, mit den Instinkten. Instinkte werden von archetypischen Bildern gesteuert und ausgerichtet. Umgekehrt können sich Archetypen aber auch verhalten wie Instinkte:

»Insofern nun die Archetypen regulierend, modifizierend und motivierend in die Gestaltung der Bewußtseinsinhalte eingreifen, verhalten sie sich so wie Instinkte. Die Annahme liegt daher auf der Hand, diese Faktoren (die Archetypen) mit den Trieben in Beziehung zu setzen, um die Frage aufzuwerfen, ob die typischen Situationsbilder, welche diese kollektiven Formprinzipien anscheinend darstellen, nicht am Ende mit den Triebgestalten, nämlich den patterns of behaviour, überhaupt identisch seien.«[25]

Die archetypischen Muster und instinktiven Triebe sind so eng miteinander verbunden, daß man versucht sein könnte, die einen auf die anderen zu reduzieren und den einen oder anderen Priorität einzuräumen. Das war Freuds Weg. Doch Jung verwarf diese Lösung als biologischen Reduktionismus. Freud würde sagen, daß die Archetypen (auch wenn er diesen Begriff nicht verwendete) nichts anderes als imaginäre Verkörperungen der beiden Grundtriebe, Eros und Thanatos, seien. Das würde die Archetypen zu Bildern der Instinkte und damit zu ihren Derivaten machen. Jung räumt ein, daß dieses Argument überzeugend klingt: »Ich muß gestehen, daß ich bis jetzt noch keines Argumentes habhaft geworden bin, welches dieser Möglichkeit stichhaltig widerspräche.«[26] Da Jung nicht zweifelsfrei beweisen konnte, daß Archetypen und Instinkte nicht identisch sind, blieb der biologische Reduktionismus als Möglichkeit. Jung wußte aber auch:

»Das Auftauchen der Archetypen hat (...) einen ausgesprochen *numinosen* Charakter, den man, wenn nicht als ›magisch‹, so doch geradezu als ›geistig‹ bezeichnen muß. Daher ist dieses Phänomen für die Religionspsychologie von größter Bedeutung. Allerdings ist der Effekt nicht eindeutig. Er kann heilend sein oder zerstörend, aber indifferent ist er nie, ein gewisser Deutlichkeitsgrad natürlich vorausgesetzt. Dieser Aspekt verdient die Bezeichnung ›geistig‹ par excellence. Es kommt nämlich nicht selten vor, daß der Archetypus in der Gestalt eines *Geistes* in Träumen oder in Phantasiegestaltungen erscheint oder sich gar wie ein Spuk benimmt. Seine Numinosität hat häufig mystische Qualität und entsprechende Wirkung auf das Gemüt. Er mobilisiert philosophische und religiöse Anschauungen gerade bei Leuten, die sich himmelweit von solchen Schwächeanfällen wähnen. Er drängt oft mit unerhörter Leidenschaftlichkeit und unerbittlicher Konsequenz zu seinem Ziel und zieht das Subjekt in seinen Bann, den dieses trotz oft verzweifelter Gegenwehr nicht lösen kann und schließlich nicht mehr lösen will. Letzteres darum nicht, weil das Erlebnis eine bis dahin für unmöglich gehaltene *Sinnerfülltheit* mit sich bringt.«[27]

Archetypische Bilder und die aus ihnen hervorgehenden Gedanken haben eine ungeheure Macht über das Bewußtsein, die mindestens ebenso stark ist wie die identifizierbaren Instinkte. Das brachte Jung zu der Überzeugung, daß die Archetypen nicht auf Instinkte zusammengestrichen werden können, daß der Geist nicht auf den Körper reduzierbar ist, wie der Verstand nicht auf das Gehirn.

Wenn dem Ich ein archetypisches Bild entgegentritt, kann es förmlich von ihm überwältigt und besessen werden und wird möglicherweise von selbst den Wunsch aufgeben, dem Archetypus zu widerstehen, weil diese Erfahrung so reich und sinnträchtig ist. Die Identifikation mit archetypischen Bildern und Energien bildet die Grundlage für Jungs Definition der psychischen Inflation und schließlich sogar der Psychose. Ein charismatischer Anführer zum Beispiel überzeugt die Menschen mit mitreißenden Worten und setzt ihnen bestimmte Vorstellungen über ein bestimmtes Verhalten in den Kopf – plötzlich werden diese Vorstellungen für die Anhänger und wahren Gläubigen zum Allerwichtigsten überhaupt. Selbst das eigene Leben wird dann für Bilder wie die Flagge, das Kreuz oder Ideen wie Nationalismus, Patriotismus, ein religiöses Bekenntnis oder das Vaterland geopfert. Kreuzzüge und unzählige andere jeder Vernunft Hohn sprechende und höchst unpraktische Abenteuer wurden realisiert, weil die Teilnehmer das Gefühl hatten: Das gibt meinem Leben Sinn! Das ist das Wichtigste, was ich je gemacht habe! Bilder und Gedanken motivieren mit überzeugender Gewalt das Ich und erzeugen Werte und Bedeutungen. Häufig überwältigen und dominieren dabei die Kognitionen die Instinkte.

Im Gegensatz zum Einfluß der Instinkte auf die Psyche, zum Getriebensein durch physische Bedürfnisse, bewirkt der Einfluß der Archetypen, daß man von großen Gedanken und Visionen gepackt wird. Beide ergreifen das Ich dynamisch auf ähnliche Weise: Es wird von ihnen überwältigt, besessen und angetrieben.

»Trotz oder vielleicht gerade wegen der Verwandtschaft mit dem Instinkte stellt der Archetypus das eigentliche Element des Geistes dar; aber eines Geistes, welcher nicht mit dem Verstande des Menschen identisch ist, sondern eher dessen spiritus rector darstellt.«[28]

Der Unterschied zwischen Geist und Intellekt wird oft verwischt, deshalb bemühte sich Jung, deutlich zu machen, daß er nicht von der Denkfunktion, sondern vielmehr vom *spiritus rector* spricht, der das Ich und seine verschiedenen Funktionen dirigiert. Im Ergriffensein durch den Archetyp kann die Denkfunktion allenfalls dazu eingesetzt werden, den archetypischen Gedanken zu rationalisieren und zur Verwirklichung zu bringen. Man könnte zum Beispiel Theologe werden! Theologen, die von archetypischen Ideen gepackt sind, werden wohldurchdachte Systeme schaffen, mit deren Hilfe sie ihre archetypisch begründeten Visionen und Gedanken in einen kulturellen Kontext stellen. Dabei ist es jedoch nicht etwa die Denkfunktion, die ihr Bemühungen lenkt, sondern vielmehr das Element der Vision, archetypisch im *nous* verwurzelt, das die Denkfunktion steuert. Jung formuliert kühn:

»Der wesentliche Inhalt aller Mythologien und aller Religionen und aller -ismen ist archetypischer Natur.«[29]

Das Verhältnis zwischen Archetypen und Instinkten

Instinkte und Archetypen gehören zwar »als Entsprechungen«[30] zusammen, Jung möchte damit jedoch auf keinen Fall andeuten, daß Archetypen sich auf Instinkte oder Instinkte auf Archetypen reduzieren lassen. Sie sind als Entsprechungen eng miteinander verbunden und »bestehen (...) nebeneinander als jene Vorstellungen, die wir uns von dem Gegensatz machen, welcher dem psychischen Energetismus zugrundeliegt«.[31] Die Psyche existiert in dem Raum zwischen reinem Körper, Materie und transzendentem Geist, und »die psychischen Vorgänge (erscheinen) als energetische Ausgleiche zwischen Geist und Trieb«.[32] Die Psyche ist ein Zwischenphänomen, und ihre Prozesse

»verhalten sich (...) wie eine Skala, an welcher das Bewußtsein entlanggleitet. Bald befindet es sich in der Nähe der Triebvorgänge und gerät dann unter deren Einfluß; bald nähert es sich dem anderen Ende, wo der Geist überwiegt und sogar die ihm entgegengesetzten Triebvorgänge assimiliert«.[33]

Es besteht eine Art ewiger Pendelverkehr zwischen der *partie inférieure* und der *partie supérieure*, zwischen dem instinktiven Pol und dem geistigen archetypischen Pol der Psyche. Das Bewußtsein kämpft einerseits »sogar mit Panik dagegen (...), von der Primitivität und Unbewußtheit der Triebsphäre verschlungen zu werden«[34], widersteht aber andererseits auch einem völligen Besessenwerden von geistigen Kräften (das heißt der Psychose). Wenn sie jedoch in Übereinstimmung gebracht werden, dann verleiht der Archetyp dem Instinkt Gestalt und Bedeutung, der Instinkt seinerseits lädt die archetypischen Bilder mit purer physischer Energie auf und hilft ihnen, das

»geistige Ziel (zu erreichen), zu dem die Natur des Menschen drängt; das Meer, zu dem alle Flüsse ihre gewundenen Wege bahnen; de[n] Preis, welchen der Held dem Kampfe mit dem Drachen abringt«.[35]

Jung zeichnet die Psyche als Farbspektrum mit dem Archetypus am ultravioletten Ende und dem Instinkt am infraroten.

»Weil der Archetypus ein Formprinzip der Flugkraft ist, so enthält er in seinem Blau ein Rot, das heißt, er erscheint violett, oder man könnte das Gleichnis auch deuten auf eine Apokatastasis des Triebes auf der Ebene der höheren Schwingungszahl, so gut wie man den Trieb aus einem latenten (das heißt transzendenten) Archetypus, der sich im Gebiete größerer Wellenlänge manifestiert, ableiten könnte.«[36]

In der Praxis, in der realen Erfahrung, sind Instinkte und Archetypen immer in gemischter und niemals in Reinform vorhanden. Das archetypische und das instinktive Ende des psychischen Farbspektrums stoßen im Unbewußten zusammen. Sie kämpfen miteinander, vermischen und vereinigen sich und bilden Energie- und Motivationseinheiten, die dann als Triebe, Strebungen, Ideen und Bilder im Bewußtsein erscheinen. Was wir in der Psyche erleben, ist im Unbewußten zunächst psychisiert und dann »verpackt« worden.

Man stelle sich eine Verbindungslinie zwischen Instinkt und Geist vor, die durch die Psyche verläuft. Am einen Ende ist diese Linie an den Archetyp, am anderen Ende an den Instinkt geheftet. Über diese Linie werden Informationen und Daten durch den psychoiden Bereich ins kollektive und dann ins persönliche Unbewußte transportiert. Von dort aus wandern sie als Inhalte ins Bewußtsein. Nicht die Instinkte und Archetypen selbst, sondern instinktive Wahrnehmungen und archetypische Repräsentationen sind im aktuellen psychischen Erleben präsent. Keines der beiden Enden des Spektrums ist dem unmittelbaren Erleben zugänglich, weil beide nicht psychisch sind. An den Enden des Spektrums vermischt sich die Psyche mit der Materie und mit dem Geist. Die Erscheinungen, die uns als archetypische Bilder begegnen, »sind vielfach variierte Gebilde, welche auf eine an sich unanschauliche Grundform zurückweisen«.[37] Alle archetypischen Informationsmuster entstammen einer einzigen Quelle, einer Wesenheit jenseits menschlichen Begreifens, für die Jung den Begriff »Selbst« reserviert. Diese Grundform »zeichnet sich durch gewisse Formelemente und durch gewisse prinzipielle Bedeutungen aus, die sich aber nur annähernd erfassen lassen«.[38] Hier haben wir Jungs Gottesbegriff. (Das Selbst wird in Kap. 7

noch ausführlicher erörtert) Die archetypischen Bilder, die das Selbst und das Ichbewußtsein miteinander verbinden, bilden einen Mittelbereich, den Jung als *Anima* und *Animus* bezeichnet. (Genaueres dazu in Kap. 6) Nach Jungs Auffassung sind in polytheistischen Religionen Anima und Animus verkörpert, während monotheistische Religionen auf dem Selbst-Archetypus basieren und auf ihn verweisen.

Auf Jungs Seelenkarte ist die Psyche eine Region, die im Raum zwischen reiner Materie und reinem Geist angesiedelt ist, zwischen dem menschlichen Körper und dem transzendenten Geist, zwischen Instinkt und Archetyp. Sie erstreckt sich zwischen den beiden Enden eines Spektrums, an denen jeweils Öffnungen sitzen, die ein Eindringen von Information in die Psyche gestatten. An die Außenbezirke der Psyche grenzen die psychoiden Bereiche, aus denen quasi-psychische Effekte wie psychosomatische Symptome und parapsychologische Erscheinungen kommen. Während die Information durch den psychoiden Bereich wandert, wird sie psychisiert und in Psyche verwandelt. In der Psyche begegnen sich Geist und Materie. Zunächst wandern die Informationspakete in das kollektive Unbewußte, wo sie teilweise von anderen bereits im Unbewußten befindlichen Inhalten berührt werden, um schließlich in Gestalt von Intuitionen, Visionen, Träumen, Wahrnehmungen von instinktiven Trieben, Bildern, Emotionen und Ideen ins Bewußtsein zu dringen. Das Ich muß mit diesen aufsteigenden unbewußten Inhalten umgehen, indem es ihren Wert einschätzt und entscheidet, ob es sie in seinem Handeln berücksichtigt oder nicht. Die Last der Entscheidung liegt letztlich beim Ichbewußtsein, das sich ethisch mit diesen Invasionen aus dem inneren Raum auseinandersetzen muß.

Anmerkungen

[1] Dieses Gebiet – das kollektive Unbewußte – hat die akademische Psychologie dazu veranlaßt, sich von Jung zu distanzieren und ihn als Mystiker hinzustellen. Erst in neuerer Zeit stehen entsprechende Instrumentarien zur Verfügung – besonders in Gestalt biologischer und biochemischer Forschungsmethoden –, mit denen die Beziehung zwischen chemischen Vorgängen im Gehirn und Stimmungen und Gedanken erforscht und damit die weitreichenden Hypothesen überprüft werden können, die Jung schon vor vielen Jahrzehnten aufstellte. Zahlreiche neuere Forschungsergebnisse zu den biologischen Grundlagen menschlichen Verhaltens scheinen Jungs Auffassung zu bestätigen, daß wir einen Großteil der geistigen und auf das Verhalten bezogenen Muster, von denen man bisher annahm, daß sie gelernt würden und das Ergebnis der Erziehung und nicht der Natur seien, als Erbgut mitbringen (s. Satinover, Stevens, Tresan). Für Jung sind die Archetypen insofern wie Instinkte, als sie uns mit unserer genetischen Ausstattung mitgegeben sind.

[2] Tatsächlich sahen einige Autoren (z. B. Philip Rieff) in Jung einen antiquierten Rückfall ins 18. Jahrhundert, als Amateurgelehrte und Wissenschaftler einfach nur Merkwürdigkeiten und Informationen über alles Mögliche in der Welt zusammentrugen und Bibliotheken und Museen schufen, die zeigten, daß ihre Schöpfer wenig Ahnung von dem Material hatten, das sie horteten. Es braucht wohl kaum hinzugefügt zu werden, daß Rieff ein beinharter Freudianer war.

[3] Jung, Briefe, Bd. 1, S. 29.
[4] Ebd., S. 30.
[5] Ebd., S. 29.
[6] Jung, Gesammelte Werke, Bd. 4, Par. 728.
[7] Jung, Erinnerung, Träume, Gedanken, S. 165.
[8] Ebd.
[9] Jung, Gesammelte Werke, Bd. 8, Par. 400.
[10] Ebd.
[11] Ebd., Par. 401.
[12] Ebd., Par. 402.
[13] Ebd., Par. 367.
[14] Ebd., Par. 368, in dem Bleuler zitiert wird.
[15] Ebd., Par. 376.
[16] Ebd., Par. 377.
[17] Ebd.
[18] Ebd.
[19] Ebd.
[20] Ebd., Par. 379.
[21] Ebd.
[22] Ebd.
[23] Ebd.
[24] Ebd., Par. 398.
[25] Ebd., Par. 404.
[26] Ebd.
[27] Ebd., Par. 405
[28] Ebd., Par. 406.
[29] Ebd.
[30] Ebd.
[31] Ebd.
[32] Ebd., Par. 407.
[33] Ebd., Par. 408.
[34] Ebd., Par. 415.
[35] Ebd.
[36] Ebd., Par. 416.
[37] Ebd., Par. 417.
[38] Ebd.

5. Das Enthüllte und das Verborgene in der Beziehung zur Außenwelt
(Persona und Schatten)

Es gehörte zu den frühesten Beobachtungen Jungs, die er später theoretisch aufarbeitete, daß die Psyche aus vielen Teilen und Zentren des Bewußtseins besteht. In diesem inneren Universum gibt es nicht nur einen Planeten, sondern ein ganzes Sonnensystem und mehr. Man kann zwar sagen, daß der Mensch *eine* Persönlichkeit hat, in Wirklichkeit besteht sie jedoch aus einer ganzen Schar von Unterpersönlichkeiten.

Diese Subpersönlichkeiten herauszuarbeiten war Jungs Anliegen. Da ist zum einen der Ich-Komplex und die Vielzahl der ihm untergeordneten persönlichen Komplexe, von denen der Mutterkomplex und der Vaterkomplex am wichtigsten und mächtigsten sind. Schließlich gibt es noch die vielen archetypischen Bilder und Konstellationen. In gewissem Sinne bestehen wir also aus vielen potentiell auseinanderstrebenden Einstellungen und Orientierungen. Sie alle können leicht in Gegensatz zueinander geraten und Konflikte schaffen, die zu neurotischen Persönlichkeitsstilen führen. Im vorliegenden Kapitel möchte ich auf zwei dieser auseinanderstrebenden Subpersönlichkeiten eingehen: den *Schatten* und die *Persona*. Es handelt sich dabei um komplementäre Strukturen, die in jeder weiterentwickelten menschlichen Psyche vorhanden sind. Beide sind nach konkreten Gegenständen der Sinneswahrnehmung benannt. Der Schatten ist das Abbild unserer selbst, das hinter uns herwandert, wenn das Licht von vorn auf uns fällt. Die Persona, das Gegenteil des Schattens, ist nach der Maske benannt, die die römischen Schauspieler trugen. Die Persona ist das Gesicht, das wir für die Welt um uns herum aufsetzen.

Am Anfang des Lebens ist die Persönlichkeit eine einfache, undifferenzierte Einheit. Sie ist ungeformt und eher potentiell als real: sie ist ganz. Im Laufe der Entwicklung erfährt diese Ganzheit eine Differenzierung; sie zerfällt in Teile. Das Ich-bewußtsein entsteht, während es wächst, läßt es viel von jenem einstmals ganzen Selbst in dem Bereich zurück, der nun das

»Unbewußte« ist. Das Unbewußte ist in Gestalt von Materialablagerungen um Imagos, Internalisierungen und traumatische Erfahrungen angesiedelt, die eine Vielzahl von Unterpersönlichkeiten, die Komplexe, bilden. Diese Komplexe sind (wie ich in Kap. 2 ausgeführt habe), autonom und weisen ein eigenes Bewußtsein auf. Sie binden eine bestimmte Menge psychischer Energie und haben einen eigenen Willen.

Der Schatten des Ich

Der Schatten ist einer der unbewußten psychischen Faktoren, die das Ich nicht kontrollieren kann. Tatsächlich ist das Ich sich kaum dessen bewußt, daß es überhaupt einen Schatten wirft. Jung verwendete den Begriff »Schatten«, um damit eine psychologische Realität zu bezeichnen, die auf einer bildhaften Ebene relativ leicht faßbar, auf der praktischen und theoretischen Ebene jedoch schwerer einzuordnen ist. Er wollte auf diese Weise die verblüffende Unbewußtheit, die die meisten Menschen an den Tag legen, erklären. Statt sich den Schatten gegenständlich vorzustellen, denkt man ihn sich jedoch besser als Ansammlung von Eigenschaften oder Qualitäten einer Person, die »im Schatten« (d. h. verborgen, hinter dem eigenen Rücken, im Dunkeln) oder »schattenhaft« bleiben. All die Teile der Persönlichkeit, die normalerweise zum Ich gehören würden, wenn sie integriert wären, die aber unterdrückt wurden, weil sie kognitiv oder emotional dissonant sind, fallen in den Bereich des Schattens. Die spezifischen Inhalte des Schattens können sich ändern, je nach Einstellung des Ich und je nachdem, wie defensiv es ist. Im allgemeinen weist der Schatten eine unmoralische oder zumindest eine nicht besonders ehrbare Färbung auf. Er enthält die Wesenszüge der Person, die den Sitten und moralischen Gepflogenheiten der Gesellschaft widersprechen. Der Schatten ist die unbewußte Seite der Ich-Operationen des Beabsichtigens, Wollens und Schützens. Er ist gleichsam die Kehrseite des Ich.

Jedes Ich hat einen Schatten. Das ist unvermeidlich. In seiner Anpassung und Auseinandersetzung mit der Welt setzt das Ich ganz unwissentlich den Schatten ein, um die unanständigen Operationen auszuführen, die es sonst in einen moralischen Konflikt stürzen würden. Ohne Wissen des Ich werden diese selbsterhaltenden und eigennützigen Aktivitäten gleichsam im Dunkeln durchgeführt. Der Schatten operiert ganz ähnlich wie der Geheimdienst einer Nation – ohne ausdrückliches Wissen des Staatsoberhauptes, das dadurch die Möglichkeit hat, im Zweifelsfall jede Schuld von sich zu weisen. Obwohl die Introspektion diese schattenhaften Ich-Operationen bis zu einem gewissen Grad ins Bewußtsein rücken kann, sind die Abwehrmechanismen des Ich gegen das Bewußtsein des Schattens gewöhnlich so wirksam, daß diese kaum etwas zu durchdringen vermag. Enge Freunde oder einen langjährigen Partner um aufrichtige Rückmeldung über ihre Wahrnehmungen zu bitten, ist daher als Methode der Informationssammlung über die Schattenoperationen des Ichs in der Regel nützlicher als die Introspektion.

Wird das Wollen, Entscheiden und Beabsichtigen des Ich tief genug zurückverfolgt, dann gelangt man in Bereiche der Finsternis und der Kälte, in denen offensichtlich wird, daß das Ich mit seinem Schatten die Fähigkeit besitzt, extrem selbstsüchtig, eigensinnig, gefühllos und dominant zu sein. In diesem Bereich ist die Person ausschließlich egoistisch – es geht ihr einzig und allein um die Erfüllung ihres persönlichen Strebens nach Macht und Vergnügen um jeden Preis. Dieses Herz der Finsternis im Ich erfüllt die Definition des menschlichen Bösen[1] schlechthin, wie es in der Mythologie und Literatur dargestellt ist. Die Figur des Jago in Shakespeares *Othello* ist dafür ein klassisches Beispiel. Im Schatten wohnen sämtliche Kardinalsünden. Jung identifizierte den Schatten mit Freuds Begriff des *Es*.

Eine Person, der es gelungen ist, sich der in ihrem Schatten gebündelten Eigenschaften bewußt zu werden und sie bis zu einem gewissen Grad in ihre Persönlichkeit zu integrieren, ragt aus der Menge der Durchschnittsmenschen deutlich hervor. Die meisten Menschen wissen nicht, daß sie so ichbezogen und egoistisch sind, wie sie sind. Sie möchten selbstlos erscheinen und nach außen so wirken, als ob sie ihre Begierden und Leidenschaften gut im Zaum halten könnten. Sie neigen dazu, ihre negativen Züge vor andern und sich selbst hinter einer Fassade zu verstecken, die sie als rücksichtsvolle, mitfühlende, nachdenkliche und geniale Zeitgenossen dastehen läßt. Ausnahmen zu dieser sozialen Norm sind Personen, die eine »negative Identität« gebildet haben – die schwarzen Schafe, die auf ihre Gier und Aggressivität stolz sind und diese Züge bewußt in der Öffentlichkeit zur Schau stellen, während ihre verborgene Schattenseite empfindsam und sentimental ist. Eine weitere Ausnahme bilden diejenigen, die nichts zu verlieren haben, die Kriminellen und Soziopathen. Manche dieser Persönlichkeiten, wie zum Beispiel Hitler oder Stalin, erlangen so große Macht, daß sie es sich leisten können, ihre schlechten Leidenschaften bis in kaum noch vorstellbare Extreme auszuleben. Die meisten Menschen halten sich jedoch für anständig. Sie richten sich nach den Regeln, die in ihren gesellschaftlichen Kreisen herrschen, und enthüllen ihre schattenhaften Aspekte lediglich durch Zufall, in Träumen oder wenn sie zum Äußersten getrieben werden. Auch für sie ist die Schattenseite des Ich jedoch durchaus tätig, allerdings über das Unbewußte. Sie tut dies, indem sie das Umfeld und die Psyche dergestalt manipuliert, daß bestimmte Absichten und Bedürfnisse auf gesellschaftlich akzeptierte Art durchgesetzt werden können. Was das Ich im Schatten will, ist jedoch nicht zwangsläufig schlecht. Oft ist der Schatten, hat man ihm erst einmal ins Gesicht gesehen, gar nicht so schlimm, wie man ihn sich vorgestellt hat.

Der Schatten ist für das Ich nicht unmittelbar erlebbar. Da er unbewußt ist, wird er auf andere projiziert. Fühlt man sich zum Beispiel von einer wirklich egoistischen Person extrem irritiert, so ist diese Reaktion in der Regel ein Zeichen dafür, daß hier ein unbewußter Schattenaspekt projiziert wird. Natürlich muß die andere Person einen Anhaltspunkt für diese Schattenprojektion bieten, so daß wir es bei solchen starken emotionalen Reaktionen immer mit einer Mischung aus Wahrnehmung und Projektion zu tun haben. Die psychologisch naive oder im defensiven Widerstand befindliche Person wird sich ganz und gar auf ihre Wahrnehmung berufen und den projektiven Anteil ignorieren. Diese Abwehrstrategie schließt natürlich die Möglichkeit aus, die gemachte Erfahrung zu nutzen, um zu einem Bewußtsein der eigenen Schattenmerkmale und zu einer möglichen Integration dieser Züge zu gelangen. Statt dessen beharrt das defensive Ich darauf, sich im Recht zu fühlen, und präsentiert sich in der Rolle des unschuldigen Opfers oder des unbeteiligten Beobachters. Die andere Person ist das böse Monster, während sich das Ich als ein unschuldiges Lamm betrachtet. Aus dieser Dynamik heraus werden Sündenböcke gemacht.

Die Bildung des Schattens

Die spezifischen Inhalte und Eigenschaften, die in die Bildung der inneren Struktur des Schattens eingehen, werden durch den Prozeß der Entwicklung des Ich bestimmt. Was das Ich bewußtsein ablehnt, wird zum Schatten, was es als positiv akzeptiert, womit es sich identifiziert und was es in sich aufnimmt, wird ein Teil des Ich und der Persona. Der Schatten zeichnet sich somit durch all die Züge und Eigenschaften aus, die mit dem bewußten Ich und der Persona unvereinbar sind. Schatten und Persona sind ich-fremde »Personen« neben der bewußten Persönlichkeit, die wir kennen und die wir sind. Als *Persona* bezeichnete Jung die offizielle und »öffentliche Person«. Sie ist mehr oder weniger mit dem Ichbewußtsein gleichzusetzen und bildet die psychosoziale Identität des Individuums. Und doch ist auch sie, wie der Schatten, ich-fremd, wenngleich das Ich weniger auf Kriegsfuß mit ihr steht, weil sie mit den sozialen Normen und Gepflogenheiten vereinbar ist. Die Schattenpersönlichkeit dagegen wird vor dem Blick verborgen und kommt nur bei besonderen Gelegenheiten zum Vorschein. Vom Schatten weiß die Welt mehr oder weniger überhaupt nichts. Die Persona dagegen tritt deutlich zutage. Sie spielt täglich ihre offizielle Rolle, die Rolle der Anpassung an die gesellschaftliche Umwelt. Schatten und Persona sind wie zwei Brüder beim Mann oder zwei Schwestern bei der Frau. Die eine der beiden Hälften bewegt sich draußen an der Öffentlichkeit, die andere ist verborgen und lebt im geheimen. Sie verkörpern den Gegensatz schlechthin. Ist der eine Teil blond, dann ist der andere dunkel; ist der eine rational, dann ist der andere emotional. Narziß und Goldmund, Dr. Jekyll und Mr. Hyde, Kain und Abel, Eva und Lilith, Aphrodite und Hera – das sind nur einige Beispiele für solche Gegensatzpaare. Die eine Person ergänzt dabei die andere oder bildet häufiger noch einen Kontrast zu ihr. Persona und Schatten sind gewöhnlich ziemlich genau das Gegenteil voneinander, und doch stehen sie einander so nahe wie Zwillinge.

Die Persona ist die Person, zu der wir durch Enkulturation, Erziehung und Anpassung an unsere physikalische und gesellschaftliche Umwelt werden. Wie bereits erwähnt, entlehnte Jung den Begriff dem römischen Theater. Dort war die *persona* die Maske des Schauspielers. Indem er eine Maske aufsetzte, schlüpfte der Schauspieler in eine bestimmte Rolle und Identität im Drama. Seine Stimme drang durch das Mundstück, das in das Maskengesicht geschnitzt war. Psychologisch gesehen ist die Persona ein funktionaler Komplex, dessen Aufgabe darin besteht, anderen die bewußten Gedanken und Gefühle eines Menschen zu verbergen bzw. zu enthüllen. Als Komplex besitzt die Persona beträchtliche Autonomie und steht keineswegs völlig unter der Kontrolle des Ich. Ist er erst einmal in seine Rolle geschlüpft, so leiert der Schauspieler, ob er will oder nicht und häufig ohne viel Bewußtheit, die Worte herunter, die seine Rolle ihm vorschreibt. »Wie geht es Ihnen?« fragt jemand an einem regnerischen Morgen, und blitzschnell, ohne einen Augenblick zu zögern, antworten wir: „Gut, und Ihnen?" Die Persona erleichtert die alltäglichen sozialen Interaktionen und glättet rauhe Kanten, die peinlich oder belastend wären.

Der Schatten, der komplementäre funktionale Komplex, ist eine Art Gegen-Persona. Man kann sich den Schatten als eine Unterpersönlichkeit vorstellen, die alles das will, was die Persona nicht erlaubt. Mephisto in Goethes Faust ist ein klassisches Beispiel für eine solche Schattengestalt. Faust ist ein desillusionierter Intellektueller, der schon alles gesehen, alle wichtigen Werke gelesen und alles gelernt hat, was er wissen möchte, und nun ausgebrannt ist und keinen Lebenswillen mehr hat. Er ist depressiv und erwägt den Selbstmord, als ihm plötzlich ein kleiner Pudel über den Weg läuft, der sich dann als Mephisto entpuppt. Mephisto verlockt Faust dazu, sein Studierzimmer zu verlassen und mit ihm in die Welt zu gehen, um seine andere Seite, seine Sinnlichkeit, zu erfahren. Er macht Faust mit seinen niederen Funktionen bekannt, mit Sinnlichkeit und Gefühl, mit den Schauern und der Erregung seines bis dahin unerfüllten Sexuallebens. Dies ist eine Seite des Lebens, die seine Persona als Professor und Intellektueller nicht zugelassen hatte. Unter Führung von Mephisto macht Faust durch, was Jung als *Enantiodromie* bezeichnet, eine Umkehrung der Persönlichkeit in ihr Gegenteil. Faust umarmt seinen Schatten und wird tatsächlich eine Zeitlang eins mit seinen Energien und Eigenschaften.

Für ein Ich, das mit der Persona und den Werten und Eigenschaften, die in sie eingegangen sind, eins geworden ist, riecht der Schatten nach Verderbtheit.

Mephisto verkörpert das Böse, die pure, bewußte, absichtliche Destruktivität. Doch die Begegnung mit dem Schatten hat auf Faust auch eine verwandelnde Wirkung. Er findet neue Kraft, seine Blasiertheit verschwindet, und er läßt sich auf Abenteuer ein, die ihm letztendlich eine erfülltere Lebenserfahrung schenken. Das Dilemma der Integration des Schattens ist eines der dornigsten moralischen und psychologischen Probleme. Wenn eine Person sich völlig von ihrem Schatten fernhält, ist ihr Leben in Ordnung, aber schrecklich unvollständig. Öffnet sie sich dagegen der Schattenerfahrung, so wird sie mit Unmoral befleckt, erreicht zugleich aber auch einen höheren Grad der Ganzheit. Es ist dies in der Tat ein Teufelspakt. Es ist Fausts Dilemma, und es ist ein Kernproblem der menschlichen Existenz. In Fausts Fall wird seine Seele am Ende gerettet, jedoch nur durch die Gnade Gottes.

Die Persona

In seinen offiziellen Schriften geht Jung nicht besonders detailliert auf den Schatten ein, liefert aber um so mehr interessante Einzelheiten zur Persona, aus denen sich wiederum einige Informationen über den Schatten und seine Stellung innerhalb der Persönlichkeit ableiten lassen. Im folgenden möchte ich etwas näher auf Jungs Aussagen über die Persona, ihren Ort in der Psyche und ihre Entstehung eingehen.

Jung definiert den Begriff in seinem 1921 veröffentlichten Hauptwerk *Psychologische Typen*. Das Buch schließt mit einem langen Kapitel, überschrieben mit »Definitionen«, in dem Jung versucht, so klar wie möglich zwischen den Termini, die er aus der Psychoanalyse übernommen hat, den von ihm verwendeten Begriffen aus der allgemeinen Psychologie und den

Bezeichnungen, die er für seine eigene analytische Psychologie entwickelt hat, zu unterscheiden. Der Begriff *Persona* erweist sich hier als Jungs besonderes geistiges Eigentum. Einer der längsten Abschnitte des besagten Kapitels ist dem Begriff *Seele* gewidmet – in diesem Zusammenhang wird auch die Persona diskutiert. Jung setzt sich an dieser Stelle wiederum mit zwei komplementären Strukturen auseinander: Persona und Anima. Der letztere Begriff wird im folgenden Kapitel eingeführt werden.

Heute hat der Terminus *Persona* Eingang in das Vokabular der Psychologie und der zeitgenössischen Kultur gefunden. Er wird häufig im populären Sprachgebrauch verwendet und taucht in den Medien und in der Literaturtheorie auf. Er meint die Person, wie sie sich darstellt, nicht wie sie wirklich ist. Die Persona ist ein psychologisches und soziales Konstrukt, das einem bestimmten Zweck dient. Jung baute dieses Konstrukt in seine psychologische Theorie ein, weil es mit dem Spielen von Rollen in der Gesellschaft zu tun hat. Ihn interessierte, wie Menschen dazu kommen, bestimmte Rollen zu spielen, eine konventionelle kollektive Einstellung zu übernehmen und in gesellschaftliche und kulturelle Stereotype zu schlüpfen, statt ihre eigene Einzigartigkeit anzunehmen und zu leben. Auf jeden Fall ist dies ein wohlbekannter menschlicher Zug, eine Art Mimikry. Jung gab dem Phänomen einen Namen und einen Platz in seiner Theorie der Psyche.

Am Anfang seiner Definition der Persona macht Jung unter Hinweis auf psychiatrische und psychologische Studien deutlich, daß die menschliche Persönlichkeit höchst komplex ist, daß sie sich unter bestimmten Bedingungen aufspaltet und daß es in der normalen menschlichen Psyche viele Unterpersönlichkeiten gibt. Doch

»es ist ohne weiteres klar, daß bei einem normalen Individuum eine solche Mehrheit von Persönlichkeiten niemals in Erscheinung treten kann«.[2]

Mit anderen Worten, wir sind zwar nicht alle »multiple Persönlichkeiten« im klinischen Sinne, doch zeigt jeder von uns »wenigstens andeutungsweise Spuren einer Charakterspaltung«.[3] Das normale Individuum verkörpert einfach nur eine weniger ausgeprägte Spielart dessen, was wir in der Pathologie finden.

»Man muß zum Beispiel nur jemand unter verschiedenen Umständen genau beobachten, dann wird man entdecken, wie auffallend seine Persönlichkeit beim Übergang von einem Milieu ins andere sich verändert (...) Der sprichwörtliche Ausdruck ›Gassenengel-Hausteufel‹ ist eine der alltäglichen Erfahrung entsprungene Formulierung.«[4]

Draußen in der Öffentlichkeit ist ein solches Individuum ganz Freundlichkeit, schulterklopfend, händeschüttelnd, extravertiert, umgänglich, stets gutgelaunt und zu Scherzen aufgelegt. Zu Hause dagegen zeigt sich derselbe Mensch gereizt und brummig, redet nicht mit seinen Kindern, verschanzt sich hinter seiner Zeitung und kann verbal oder auf andere Weise mißbrauchend sein. Charakter ist von der Situation abhängig. Die Geschichte von *Jekyll und Hyde* zeigt die Extremform dieses Phänomens. Ein anderer Roman mit demselben Thema ist *Das Bildnis des Dorian Gray*. Die Hauptfigur bewahrt ein Porträt von sich auf dem Dachboden auf. Das Porträt altert und enthüllt dabei das wahre Wesen und den Charakter des Mannes. Er selbst dagegen präsentiert sich in der Öffentlichkeit glatt und faltenlos, jugendlich, geistreich und vergnügt.

Jung setzt sich ausführlich mit dem faszinierenden Thema der menschlichen Empfänglichkeit für Milieus, für soziale Umfelder, auseinander. Gewöhnlich sind Menschen hochsensibel für die Erwartungen anderer Menschen. Jung führt aus, daß bestimmte Milieus wie Familie, Schule und Arbeitsplatz bestimmte Einstellungen von uns verlangen. Mit »Einstellung« meint Jung

»für etwas Bestimmtes bereit sein, auch wenn dieses Bestimmte unbewußt ist, denn Eingestelltsein ist gleichbedeutend mit apriorischer Richtung auf Bestimmtes, gleichviel ob dieses Bestimmte vorgestellt ist oder nicht«.[5]

Eine Einstellung kann latent und unbewußt sein, dennoch wirkt sie ständig darauf ein, wie sich eine Person in einer bestimmten Situation oder einem bestimmten Milieu verhalten wird. Außerdem ist eine Einstellung

»eine bestimmte Kombination von psychischen Faktoren oder Inhalten (...), welche (...) das Handeln in dieser oder jener bestimmten Richtung determinieren«.[6]

Eine Einstellung ist daher ein Charakterzug. Je länger eine

Einstellung besteht und je häufiger man sich auf sie beruft, um den Anforderungen eines Milieus zu entsprechen, desto stärker wird sie zur Gewohnheit. Wie der Behaviorismus sagen würde: Je häufiger ein Verhalten oder eine Einstellung von der Umwelt verstärkt wird, desto stabiler und eingefahrener wird sie. Man kann Menschen beibringen, bestimmte Einstellungen zu bestimmten Milieus zu entwickeln und damit auf eine bestimmte Weise zu reagieren, das heißt, auf Signale oder Reize so zu reagieren, wie ihnen beigebracht wurde. Ist eine Einstellung völlig entwickelt, so bedarf es nur des angemessenen Schlüsselreizes oder Auslösers, um das entsprechende Verhalten zu aktivieren. Jung machte diese Beobachtung 1920, etwa um die Zeit, in der der Behaviorismus unter Führung von John Broadus Watson, dessen erste größere Publikation 1913 erschien, in den USA an Boden gewann.

Im Gegensatz zu den Menschen, die in ländlichen oder naturnahen Regionen leben und arbeiten, die noch relativ ganzheitliche Umwelten darstellen, bewegen sich viele gebildete Stadtbewohner in zwei völlig unterschiedlichen Milieus: dem häuslichen Kreis und der öffentlichen Welt. Zur Zeit Jungs traf das in Europa auf Männer stärker zu als auf Frauen. Die Männer aus der Zeit und Kultur Jungs arbeiteten in einem äußeren Umfeld und wohnten in einem anderen häuslichen Milieu. Sie mußten also auf zwei ganz unterschiedliche Milieus reagieren, die jeweils unterschiedliche Reize boten.

»Die beiden total verschiedenen Umgebungen erfordern zwei total verschiedene Einstellungen, die je nach dem Grad der Identifikation (siehe dort) des Ich mit der jeweiligen Einstellung eine Verdoppelung des Charakters bedingen«.[7]

Ein Freund von mir hat eine gehobene Position in einer Behörde. Er ist für die Mitarbeiter seiner Gruppe tonangebend, was Werte und Verhaltensmuster in der Öffentlichkeitsarbeit angeht. Die Behörde ist ein Milieu. Anhand von anderen Quellen stellt er fest, welche Einstellungen und Verhaltensweisen gerade korrekt sind, und informiert dann seine Untergebenen, daß sie zum Beispiel mit Themen wie »Diskriminierung«, »Sexismus« und »Affirmative Action« einfühlsam umgehen sollen. Mein Freund erzählte mir, daß er diese Rolle am Arbeitsplatz problemlos und gut spielt. Doch wenn er in der Privatsphäre seines Heims vor dem Fernseher sitzt, stellt er bei sich ganz andere Reaktionen fest. Dort ist er ultrakonservativ. Am Arbeitsplatz ist er ein liberaler, aufgeklärter moderner Mann. Sein Ich ist jedoch nicht sehr stark mit der Einstellung dieses Milieus identifiziert. Er besitzt eine funktionale Persona: eine, die er problemlos an- und auszieht, ohne sich mit ihr zu identifizieren. Es zeugt für die geistige Klarheit meines Freundes, daß er sich nicht mit seiner professionellen Persona identifiziert.

Häufig identifiziert sich das Ich jedoch mit der Persona. Der psychologische Begriff *Identifikation* deutet auf die Fähigkeit des Ich, äußere Objekte, Einstellungen und Personen zu absorbieren und mit ihnen zu verschmelzen. Dies ist ein mehr oder weniger unbewußter Prozeß. Man stellt ganz einfach fest, daß man eine andere Person völlig unabsichtlich nachahmt. Vielleicht merkt man es selbst nicht einmal, aber anderen Menschen fällt die Mimikry auf. Im Prinzip ist das Ich eigentlich von der Persona getrennt, doch im Leben ist das oft nicht der Fall, weil das Ich dazu neigt, sich mit den Rollen, die es im Leben spielt, zu identifizieren.

»Der häusliche Charakter dürfte sich in der Regel mehr nach den gemütlichen und den Bequemlichkeitsansprüchen des Subjekts gestalten, woher es kommt, daß Leute, die im öffentlichen Leben äußerst energisch, mutig, hartnäckig, eigensinnig und rücksichtslos sind, zu Hause und in der Familie als gutmütig, weich, nachgiebig und schwach erscheinen. Welches ist nun der wahre Charakter, die wirkliche Persönlichkeit? Diese Frage ist oft unmöglich zu beantworten.«[8]

Dennoch ist das Ich mehr als die Identifikation mit der Persona. Die Persona bildet meistens den eng anliegenden Überzug, die Haut jener Seite des Ich, die der Gesellschaft gezeigt wird. Dennoch können die Menschen den Unterschied zwischen Rolle und wahrer innerer Identität in der Regel noch erkennen. Der Kern des Ich ist ebenso archetypisch wie individuell und persönlich. Er ist der stille Ort der Reflexion, der Mittelpunkt des Ich. Die archetypische Seite des Kerns des Ich ist reines »ich bin«, eine Manifestation des Selbst. Sie ist einfach »Ich-bin-heit« (s. Kap. 1).

Auf der persönlichen Seite dagegen ist das Ich durchlässig für den Einfluß äußerer Kräfte. Dieser Einfluß findet seinen

Weg in das Ich und verdrängt die reine »Ich-heit«, wenn das Ich sich mit dem neuen Inhalt identifiziert. Hier »lernt« das Ich. Wir lernen unseren Namen. Später werden wir zu unseren Namen. Wir identifizieren uns mit ihrem Klang. Wenn das Ich sich mit der Persona identifiziert, fühlt es sich mit ihr identisch. Dann *bin* ich mein Name. Ich *bin* der Sohn meines Vaters und meiner Mutter, der Bruder meiner Schwester. Hat diese Identifikation erst einmal stattgefunden, so bin ich nicht mehr einfach »der, der ich bin«, sondern ich bin statt dessen Murray Stein, dann und dann geboren, mit dieser besonderen persönlichen Geschichte. Diese Person bin ich jetzt. Ich identifiziere mich mit Erinnerungen, mit einer bestimmten Konstruktion meiner Geschichte, mit einigen meiner Fähigkeiten. Dadurch kann die bloße »Ich-heit« – das archetypische Element – verdunkelt werden und sich verbergen oder auch völlig aus dem Bewußtsein schwinden. Dann ist man tatsächlich von der Persona abhängig im Hinblick auf die eigene Identität, auf den eigenen Realitätssinn, vom eigenen Selbstwert- und Zugehörigkeitsgefühl gar nicht erst zu reden.

Natürlich kann dieser Zustand auch schwanken. Zu bestimmten Zeiten ist man vielleicht im reinen »Ich-bin«-Zustand und identifiziert sich mit nichts im besonderen. Zu anderen Zeiten identifiziert man sich stark mit irgendeinem Inhalt oder einer Eigenschaft und investiert viel in ein Persona-Image. T. S. Elliot sagte, daß Katzen drei Namen haben: einen, den jeder kennt, einen, den nur wenige kennen, und einen, den nur die Katze weiß. Der erste und zweite beziehen sich auf die Persona. Der dritte bezieht sich auf den archetypischen Kern des Ich.

Die beiden Quellen der Persona

Jung fand zwei Quellen der Persona:

»Den sozialen Bedingungen und Notwendigkeiten entsprechend orientiert sich der soziale Charakter einerseits nach den Erwartungen oder den Anforderungen des geschäftlichen Milieus, andererseits nach den sozialen Absichten und Bestrebungen des Subjekts.«[9]

Die erste Quelle, die Erwartungen und Forderungen des Milieus, schließt Ansprüche ein wie die, eine bestimmte Art von Person zu sein, sich den sozialen Gepflogenheiten der Gruppe entsprechend zu verhalten und häufig auch, an bestimmte Aussagen über das Wesen der Realität zu glauben (etwa bestimmten religiösen Lehren zuzustimmen). Die zweite Quelle beinhaltet die sozialen Ambitionen des Individuums.

Damit die Gesellschaft die Einstellungen und Verhaltensweisen einer Person beeinflussen kann, muß diese überhaupt erst ein Bestandteil der Gesellschaft sein wollen. Das Ich muß motiviert sein, die Züge der Persona und ebenso die Rollen, die die Gesellschaft fordert und anbietet, zu akzeptieren, sonst wird es sie ganz einfach vermeiden. In diesem Fall wird es zu keinerlei Identifikationen kommen. Zwischen dem Individuum und der Gesellschaft muß also ein Pakt geschlossen werden, damit die Bildung der Persona erfolgen kann. Andernfalls lebt die Person ein isoliertes Leben am Rande der Kultur, dazu verdammt, auf ewig eine Art unfertiger Jugendlicher in einer Erwachsenenwelt zu bleiben. Ein solcher Mensch unterscheidet sich klar vom heroischen Rebellen, der unbeirrt seinen Weg geht und die sozialen Normen ignoriert. Das wäre lediglich eine andere Persona, die es in allen Gesellschaften und Gruppierungen gibt.

Allgemein kann man sagen: Je prestigeträchtiger eine Rolle, desto stärker ist die Tendenz, sich mit ihr zu identifizieren. Menschen identifizieren sich gewöhnlich nicht mit Unterschicht-Persona-Rollen wie Müllmännern oder Pförtnern oder mit Mittelschicht-Rollen wie leitenden Angestellten oder Inspektoren. Und wenn sie es doch einmal tun, dann allenfalls im Scherz. All diese Berufe haben durchaus ihren eigenen Wert und ihre eigene Würde, aber sie liefern keine Hauptrollen, in denen man stolz vor der Gesellschaft paradieren kann – die Versuchung, sich stark mit ihnen zu identifizieren, ist daher minimal. Rollenidentifikation wird generell durch Ehrgeiz und gesellschaftliche Aspirationen erzeugt. Eine Person, die zum Beispiel in den amerikanischen Senat gewählt wird, erlangt dadurch eine Rolle von hohem kollektiven Wert und enormen Prestige. Mit ihr gehen Berühmtheit, Ehre und hohe soziale Sichtbarkeit einher, so daß die Person, die Senator ist, dazu neigen wird, mit dieser Rolle zu verschmelzen, was so weit gehen kann, daß sie selbst von engen Freunden mit auffälligem

Respekt behandelt werden will. Es wurde berichtet, daß nach John F. Kennedys Wahl zum amerikanischen Präsidenten selbst seine engsten Familienmitglieder ihn mit »Mr. President« anredeten.

In Ingmar Bergmans autobiographischem Film *Fanny und Alexander* muß ein kleiner Junge bei einem schrecklichen Bischof leben, der emotional verkümmert und kalt ist und sich zutiefst mit einer religiösen Persona identifiziert. In einer Szene des Films sieht man den Bischof, wie er träumt. Im Traum bemüht er sich verzweifelt, eine Maske herunterzureißen, die er nicht abnehmen kann, so daß er am Ende sein Gesicht mit der Maske abreißt. Das Ich des Geistlichen ist vollständig mit der Persona »Bischof« verschmolzen, weil diese Rolle ihm die Erfüllung seiner persönlichen Aspirationen im Leben garantiert hat. Ein Bischof ist zweifellos eine hochstehende Person in der Gesellschaft. Ähnlich werden auch Ärzte, hohe Militärs und Mitglieder des Adels mit Personas ausgestattet, die zu einer starken Identifikation verleiten. Und doch versucht der Bischof, in seinem Alptraum die Maske von seinem Gesicht zu entfernen. Warum?

Die Beziehung zwischen Ich und Persona ist komplex. Der Grund dafür liegt in den einander widersprechenden Zielen dieser beiden funktionalen Komplexe. Das Ich strebt in einer fundamentalen Weise nach Abgrenzung und Individuation, nach Festigung einer Position zunächst einmal außerhalb des Unbewußten und dann außerhalb des Milieus der Familie. Dem Ich wohnt ein starkes Streben nach Autonomie inne, nach einer »Ich-heit«, die unabhängig funktionieren kann. Zur gleichen Zeit bewegt sich ein anderer Teil des Ich, in dem auch die Persona wurzelt, in die ganz entgegengesetzte Richtung und strebt nach Aufnahme von Beziehungen und nach Anpassung an die Objektwelt. So sind zwei entgegengesetzte Strebungen innerhalb des Ich zu konstatieren – auf der einen Seite das Bedürfnis nach Trennung und Unabhängigkeit, auf der anderen das Bedürfnis nach Beziehung und Zugehörigkeit. Der radikale Wunsch des Ich nach Trennung/Individuation hat seine Wurzel oft im Schatten, weil er sowohl für das Leben der Gruppe als auch für das Wohlergehen des Individuums bedrohlich ist. Wir alle brauchen, objektiv gesehen, andere Menschen, um physisch und psychisch zu überleben. Die Bewegung des Ich hin zu Beziehung und Anpassung an das gegenwärtige Milieu, die das Überleben zu sichern sucht, bietet der Persona einen Anhalt. Aus ihr entsteht schließlich die Selbstdarstellung der Person vor der Welt.

Die Entwicklung der Persona

Der Konflikt zwischen Individuation/Abgrenzung und sozialer Konformität erzeugt einen Großteil der Grundängste des Ich. Wie kann man frei, einzigartig und individuell sein und zugleich akzeptiert, von anderen geliebt und ihren Bedürfnissen und Wünschen angepaßt? Zwangsläufig muß es hier zum Konflikt zwischen dem Ich und der sich entwickelnden Persona kommen. Bei Erreichen des jungen Erwachsenenalters hofft man, daß sowohl auf seiten des Ich als auch auf seiten der Persona so viel Entwicklung stattgefunden hat, daß das zwiefache Bedürfnis des Ich nach Unabhängigkeit einerseits und Beziehung andererseits gestillt ist, während die Persona gleichzeitig eine angemessene Anpassungsbewegung vollzogen hat, so daß das Ich fähig ist, sich in der realen Welt zu behaupten. Genies wie Wagner, Beethoven und Picasso scheinen insofern Ausnahmen von dieser Regel, als ihnen ihre Begabung den Freibrief ausstellt, sich in einem außergewöhnlichen Maße als Individuen auszuleben. Die Welt sieht ihnen ihre Exzesse nach, weil sie ihr im Ausgleich dafür soviel zu geben haben.

Das Ich entscheidet nicht bewußt, sich mit einer bestimmten Persona zu identifizieren. Die Menschen finden sich in Milieus vor, in denen sie überleben müssen – die meisten tun, was sie können, um ihren Weg zu machen. Ein wichtiger Einflußfaktor ist dabei die Position in der Geschwisterreihe, ein anderer das Geschlecht. Das kleine Mädchen oder der kleine Junge beobachtet, was andere Kinder tun, und ahmt ihr Verhalten nach. Kleine Mädchen probieren die Gesten und die Kleider ihrer Mütter. Manchmal probieren auch kleine Jungen die Kleider ihrer Mütter an und stürzen ihre Eltern damit in große Sorgen. Kleider repräsentieren die Persona. Häufiger imitieren kleine Jungen jedoch ihre Väter oder Brüder. Sie treten großspurig auf und spucken auf die Straße, wenn diese es tun. Die Geschlechtszugehörigkeit bietet sicherlich eine schon zu einem sehr frühen Zeitpunkt wirksame Abgenzungsmöglichkeit, und die dabei gezeigten Züge gehen in die Persona ein. Ein Jugendlicher merkt, daß er oder sie auf eine bestimmte Weise behandelt wird, wenn er bzw. sie sich »richtig« verhält, und reagiert in der Folge geschlechtsangemessen. Das kann für das einzelne Kind relativ leicht sein, kann aber zu Schwierigkeiten führen. Manchmal paßt die Persona zur Person und manchmal nicht. Am Ende steht eine Einstellung, die im Sinne der geschlechtsbezogenen Attraktivität zumindest angemessen ist, wenn sie nicht sogar über die soziale Norm hinausgeht. (Die Fragen zum Geschlecht und zur Geschlechtsidentifikation werden im folgenden Kapitel genauer behandelt.)

Bei der Ausbildung der Persona gibt es zwei mögliche Fehlentwicklungen. Die eine besteht in einer Überidentifikation mit der Persona. Das Individuum fixiert sich in einem unangemessenen Maß darauf, seinem sozialen Umfeld zu gefallen und sich an die gesellschaftliche Welt anzupassen, so daß es dieses konstruierte Bild schließlich mit der eigentlichen Persönlichkeit verwechselt. Das andere Problem liegt darin, daß der äußeren Objektwelt nicht genügend Beachtung geschenkt wird und das Individuum sich zu ausschließlich mit der inneren Welt befaßt (ein Zustand, den Jung als Anima- bzw. Animusbesessenheit bezeichnet). Es ist ganz von Impulsen, Wünschen, Begierden und Phantasien absorbiert und identifiziert sich so stark mit dieser Welt, daß es andere Menschen gar nicht richtig wahrnimmt. Entsprechend neigt eine solche Person dazu, rücksichtslos, blind und beziehungslos zu sein und gibt diese Haltung erst auf, wenn sie von massiven Schicksalsschlägen dazu gezwungen wird.

Typischerweise ist die Entwicklung der Persona ein Hauptproblem der Adoleszenz und des jungen Erwachsenenalters, Phasen, in denen sich ungeheuer viel in der inneren Welt abspielt. Sie sind erfüllt von Impulsen, Phantasien, Träumen, Wünschen, Ideologien und Idealen auf der einen Seite und dem massiven Konformitätsdruck der Gleichaltrigen auf der anderen. Der Bezug des Jugendlichen zu seiner sozialen Umwelt mag recht primitiv und kollektiv erscheinen, einseitig durch eine Art Herdenmentalität, die extreme Identifikation mit der Peergroup und ihren kollektiven Werten bestimmt. Diese Identifikation mit der Peergroup hilft dem Jugendlichen jedoch, sich von den Eltern zu lösen – ein notwendiger Schritt hin zur Reife. Gleichzeitig lebt der Teenager blindlings, bedenkenlos, ja nahezu ohne Bewußtsein der Objektwelt in einer Phantasie der Unbesiegbarkeit. Erwachsene gebrauchen gern Begriffe wie Größenwahn und Selbstüberschätzung für diese Kombination aus Überspanntheit der inneren Welt und mangelnder Anpassung an die äußere Realität. Andererseits schenken manche Jugendliche den Werten und Erwartungen der Erwachsenen eindeutig zuviel Beachtung. Mit ihren adretten weißen Hemden, ihren Kollegmäppchen unterm Arm und ihrem Gerede, in eine Anwaltskanzlei eintreten zu wollen, sind diese 15jährigen dermaßen an die Erwartungen ihrer Familien und ihrer Kultur angepaßt, daß kaum noch Raum für die Entwicklung persönlicher Identität bleibt. Sie sind auf dem Weg, zu bloßen Stereotypen zu werden – Opfer einer frühreifen Persona-Adaptation.

Introvertierte und Extravertierte entwickeln gleichermaßen eine Persona, denn beide Einstellungstypen müssen sich zur Objektwelt verhalten. Für die Extravertierten gestaltet sich die Entwicklung der Persona allerdings einfacher als für die Introvertierten. Die extravertierte Libido wandert zum Objekt und bleibt dort, so daß extravertierte Personen kaum Schwierigkeiten mit Objektbeziehungen haben. Bei introvertierten Menschen dagegen richtet sich die Aufmerksamkeit und psychische Energie auf die Objekte, kehrt dann jedoch zum Subjekt zurück, was eine komplexere Objektbeziehung schafft. Ein Objekt ist für den Introvertierten nicht einfach nur etwas außerhalb der Psyche, sondern zugleich etwas, das zutiefst in der Psyche ist. Die Bindung gestaltet sich problematischer. Extravertierte tun sich weit weniger schwer damit, eine passende Persona zu finden. Sie stehen der Objektwelt unbefangener gegenüber, weil sie sie nicht so bis ins Innerste bedroht. Die Persona der Introvertierten ist eher ambivalent, schüchtern oder unsicher und wechselt von einem Kontext zum anderen.

Bei allen Menschen jedoch muß sich die Persona zu Objekten verhalten und das Subjekt schützen. Das ist ihre Doppelfunktion. Introvertierte können im Kreise weniger Menschen ganz aus sich heraus gehen, in einer großen Gruppe dagegen kriechen sie in sich hinein und verschwinden gleichsam. Ihre Persona fühlt sich häufig unzulänglich, besonders in der Begegnung mit Fremden oder in Situationen, in denen die introvertierte Person keine klar festgelegte Rolle hat. Cocktailpartys sind eine Tortur, dagegen kann das Darstellen einer Rolle auf der Bühne reine Freude und Vergnügen sein. Viele berühmte Schauspieler und Schauspielerinnen sind stark introvertiert. Im privaten Umgang können sie schüchtern sein, doch sobald sie eine öffentliche Rolle haben, fühlen sie sich geschützt und sicher und gehen ohne weiteres als besonders extravertierte Persönlichkeiten durch.

Wenn die Persona im Rahmen intensiver psychischer Entwicklung schöpferisch genutzt wird, besteht ihre Funktion sowohl darin, Aspekte der Persönlichkeit zum Ausdruck zu bringen wie auch sie zu verbergen. Eine voll entwickelte Persona weist ein so breites Spektrum auf, daß sie nicht nur die sozial erwünschten Aspekte der Persönlichkeit verkörpert, sondern daneben auch echt und plausibel ist. Das Individuum kann sich relativ gefahrlos mit einer Persona identifizieren, je stärker sie ein echter Ausdruck seiner Persönlichkeit ist. Natürlich wird sich das mit dem Älterwerden immer wieder ändern.

Sobald Menschen in eine neue Lebensphase eintreten, tauchen auch neue Personas auf. Gesellschaftlich extravertierte Personen können zum Beispiel unter Umständen jenseits ihres 50. oder 60. Lebensjahres introvertierter werden. Später im Leben merkt man auch, daß es einen Unterschied macht, ob man das Gefühl hat, die Persona sei wahr, ehrlich und echt, oder ob man sich unbewußt ganz und gar mit ihr identifiziert.

Im Grunde genommen ist die Persona, die psychische Haut zwischen Ich und Welt, nicht bloß ein Produkt der Interaktion mit Objekten. Sie schließt auch die Projektionen des Individuums auf diese Objekte ein. Wir passen uns den Forderungen anderer Menschen an. Das kann beträchtlich davon abweichen, wie andere sie sehen oder wie sie sich selbst sehen. In das Gewebe der Persona sind aber auch Projektionen eingewoben, die ihren Ursprung in den Komplexen haben, zum Beispiel in den elterlichen Komplexen, und über den Prozeß der Introjektion wieder zum Subjekt zurückkehren und in die Persona eingehen. Aus diesem Grund hat die frühe Kindheit einen so prägenden Einfluß auf die Persona des Erwachsenen. Selbst wenn man längst über seine Eltern hinausgewachsen ist und sie hinter sich gelassen hat, wirken sie dennoch weiterhin auf die Persona ein, weil sie von den elterlichen Komplexen auf die Welt projiziert werden und die Persona des Individuums sich ständig an sie anpaßt. Wir sind immer noch brave kleine Jungen und Mädchen, auch wenn wir es längst nicht mehr nötig haben. Die Persona in dieser Weise von einem Kontext auf einen anderen zu übertragen, ist grundsätzlich problematisch, weil in dem fortgesetzten Bemühen um Anpassung der ursprüngliche Kontext auf neue, ganz andere Situationen projiziert wird. Das war Freuds Beobachtung im Hinblick auf das Phänomen der »Übertragung«. Der alte Kontext der Kindheit wird auf den neuen Kontext der Arzt-Patient-Beziehung übertragen. Solange, bis man merkt, daß die Milieus unterschiedlich sind, verharrt man in alten, habituellen Verhaltensmustern und reagiert auf das neue Milieu, als ob es das alte wäre.

Transformationen der Persona

Während der archetypische Kern des Ich unverändert bleibt, kann sich die Persona im Laufe eines Lebens viele Male ändern und wird in der Tat immer wieder modifiziert, je nachdem wie das Ich seine veränderte Umwelt wahrnimmt und wieweit es fähig ist, mit ihr in eine Wechselbeziehung zu treten. Eine der wichtigsten Verwandlungen der Persona vollzieht sich im Übergang von der Kindheit ins Jugendalter, eine weitere im Übergang vom Jugendalter ins Erwachsenenalter, noch eine im Laufe des Übergangs in der Lebensmitte vom frühen Erwachsenenalter ins mittlere Alter und die letzte beim Übergang ins Alter. Das kompetente Ich begegnet jeder dieser Anpassungsherausforderungen mit angemessenen Veränderungen seines Selbstbildes und seiner Selbstdarstellung in der Persona. Menschen denken je nach Alter, ehelichem Status, sozioökonomischer Situation und Peergroup-Präferenzen anders über sich, kleiden sich anders, tragen das Haar anders, kaufen andere Autos und Häuser. Jede dieser Stufen spiegelt sich in entsprechenden Persona-Veränderungen.

Die verschiedenen Rollen, die ein Mensch im Laufe seines Lebens übernimmt, haben natürlich eine kollektive und bis zu einem gewissen Grad archetypische Grundlage. Wie jeder funktionale Komplex weist auch die Persona einen archetypischen Kern auf. Es gibt vorhersagbare typische Rollen, die in allen menschlichen Gemeinschaften besetzt werden. Da ist zum Beispiel das älteste Kind, das als kleiner Erwachsener auftritt, der mutwillige Lausbub, der anderen noch in mittleren und hohen Jahren Streiche spielt, und die kokette *femme fatale*, die sich von frühester Kindheit an durchs Leben flirtet. Familien schreiben ihren Kindern und ihren erwachsenen Mitgliedern bestimmte Rollen zu. Der Platz in der Geschwisterreihe ist folglich ein wichtiger Aspekt für die Wahl der Persona. Das erste Kind ist der verantwortungsbewußte kleine Erwachsene, das mittlere Kind der Vermittler und das jüngste das phantasievolle Baby. Die Rolle des schwarzen Schafs ist ebenso allgegenwärtig wie die des Sündenbocks. Menschen bekommen solche Rollen durch unbewußte dynamische Prozesse innerhalb von Familien und Gruppen zugewiesen – wenn sie diese in der Kindheit annehmen, dann spielen sie sie oft ihr ganzes Leben lang in Abwandlungen weiter.

Weshalb haftet die Persona so hartnäckig an einem Menschen? Zum Teil aufgrund von Identifikation und auch einfach aus Vertrautheit. Die Persona wird mit der Persönlichkeit identisch. Sie bietet eine psychosoziale Identität. Vor allem aber schützt uns die Persona vor Scham. Das Vermeiden von Peinlichkeit ist wahrscheinlich überhaupt das stärkste Motiv für die Entwicklung und das Festhalten an einer Persona. Ruth Benedicts Schriften über Scham- oder Schuldkulturen machten deutlich, daß die westlichen Nationen typische Schuldkulturen sind, die östlichen Länder dagegen Schamkulturen. Schamkulturen betonen die Persona stärker als Schuldkulturen. Wer das *Gesicht* verliert, könnte genausogut tot sein. Der Verlust des Gesichts ist die schlimmste Krise im menschlichen Leben überhaupt. Ganz anders sieht es in Schuldkulturen aus. Dort kann die Schuld abgetragen und ein Neuanfang gemacht werden: Die schuldige Person kann den Preis bezahlen und wird wieder in die Gemeinschaft aufgenommen.

Zur Schuld gehört eine bewußte Handlung, während die Scham jegliches Selbstgefühl austilgt. Scham ist eine primitivere und möglicherweise destruktivere Emotion. Wir neigen dazu, uns wegen der Dinge, die wir tun und die in Widerspruch zu unserer Persona stehen, entweder schuldig zu fühlen oder in

Grund und Boden zu schämen. Das hat auch mit dem Erscheinen des Schattens in der Persönlichkeit zu tun. Der Schatten flößt Beschämung ein, ein Gefühl der Unreinheit, der Beschmutztheit und der Unerwünschtheit. Sauber sein heißt stolz sein; sich zu beschmutzen ist peinlich. Das Ich, das die Sauberkeitserziehung durchlaufen hat, hat die Natur überwunden. Dementsprechend schließen Erfahrungen der Beschämung alles ein, was nicht zu dem paßt, zu dem wir erzogen worden sind: ein anständiger Mensch zu sein, die richtige Art Mensch zu sein, in unsere Umwelt hineinzupassen, akzeptiert zu werden. In einer puritanischen Kultur wie der unseren führen bestimmte Formen sexueller Phantasien und Verhaltensweisen, die der Persona eines »anständigen Menschen« nicht anstehen, schnell zu Schuldgefühlen. Ein anderes Scham erzeugendes Schattenmerkmal ist die Aggression. Zorn, Haß oder Neid sind ebenfalls beschämende Emotionen.

In der Regel werden diese durchaus normalen menschlichen Reaktionen versteckt. Sie setzen uns in Verlegenheit, auf genau dieselbe Art, wie wir uns bestimmter körperlicher oder charakterlicher Mängel schämen, die wir an uns wahrnehmen. Die Persona ist das Gesicht, das wir aufsetzen, um den anderen Gesichtern begegnen zu können, um wie sie zu sein und von ihnen gemocht zu werden. Wir möchten nicht zu sehr anders sein, denn die Stellen, an denen wir uns unterscheiden, da, wo die Persona endet und der Schatten beginnt, erfüllen uns mit Scham.

Die Integration von Persona und Schatten

Schatten und Persona sind ein klassisches Gegensatzpaar. Sie verkörpern zwei entgegengesetzte Polaritäten des Ich. Da Integration die Hauptaufgabe der psychischen Entwicklung (*Individuation*, Gegenstand von Kap. 8) und Ganzheit der allumfassende und höchste Wert ist, muß an dieser Stelle auch die (später genauer thematisierte) Frage gestellt werden: Was ist damit gemeint, Persona und Schatten zu integrieren? Im Kontext des vorliegenden Kapitels hängt die Integration von der Selbstannahme ab, davon, daß wir jene Teile von uns, die nicht ins Bild der Persona passen – das gewöhnlich ein Idealbild oder wenigstens das Abbild einer kulturellen Norm ist –, ganz und gar akzeptieren. Oft empfindet man die persönlichen Aspekte, derer man sich schämt, als radikal schlecht. Natürlich sind manche Dinge wirklich böse und destruktiv, doch häufig ist das Schattenmaterial nicht eigentlich böse. Es wird nur so empfunden, weil es wegen seiner Nonkonformität mit der Persona mit Scham behaftet ist.

Wie fühlt es sich wohl an, wenn jemand ein gewisses Maß an Integration von Persona und Schatten erreicht hat? Jung zitiert in diesem Zusammenhang den Brief einer ehemaligen Patientin, den diese einige Zeit, nachdem sie bei ihm in Analyse gewesen war, schrieb:

»Aus dem Bösen ist mir viel Gutes erwachsen. Das Stillehalten, Nichtverdrängen, Aufmerksamsein, und, Hand in Hand damit gehend, das Annehmen der Wirklichkeit – der Dinge, wie sie sind, und nicht ich sie wollte – hat mir seltsame Erkenntnisse, aber auch seltsame Kräfte gebracht, wie ich es mir früher nicht hätte vorstellen können. Ich dachte immer, wenn man die Dinge annehme, dann überwältigen sie einen irgendwie; nun ist dies gar nicht so, und man kann erst noch Stellung zu ihnen nehmen. So werde ich nun auch das Spiel des Lebens spielen, indem ich annehme, was mir jeweils der Tag und das Leben bringt, Gutes und Böses, Sonne und Schatten, die ja beständig wechseln, und damit nehme ich auch mein eigenes Wesen mit seinem Positiven und Negativen an, und alles wird lebendiger. Was für ein Tor ich doch war! Wie habe ich alles nach meinem Kopf zwingen wollen!«[10]

Diese Frau hat sich ein Stück von der Aufspaltung in Persona und Schatten entfernt. Sie beobachtet nun einfach, reflektiert und akzeptiert ihre Psyche so, wie sie sich ihr zeigt, um dann zu sortieren, zu sehen, worum es geht, und Entscheidungen zu treffen. Sie hat eine psychische Distanz zwischen dem Ichkomplex und der Persona und zwischen dem Ich und dem Schatten geschaffen. So ist sie von beiden Enden des Spektrums nicht mehr besessen.

Jung ist der Auffassung, daß die Gegensätze in der Psyche durch die Intervention eines »dritten Dings« vereint werden. Ein Konflikt zwischen Gegensätzen – zum Beispiel zwischen Persona und Schatten – kann als Individuationskrise betrachtet werden, als eine Möglichkeit, durch Integration zu wachsen. Was da in Konflikt gerät, sind kollektive Werte auf der

Seite der Persona und Schattenaspekte des Ich, die zur angeborenen Instinktausstattung des Individuums gehören (Freuds *Es*) oder zum Teil von den Archetypen und den unbewußten Komplexen abgeleitet sind. Da der Inhalt des Schattens für die Persona inakzeptabel ist, kann sich der Konflikt äußerst heftig gestalten. Wenn beide Pole in Spannung gehalten werden, so glaubte Jung, wird sich schließlich eine Lösung abzeichnen, und zwar in dem Moment, in dem das Ich beide loslassen und ein inneres Vakuum schaffen kann, das das Unbewußte für eine schöpferische Lösung in Gestalt eines neuen Symbols nutzt.

Das neue Symbol wird eine Möglichkeit zur Vorwärtsbewegung anbieten, in der etwas von beidem eingeschlossen ist – nicht einfach nur einen Kompromiß, sondern eine Vermischung, die auf seiten des Ich zu einer neuen Einstellung führt und zu einem neuen Verhältnis zur Welt. Dieser Prozeß ist sowohl in der Therapie als auch bei durch bestimmte Lebenserfahrungen ausgelösten Entwicklungen zu beobachten. Die Betreffenden wachsen über ihre früheren Konflikte hinaus, nehmen eine neue Persona an und integrieren vormals inakzeptable Teile des Selbst.

Menschen verändern sich durch die Therapie und im Laufe der Lebensentwicklung. Die Persona als Werkzeug der Anpassung hat ein großes Veränderungspotential. Sie kann immer flexibler werden, sofern das Ich bereit ist, alte Muster zu modifizieren. Geschichten wie die von Dr. Jekyll und Mr. Hyde schildern eine völlige Spaltung zwischen Persona und Schatten. In diesen Geschichten gibt es keine Integration, nur ein Hin- und Herschwanken zwischen den Gegensätzen. Schattenrollen und -impulse werden ausgelebt, ohne daß eine transzendente Funktion sichtbar wird, die eine Integration dieser Gegensätze bewirken könnte. Man fragt sich natürlich, ob es auch im wirklichen Leben Menschen gibt, die ihre inneren Gegensätze nicht integrieren können. In manchen Fällen mag die dunkle Seite so extrem und so stark energetisch aufgeladen sein, daß ihre Integration in eine gesellschaftlich akzeptierbare Persona irgendeiner Art unmöglich ist. Die einzige Lösung für dieses Problem bietet heute die psychotrope Medizin, die stark dämpfend auf das Unbewußte einwirken und so die Kraftquellen des Schattens blockieren kann. In anderen Fällen ist das Ich zu labil und schwach, um die Impulsivität so weit zu zügeln, daß die Bildung der transzendenten Funktion zugelassen werden kann.

Anmerkungen

1 Zu einer ausführlicheren Diskussion von Jungs Auffassung vom Bösen s. *Jung on Evil*, hrsg. und mit einer ausführlichen Einleitung versehen von Murray Stein.
2 Jung, Gesammelte Werke Bd. 6, Par 800.
3 Ebd.
4 Ebd.
5 Ebd., Par. 706.
6 Ebd.
7 Ebd., Par. 800.
8 Ebd.
9 Ebd.
10 Jung, Gesammelte Werke, Bd. 13, Par. 70.

6. Der Weg ins tiefste Innere
(Anima und Animus)

In seiner Autobiographie erzählt Jung von der Entdeckung der *Anima*.[1] In den Jahren intensiver innerer Arbeit, nach dem Bruch mit Freud 1913, machte er eine Zeit durch, in der er sich unsicher war, was das, was er tat, überhaupt war und worin der Wert seines Tuns bestand. »Ist dies Wissenschaft«, fragte er sich, »oder ist es Kunst?« Er notierte damals seine Träume, deutete sie, malte sie manchmal auch und versuchte, zu einem Verständnis seiner spontanen Phantasien zu finden. In einem bestimmten Augenblick hörte er plötzlich eine weibliche »Stimme« sagen: »Es ist Kunst.« Überrascht trat er in einen Dialog mit ihr ein und merkte allmählich, daß sie einer seiner Patientinnen glich. Damit war sie eine Art internalisierte Gestalt, doch zugleich gab sie auch einigen seiner eigenen unbewußten Gedanken und Werte Ausdruck. In seinem Ich und in seiner Persona betrachtete Jung sich als Wissenschaftler, nicht als Künstler. Die Stimme vertrat dagegen einen anderen Standpunkt. Indem Jung seine bewußte Ichposition beibehielt, begann er ein Zwiegespräch mit der geheimnisvollen Stimme und versuchte, mehr über sie zu erfahren. Sie war ganz offensichtlich mehr als ein bloßes internalisiertes Bild seiner Patientin. Allmählich, während des Gesprächs, nahm sie konkretere Konturen an. »Ich empfand Scheu vor ihr wie vor einer unsichtbaren Präsenz«, berichtet Jung.[2]

Für Jung war dies eine entscheidende Begegnung mit seiner Anima. Sein Erlebnis wurde zum Bezugspunkt für die Manifestation der Anima im kollektiven Gedächtnis der analytischen Psychologie. Seit Jung haben noch viele, die sich mit aktiver Imagination beschäftigten, ähnliche innere Gestalten entdeckt. Üblicherweise ist die Anima bei Männern eine weibliche Figur, bei Frauen ist die entsprechende innere Gestalt – der *Animus* – männlich. Anima und Animus sind subjektive Persönlichkeiten, die eine tiefere Schicht des Unbewußten repräsentieren als der Schatten. Sie enthüllen die Züge der Seele und führen in den Bereich des kollektiven Unbewußten.

Im vorliegenden Kapitel werde ich auf diese innere Struktur als Anima/us eingehen. Wie beim Schatten handelt es sich um eine Persönlichkeit innerhalb der Psyche, die nicht zur Selbstdarstellung und Selbstidentität, wie sie sich in der Persona spiegelt, paßt. Sie unterscheidet sich aber auch vom Schatten, da sie nicht auf die gleiche Art zum Ich gehört. Sie ist »andersartiger« als der Schatten. Läßt sich die Unterscheidung zwischen Persona und Schatten mit Kategorien wie gut und böse, plus und minus, positive und negative Aspekte des Ich umschreiben, so ist die Unterscheidung zwischen Ich und Anima/us durch die Polarität männlich-weiblich geprägt. Hier stehen sich nicht Kain und Abel gegenüber, sondern Salomo und die Königin von Saba.

Die Definition von Anima und Animus

Das Thema dieses Kapitels hat von allen Aspekten der Jungschen Theorie zu den meisten Kontroversen geführt, da es letztlich die Geschlechterfrage aufgreift und grundlegende Unterschiede in der Psyche von Männern und Frauen postuliert. Mag das Thema zur Zeit Jungs noch harmlos und abgeschlossen gewirkt haben, so stößt man heute damit in ein Hornissennest. Manche Zeitgenossen denken, daß Jung seiner Zeit vorausgewesen sei und eine Art Protofeminismus vorweggenommen und auch befürwortet habe. Andere sehen in ihm wiederum einen Verfechter der stereotypen, traditionellen Auffassungen von den Unterschieden zwischen Männern und Frauen. Meiner Ansicht nach war er letztlich ein bißchen von beidem.

In seinen späteren Werken bezeichnet Jung Anima und Animus als archetypische Gestalten der Psyche. Damit befinden sie sich jenseits des Einflusses der Kräfte, die das Bewußtsein des einzelnen prägen und formen, wie Familie, Gesellschaft, Kultur und Tradition. Archetypen sind nicht von der Kultur abgeleitet, viel eher sind kulturelle Formen (nach Jungs Theorie) Ableitungen von Archetypen. Diese Definition von Anima/us als Archetyp lokalisiert diese Instanz ihrem tiefsten Wesen nach völlig außerhalb der Psyche, im Bereich unpersönlicher geistiger Formen und Mächte. Der Archetyp ist, wie wir in Kapitel 4 sahen, ein *Ding an sich* (Kant) und befindet sich deshalb jenseits des Bereiches menschlicher Wahrnehmung. Wir können ihn nur indirekt über seine Manifestationen erkennen. Anima und Animus sind damit grundlegende Lebensformen. Sie prägen Individuen und Gesellschaften neben den anderen Einflüssen, die auf sie einwirken.

Streng genommen sind Anima und Animus hypothetische Postulate über ein »Etwas«, das existiert, aber nicht direkt beobachtet werden kann – wie ein unbekannter Stern, dessen Position und Größe lediglich aus Messungen der Schwerkraft in seiner Umgebung bekannt sind. Da die Manifestationen von Anima/us, wie Jung sie beobachtete und beschrieb, jedoch häufig wohlbekannten kulturellen Bildern ähneln, ist die Frage gestellt worden, ob Jung möglicherweise ein Opfer seiner kulturellen Scheuklappen war und gegen seinen Willen zu einem Exponenten kultureller Stereotype wurde? Mit anderen Worten: Sind die Archetypen in Wirklichkeit soziale Konstrukte? Oder untersuchte Jung tatsächlich tiefere Strukturen, die sich vielleicht in kulturellen Mustern niederschlagen, diese aber übersteigen und letztlich universale Formen menschlicher Eigenschaften und Verhaltensweisen verkörpern? Ich werde diese Frage im vorliegenden Kapitel nicht endgültig beantworten, hoffe aber, deutlich machen zu können, daß das Thema komplizierter und Jungs Denken komplexer ist, als viele seiner Kritiker annahmen. Vor allem aber möchte ich versuchen, seine Überlegungen zu diesem Gegenstand so klar wie möglich darzustellen.

Wir werden das vor uns liegende Territorium behutsam betreten und uns den Bedeutungen, die Jung mit diesen schwer faßbaren Begriffen verband, Schritt für Schritt nähern. Waren die Regionen auf der Landkarte der Psyche, die wir bisher kennengelernt haben, noch relativ klar und deutlich umrissen, so wirkt das Reich von Anima und Animus manchmal wie ein tiefer, wild wuchernder Dschungel. Dieser Eindruck ist vielleicht auch angemessen. Immerhin dringen wir nun in die tieferen Schichten des Unbewußten vor, ins kollektive Unbewußte, das Land der archetypischen Bilder, in dem sich die Grenzen verwischen.

Bevor wir uns unter dem Aspekt des Geschlechts mit dem Begriffspaar Anima und Animus auseinandersetzen, gilt es zu erkennen, daß man Anima/us auch als gleichsam geschlechtsneutrale Wesenheit betrachten kann. Das Geschlecht ist dann allenfalls ein sekundäres Merkmal dieser Instanz, so wie das Wesen eines Objektes nicht von seiner Farbe, blau oder rosa, bestimmt ist. Eben weil man von diesem Element der Psyche in einer abstrakten Weise sprechen kann, verwende ich im vorliegenden Kapitel an vielen Stellen den Terminus technicus Anima/us. Damit wird deutlich, daß es sich um eine psychische Struktur handelt, die Männern und Frauen gleichermaßen eigen ist. Die ausgeschriebenen Bezeichnungen Anima und Animus gebrauche ich, wo ich auf die geschlechtsspezifischen Züge dieses inneren Objektes eingehe. Abstrakt gesehen ist Anima/us eine psychische Struktur, die (a) komplementär zur Persona ist und (b) das Ich mit der tiefsten Schicht der Psyche verbindet, mit dem Bild und der Erfahrung des Selbst.

Wie im vorigen Kapitel deutlich wurde, ist die Persona die habituelle Einstellung, die das Ich in der Auseinandersetzung mit der Welt annimmt. Sie ist eine öffentliche Persönlichkeit und erleichtert die Anpassung an die Anforderungen vor allem der gesellschaftlichen Wirklichkeit. Es handelt sich dabei um einen *funktionalen Komplex*, um Jungs Definition aus *Psychologische Typen* zu verwenden. Die Persona wirkt wie die Haut des Körpers, sie bildet eine schützende Barriere zwischen dem Ich und der Außenwelt. Ähnlich handelt es sich auch bei Anima/us um einen funktionalen Komplex, der in diesem Fall jedoch mit der Anpassung an die innere Welt zu tun hat.

»Die natürliche Funktion des Animus (sowie auch der Anima) liegt darin, eine Verbindung zwischen dem individuellen Bewußtsein und dem kollektiven Unbewußten herzustellen. In entsprechender Weise stellt die Persona eine Sphäre zwischen dem Ichbewußtsein und den Objekten der äußeren Welt dar. Animus und Anima sollen als eine Brücke oder als Tor zu den Bildern des kollektiven Unbewußten funktionieren, wie die Persona zur Welt eine Art Brücke darstellt.«[3]

Mit anderen Worten, die Anima/us-Struktur gestattet es dem Ich, in die Tiefen der Psyche hinabzutauchen und sie zu erfahren.

1921, befreit von seiner Abhängigkeit von Freud und bereit, seine eigenen Ansichten zur Tiefenpsychologie vorzutragen, veröffentlichte Jung *Psychologische Typen*, ein Werk, in dem er seine neue Theorie, soweit sie bis dahin gediehen war, zusammenfaßte. Er bediente sich dabei zwangsläufig so vieler neuer Begriffe, daß er (wie schon in Kap. 5 erwähnt) selbst die Notwendigkeit sah, ein ganzes Kapitel mit Definitionen an den Schluß des Werkes zu stellen. Sie sind sehr detailliert und lesen sich wie eine Art früher Leitfaden zur analytischen Psychologie. Hier gibt Jung unter den Einträgen *Seele* und *Seelenbild* erschöpfend Auskunft über die Begriffe Anima und Animus. Auch wenn die Definitionen manchmal etwas technisch und allzu simpel anmuten, so helfen sie doch zur Einordnung, zumindest, was den Gebrauch der betreffenden Termini zum damaligen Zeitpunkt angeht.

Der Definition von Anima/us stellt Jung den Begriff der Persona gegenüber: »Der Funktionskomplex der Persona bezieht sich ausschließlich auf das Verhältnis zu den Objekten«[4], während Anima/us auf die Beziehung des Ich zum Subjekt zielt.

»Mit dem Subjekt meine ich zunächst jene vagen oder dunklen Regungen, Gefühle, Gedanken und Empfindungen, die uns nicht nachweisbar aus der Kontinuität des bewußten Erlebens am Objekt zufließen, sondern eher störend und hemmend, bisweilen auch fördernd aus dem dunklen Inneren (...) auftauchen.«[5]

Das »Subjekt« ist hier primär die Welt des Unbewußten, nicht das Ich. Es ist dies die subjektive Seite der Psyche, ihr Grund, ihr innerer Raum. Er enthält gewissermaßen »innere Objekte«, von Jung manchmal als Imago oder auch einfach als Bilder oder Inhalte bezeichnet. Weil der Begriff *Subjekt* sich zumindest in diesem besonderen Zusammenhang auf das Unbewußte bezieht, folgt daraus gewissermaßen logisch, daß es, »wie es ein Verhältnis zum äußeren Objekt, eine äußere Einstellung (das heißt die Persona) gibt, so (...) auch ein Verhältnis zum inneren Objekt, eine innere Einstellung«.[6]

Jung räumt ein:

»Es ist verständlich, daß diese innere Einstellung wegen ihres äußerst intimen und schwer zugänglichen Wesens eine bei weitem unbekanntere Sache ist als die äußere Einstellung, die jedermann ohne weiteres sehen kann«.[7]

Wie eine Person mit anderen umgeht, läßt sich beobachten,

doch es bedarf einer sehr viel intimeren Kenntnis wahrzunehmen, wie Menschen mit sich selbst umgehen. Wie sieht ihre Haltung zu ihrer inneren Welt aus? Ist sie aufgeschlossen und warm (vielleicht wie die Persona) oder streng und überkritisch? Viele äußerlich großzügigen Menschen sind innerlich ihre schlimmsten Feinde, ihre ärgsten Richter und schärfsten Kritiker, doch verbirgt sich das hinter einer charmanten und umgänglichen Persona. Oder jemand ist äußerst kritisch andern gegenüber, während er sein eigenes Innenleben mit sentimentaler Nachgiebigkeit behandelt. Man muß einen Menschen schon sehr gut kennen, bis man erfährt, wie er wirklich innerlich mit sich selbst umgeht. Nimmt er sich selbst ernst, oder behandelt er sich wie ein Kind? Was jemand seinem tieferen Selbst gegenüber wirklich empfindet, ist charakteristisch für seine Anima/us-Einstellung.

Weiter unten in der bereits zitierten Passage schreibt Jung,

»der eine läßt sich von seinen inneren Vorgängen nicht im geringsten anfechten, (...) der andere aber ist ihnen im höchsten Maß unterworfen (...) eine vage, unangenehme Empfindung suggeriert ihm den Gedanken an eine heimliche Krankheit, ein Traum hinterläßt ihm eine düstere Ahnung (...) Der eine bewertet sie physiologisch, oder schreibt sie dem Verhalten des nächsten zu, der andere findet in ihnen eine religiöse Offenbarung«.[8]

»Die innere Einstellung«, so folgert Jung,

»entspricht daher einem ebenso bestimmten Funktionskomplex wie die äußere Einstellung. Jene Fälle, in denen die inneren psychischen Vorgänge anscheinend gänzlich übersehen werden, ermangeln ebensowenig einer typischen inneren Einstellung wie jene, welche konstant das äußere Objekt, die Realität der Tatsachen, übersehen, einer typischen äußeren Einstellung ermangeln.«[9]

Diese Sätze bringen Jungs strukturelle Definition von Anima/us, wie er sie 1921 in *Psychologische Typen* niederlegte, auf den Punkt. Anima/us ist eine Einstellung, die das Verhältnis eines Menschen zur inneren Welt des Unbewußten regelt – zu Vorstellungen, subjektiven Eindrücken, Gedanken, Stimmungen und Gefühlen. Bis hierher sagt dies alles noch nichts über den Inhalt dieser Struktur und über ihr Geschlecht aus. Der gängigen Kurzdefinition nach verkörpert die Anima das innere Weibliche des Mannes und der Animus das innere Männliche der Frau. Man kann beide aber auch als funktionale Strukturen bezeichnen, die einem bestimmten Zweck in bezug auf das Ich dienen. Als psychische Struktur ist die Anima bzw. der Animus das Werkzeug, durch das Männer und Frauen in die tieferen Bereiche ihres psychischen Wesens eintauchen und sich ihm anpassen können. So wie die Persona in die gesellschaftliche Welt hinausblickt und notwendige äußere Anpassungsleistungen unterstützt, so blickt die Anima bzw. der Animus nach innen, in die innere Welt der Psyche, und hilft dem Menschen, sich auf die Anforderungen intuitiver Gedanken, Empfindungen, Bilder und Gefühle, mit denen das Ich konfrontiert wird, einzustellen.

Von einem Mann, der oft launisch ist, sagt man zum Beispiel, er habe ein »Anima-Problem«. Statt ihm zu einem guten Umgang mit seinen Gefühlen zu verhelfen, setzt seine Anima eine Stimmung frei, die wie ein Gas in das Ichbewußtsein diffundiert und dabei eine Menge von undifferenzierten Affekten in Form gelöster Teilchen mitbringt. Das hat, vorsichtig formuliert, eine Störung der Ichfunktion zur Folge. Das Ich des Mannes wird mit der Animapersönlichkeit identifiziert, die in der Regel überempfindlich und durchtränkt mit Emotionalität ist. Seine Anima ist nicht besonders hoch entwickelt. Sie unterstützt ihn nicht darin, mit den Stimmungen, die ihn überkommen, fertigzuwerden, sondern zieht ihn noch tiefer hinein. Ein Mann, der häufigen intensiven Stimmungsschwankungen unterliegt, hat eine zu enge Beziehung zu diesem – gewöhnlich inferioren – Teil seiner Persönlichkeit. Wenn er ein Dichter wie Rainer Maria Rilke wäre, der ein Anima-Problem ersten Ranges hatte, könnte er diese Beziehung schöpferisch nutzen, aber er kann auch einfach nur ungewöhnlich gefühlsbetont sein und auf Kränkungen und kleinere Ärgernisse überreagieren und daher psychologisch dysfunktional erscheinen. Seine Beziehungen sind typischerweise stark konfliktgeladen, weil seine emotionalen Reaktionen so stark sind, daß er sie nicht mehr im Griff hat. Die Anima überwältigt ihn, statt ihn zu unterstützen.

Ganz ähnlich wird auch eine Frau mit einem »Animus-Problem« von ihren unbewußten, in der Regel emotional aufgeladenen Gedanken und Urteilen dominiert. Insofern unterscheidet sie sich kaum vom Anima-besessenen Mann, nur sind die geäußerten Inhalte bei der Frau eher intellektueller Art. Die auf sie einströmenden autonomen Ideen und Ansichten stören jedoch genauso ihre Anpassung an die Welt, weil sie mit der emotionalen Durchschlagkraft eines Geschosses geäußert werden. Das schadet häufig ihren Beziehungen, weil sich die Menschen in ihrem Umkreis ständig wappnen müssen, wenn sie mit ihr zusammen sind. Sie fühlen sich in ihrer Gegenwart unbehaglich und in die Defensive gedrängt. So sehr die Frau es auch wünschen mag, einfühlsam zu sein und gefühlsmäßige Nähe herzustellen, es gelingt ihr nicht, weil ihr Ich dem Eindringen zerstörerischer Energien ausgesetzt ist, die sie in etwas ganz anderes verwandeln als die freundliche, gütige Person, die sie gerne wäre. Statt dessen reagiert sie schroff und steht ganz im Bann ihres unbewußten Strebens nach Macht und Kontrolle. Jung bezeichnete dieses Phänomen als Animusbesessenheit. Der Animus ist eine starke Persönlichkeit, die nicht mit dem Ich oder der erwünschten Persona der Frau kongruent ist. Er ist »anders«.

Männer, die von ihrer Anima beherrscht werden, neigen dazu, sich in Gefühle der Verletztheit zu vergraben. Frauen unter der Herrschaft des Animus tendieren zum Angriff. Damit stoßen wir auf eine konventionelle Unterscheidung zwischen den Geschlechtern, die natürlich im Licht der jüngsten kulturellen Entwicklung überdacht werden muß. In beiden Fällen aber, ganz gleich, welchen Inhalt die Besessenheit hat, wird die innere Welt des Unbewußten nicht genügend in Schranken gehalten – die emotionale und irrationale Bedürftigkeit stört und zerstört normale Beziehungen der Betroffenen zu anderen Menschen und zum Leben überhaupt. Anima/us-Besessenheit stößt die Tore des Unbewußten weit auf und läßt praktisch alles durch, was genügend Energie hat. Stimmungen und Launen fluten herein und reißen den Menschen mit. Die Impulskontrolle ist minimal. Denken und Affekte können nicht gesteuert und beherrscht werden. Das ist natürlich zugleich auch ein Ichproblem, symptomatisch für ein unentwickeltes Ich, das die Inhalte, die normalerweise ins Bewußtsein strömen und durchdacht und verdaut werden müssen, bevor sie in verbale oder körperliche Aktion einmünden, nicht fassen und bündeln kann. Es ist aber auch das Problem einer zu wenig entwickelten Anima/us-Struktur. Sie ähnelt einem unentwickelten Muskel, der zu schlaff ist, seine Arbeit zu tun, wenn er dazu aufgerufen wird. Männer mit dieser Problematik werden in der Regel nach einer Frau Ausschau halten, die ihnen helfen soll, mit ihren Gefühlen umzugehen, während die Frauen typischerweise einen Mann finden, der ihre inspirierten Gedanken aufgreift und etwas mit ihnen anfangen kann. Auf diese Weise kommen andere Menschen ins Spiel der Ich-Anima/us-Beziehung.

Lassen Sie mich, um das Thema noch deutlicher zu machen, eine *ideale* psychologische Entwicklung schildern (so theoretisch und unwahrscheinlich sie auch sein mag). Die bewußten und unbewußten Teile des psychischen Systems arbeiten in diesem Fall in einem ausgewogenen und harmonischen Wechselspiel zusammen, das sich zum Teil zwischen Anima/us und Persona vollzieht. Das Ich wird nicht von Material von außen oder innen überflutet, sondern durch diese Strukturen eher gefördert und geschützt. Die Lebensenergie – Libido – fließt in einer progressiven Bewegung in die Anpassung an die Aufgaben und Anforderungen des Lebens. Das ist das Bild einer gesunden, in hohem Maße funktionierenden Persönlichkeit, die Zugang zu ihren inneren Ressourcen hat und gute Fertigkeiten zur äußeren Anpassung aufweist. Die Einstellung zur äußeren Welt ist ausgewogen und wird von einer entsprechenden Haltung zur Innenwelt ergänzt. Keiner der beiden Bereiche ist aus den Fugen oder unzureichend entwickelt. Die Persona ist imstande, sich an die Anforderungen des Lebens anzupassen und stabile Beziehungen zur umgebenden sozialen und natürlichen Welt herzustellen und aufrechtzuerhalten. Innerlich besteht ein wohldosierter und steter Zugang zur Quelle der Energie und schöpferischen Inspiration. Die äußeren und inneren Anpassungen entsprechen den Anforderungen des Lebens.

Warum ist das Leben nicht so? Tatsächlich erleben viele Menschen von Zeit zu Zeit in ihrem Leben einen solchen Zustand. Das sind die guten Zeiten voll Arbeit und Liebe. Häufig sind es jedoch relativ kurzlebige Zwischenspiele in einem viel konfliktreicheren Bild. Ein Hauptgrund dafür liegt darin, daß wir uns ungleichmäßig entwickeln. In unserer zeitgenössischen Kultur zumal wird der inneren Entwicklung –

dem, was Jung als »individuelle Kultur« im Gegensatz zur kollektiven (auf der Persona basierenden) Kultur bezeichnete – nur sehr wenig Aufmerksamkeit geschenkt. Innerlich sind die meisten von uns ziemlich primitiv. Erst wenn die Persona abgestreift wird und die Anima/us-Struktur die Tore zu den tieferen Schichten des Unbewußten aufstößt – wenn zum Beispiel, wie in der Lebensmitte, das Ich von einem Konflikt zwischen Persona und Anima/us zerrissen wird –, wird das Bedürfnis nach innerer Entwicklung zu einem vordringlichen Thema. Das kann aussehen wie der Ausbruch einer Neurose, kann aber durchaus auch der Ruf nach weiterer Individuation und die Herausforderung zu einer tiefer in das eigene Innere führenden Reise auf dem Weg zu individueller Entwicklung sein.

Geschlecht und Anima und Animus

Wenn wir uns nun den Bedeutungsschichten von Anima und Animus zuwenden, die unmittelbar auf die Geschlechterunterscheidung Bezug nehmen, so müssen wir zunächst festhalten, daß das Begriffspaar aus dem Lateinischen kommt. Wie die meisten gebildeten Europäer seiner Zeit beherrschte Jung die klassischen Sprachen und fand es ganz natürlich und passend, die Namen für die von ihm entdeckten psychischen Gestalten und Strukturen dort zu entlehnen. Anima bedeutet im Lateinischen *Seele*, und Animus bedeutet *Geist*. Aus einer bestimmten Sicht drücken die beiden Begriffe etwas ähnliches aus. Wenn man denkt, daß die *Seele* (*anima*) den Körper im Tode verläßt, wie die Griechen und Römer annahmen, so deckt sich das mit der Aussage, daß der *Geist* (*animus*) aus dem Körper entwichen ist. Der Geist wird häufig mit dem Bild des Atems oder der Luft gleichgesetzt. Den letzten Atemzug einer Person zu erhaschen, wenn er den Körper verläßt, heißt, die Seele der Person berühren. Insofern sind die Begriffe Geist und Seele nahezu austauschbar. Außerdem beziehen sich beide Begriffe auf die innere Welt des Menschen, auf das Seelisch-Geistige. Die Fragen, die man zur eigenen Anima bzw. zum eigenen Animus stellen kann, lauten: Was für eine Seele habe ich? Was für einen Geist?

Natürlich spricht Jung nicht von der religiösen Bedeutung der Seele, wenn er den Begriff *Anima* gebraucht. Er meint nicht jenen unsterblichen Teil des Menschen, der in der religiösen Tradition eine so wichtige Rolle spielt. Er vereinnahmt den Begriff vielmehr für die Psychologie und möchte damit die verborgene Innenseite der Persönlichkeit des Mannes beschreiben. Genausowenig bezieht er sich mit dem Begriff *Animus* auf etwas Metyphysisches und Transzendentes wie etwa den Heiligen Geist, sondern auf die verborgene innere Seite der Persönlichkeit einer Frau.

Die Endungen der beiden Begriffe deuten einen Geschlechtsunterschied an. Die Endung -a ist Femininum, -us Maskulinum, genauso wie Seele und Geist auch im Deutschen weiblich und männlich sind. Indem er den einen der beiden Begriffe Männern, den anderen Frauen zuordnete, schuf Jung das Fundament für seine These, daß es grundlegende, d. h. archetypische Unterschiede zwischen den Geschlechtern gibt. Zwar pflegte er oft zu sagen, daß alle Menschen dieselben Archetypen besitzen, in diesem besonderen Fall jedoch ist Jung der Überzeugung, daß Männer einen anderen Archetyp aufweisen als Frauen. Wäre dies nicht in seiner Absicht gelegen, so hätte er ohne weiteres denselben Terminus für beide Phänomene verwenden oder einen neutralen Begriff wie Anime erfinden können. Er tat es nicht, und das ist bedeutsam. Inwiefern und warum sind Männer auf diese grundlegende innere Weise anders als Frauen?

Jung führt aus, daß beide Geschlechter sowohl maskuline als auch feminine Anteile und Eigenschaften besitzen. In manchen Passagen verbindet er diese Aussage mit der Tatsache, daß beide sowohl männliches als auch weibliches genetisches Material haben. Die empirischen Unterschiede sind allenfalls in Graden meßbar. In dieser Hinsicht ist Jung vielleicht wirklich ein Protofeminist. Er scheint es bewußt zu vermeiden, die Menschheit in zwei eindeutig verschiedene Geschlechtergruppen zu unterteilen, die wenig miteinander gemeinsam haben. Seiner Theorie nach sind beide, Männer und Frauen, beides, männlich und weiblich. Allerdings sind die Merkmale unterschiedlich verteilt, und dieser Unterschied ist archetypischer Art, nicht gesellschaftlich oder kulturell bedingt. Mit anderen Worten, es ist ein Unterschied, der nicht durch sozialpolitische

Veränderungen nivelliert werden kann. In dieser Hinsicht kollidiert Jungs Auffassung zumindest mit der Ansicht jener zeitgenössischen Feministinnen, die darauf beharren, daß es wenig oder gar keine grundlegenden psychologischen Unterschiede zwischen Männern und Frauen gäbe. Jung behauptet demgegenüber, daß Männer nach außen männlich und nach innen weiblich seien – Frauen genau umgekehrt. Frauen sind beziehungsfähig und empfänglich von ihrem Ich und ihrer Persona her, und hart und penetrierend auf der anderen Seite ihrer Persönlichkeit. Männer sind hart und aggressiv nach außen und weich und auf Beziehungen ausgerichtet nach innen. Nimmt man die Personas männlicher und weiblicher Erwachsener fort, so wird sich die Wahrnehmung der Geschlechter genau umkehren: Frauen werden härter und beherrschender sein als Männer, und Männer fürsorglicher und stärker auf andere bezogen als Frauen.

Zumindest statistisch scheint Jungs These zuzutreffen, wenn sie sich auch sicherlich nicht auf jeden Einzelfall anwenden läßt. Da die Politik auf das abgestimmt wird, was auf der Ebene der Persona wahrnehmbar ist – und etwas anderes werden die Menschen den Meinungsforschern wohl kaum preisgeben –, stützen sich die Kampagnen cleverer Wahlkampfstrategen in der Tat auf die Annahme, daß man Mitleid, Gefühl und den Wunsch nach Einheit und Toleranz an den Tag legen muß, um die Stimmen weiblicher Wähler zu gewinnen. Geht es dagegen um die Stimmen von Männern, heißt es, Logik, Konkurrenzdenken, Cleverness und moralisches Urteil zu demonstrieren.[10] Nach Jung stellt sich jedoch die innere Welt von Männern und Frauen, ihre verborgene Persönlichkeit, ihr unbewußtes anderes Selbst, als das genaue Gegenteil dar. Anders gesagt, Menschen sind offenbar komplexer als ihr äußeres Erscheinungsbild und irgendwelche Meinungsumfragen vermuten lassen. Wenn Frauen nach innen schauen, dann stoßen sie auf Logik, Konkurrenzdenken, Cleverness und moralisches Urteilsvermögen in Hülle und Fülle (und offenbaren dies auch all denen, die näher mit ihnen zu tun haben). Genauso zeigen Männer Mitleid, Gefühl und Harmoniebedürfnis. Bis zu einem gewissen Grad versucht Jung genau diese Komplexität des Menschen mit seiner Theorie von Anima und Animus herauszuarbeiten.

In seiner Definition von 1921 bietet Jung einige Verallgemeinerungen aus eigenen Beobachtungen und Erfahrungen. Sie gewähren einen Vorblick auf das, worauf er sich in vielen seiner späteren Schriften konzentrierte.

»Was den Charakter der Seele betrifft, so gilt nach meiner Erfahrung der allgemeine Grundsatz, daß sie sich im großen und ganzen zum äußeren Charakter *komplementär* verhält. Die Seele pflegt erfahrungsgemäß alle diejenigen allgemein menschlichen Eigenschaften zu enthalten, welche der bewußten Einstellung fehlen.«[11]

An dieser Stelle hatte er den Gedanken des Schattens noch nicht eingeführt. Der Unterschied zwischen Schatten und Anima/us wird erst später herausgearbeitet werden, wobei der Schatten viele der Inhalte aufnehmen wird, die zur Persona komplementär sind, aber aus der bewußten Identität ausgeschlossen bleiben, weil sie sich nicht mit dem Bild der Persona vereinbaren lassen. In der zitierten Passage denkt Jung über den Typ einer Gegen-Persona nach, für die später der Schatten stehen wird, und weniger über komplementäre Einstellungen gegenüber äußeren und inneren Objekten.

»Die Seele pflegt erfahrungsgemäß alle diejenigen allgemein menschlichen Eigenschaften zu enthalten, welche der bewußten Einstellung fehlen. Der von bösen Träumen, düsteren Ahnungen und innerlichen Ängsten geplagte Tyrann ist eine typische Figur. (...) Seine Seele enthält also jene allgemein menschlichen Eigenschaften der Bestimmbarkeit und der Schwäche, die seiner äußeren Einstellung, seiner Persona gänzlich fehlen. Ist die Persona intellektuell, so ist die Seele ganz sicher sentimental.«[12]

Diese Züge sollten später dem Schatten zugeschrieben werden, doch andererseits führte genau dieser Gedanke schließlich zur Geschlechterfrage:

»Der Komplementärcharakter der Seele betrifft aber auch den Geschlechtscharakter, wie ich vielfach unzweifelhaft gesehen habe. Eine sehr weibliche Frau hat eine männliche Seele, ein sehr männlicher Mann eine weibliche Seele.«[13]

Nur weil die Anima/us-Struktur als komplementär zur Persona betrachtet wird, kommen an dieser Stelle Geschlechtsmerkmale ins Spiel. Wenn die Persona eines Mannes die Qualitäten und Merkmale enthält, die in einer bestimmten Kultur mit Männlichkeit assoziiert werden, dann werden jene Züge der Persönlichkeit, die nicht zu diesem Bild passen, unterdrückt und in einer komplementären unbewußten Struktur der Anima gesammelt werden. Die Anima enthält dann die Züge, die in der betreffenden Kultur typischerweise als weiblich bezeichnet werden. So wird ein in seiner Persona sehr maskuliner Mann gleichermaßen feminin in seiner Anima sein.

Wie sieht es nun aber mit Frauen aus, die nicht besonders weiblich, und mit Männern, die nicht besonders männlich in ihrer jeweiligen Persona sind? Hat eine nicht besonders weibliche Frau einen unmännlichen Animus und ein nicht besonders männlicher Mann eine unweibliche Anima? Nach Jungs Vorannahmen bliebe keine andere Deutung offen. Manche Menschen sind innerlich nicht sehr stark zwischen männlichen und weiblichen Zügen polarisiert. Der stärker androgyne Stil der letzten Jahrzehnte hat sich deutlich von der klassischen Geschlechterpolarisierung von Macho-Männern und passiven Frauen fortbewegt. Frauen kleiden und verhalten sich männlicher als in früheren Generationen, und viele Männer präsentieren sich in ihrer Persona weiblicher als ihre Vorfahren. Was hat das für Auswirkungen auf die Merkmale von Anima und Animus? Da die vorherrschenden kollektiven Bilder für korrekte männliche und weibliche Kleidung und korrektes männliches und weibliches Verhalten sich verändern, müssen sich die inneren Bilder von Anima und Animus entsprechend verschieben. Nach der Regel wird alles, was im Individuum aus der bewußten Anpassung an die herrschende Kultur ausgeschlossen wird, ins Unbewußte verbannt und lagert sich dort um jene Struktur herum, die Jung als Anima/us bezeichnete. Für einen extrem effeminierten Mann wird die innere Einstellung (Anima) vom Wesen her maskuliner Natur sein, weil dieses Element aus der Anpassung der Persona ausgeklammert wurde.

Was haben diese Geschlechtermerkmale heute zu bedeuten, wenn es darum geht, das Wesen und die Qualität der inneren Einstellung, der Anima und des Animus, zu definieren? Das Maskuline ist fast universal durch Adjektive wie aktiv, hart, penetrierend, logisch, selbstsicher, dominant definiert worden.

Das Weibliche wurde im Gegensatz dazu weitgehend als empfänglich, weich, gebend, fürsorglich, auf andere bezogen, emotional, einfühlsam definiert. Diese Attributkategorien scheinen auch stabil zu bleiben, ob sie nun in einem männlichen oder in einem weiblichen Körper wohnen. Umstritten ist, ob diese Kategorien mit dem Geschlecht assoziiert werden können. Manche Frauen sind in ihrer Persona eher maskulin als feminin, und manche Männer eher weiblich als männlich. Doch das ändert nichts an ihrem biologischen Geschlecht als Frauen und Männer. Aus diesem Grund sind die chinesischen Begriffe Yin und Yang als passendere und neutralere Termini für die genannten Attributkategorien vorgeschlagen worden. Sie könnten im Austausch für die Begriffe männlich und weiblich gebraucht werden. In beiden Fällen reden wir von denselben Qualitäten. Jung würde nach wie vor sagen, daß die innere Einstellung die Qualitäten aufweist, die der Persona mangeln: Wenn eine Person in ihrer Persona Yang ist, wird sie in ihrer Anima/us-Struktur Yin sein. Die innere Einstellung steht jedoch, weil sie im Unbewußten liegt, weniger unter der Kontrolle des Ich und ist weniger verfeinert und differenziert als die Persona. Es ist also ein niedriger stehendes Yang, das wir bei einem Individuum mit Yin-dominierter Persona antreffen, und ein niedriger stehendes Yin, das in den unbewachten Momenten eines Yang-dominierten Bewußtseins auftaucht.

Eine sehr weibliche Frau hat demzufolge eine männliche Seele, aber keine besonders verfeinerte. In ihrer Beziehung zur Welt wird sie eine eindeutig und klar weibliche Einstellung an den Tag legen, die wir als empfänglich, warm, fürsorglich und liebevoll kennen und umschreiben. Im Inneren derselben Person herrscht eine ganz andere Einstellung: hart, kritisch, aggressiv, herrisch. Das innere Gesicht dieser sehr weiblich wirkenden Frau enthüllt eine stählerne Persönlichkeit. Ähnlich trägt der sehr männlich erscheinende Mann, der Hardliner mit dem kühlen Kopf, distanziert und aggressiv, eine innere Persönlichkeit in sich, die sentimental, anlehnungsbedürftig, empfindsam und verletzlich ist. Der Macho liebt seine Mutter, seine Tochter, sein Pferd, weigert sich aber, dies zuzugeben (sogar sich selbst gegenüber). Er wird diesen Gefühlen in der Öffentlichkeit ausweichen und ihnen höchstens im Privaten manchmal Raum lassen und in sein Bierglas schluchzen.

»Dieser Gegensatz rührt daher, daß zum Beispiel der Mann nicht durchaus und in allen Dingen männlich ist, sondern er hat normalerweise auch gewisse weibliche Züge. Je männlicher seine äußere Einstellung ist, desto mehr sind darin die weiblichen Züge ausgemerzt; sie treten daher im Unbewußten auf. Dieser Umstand erklärt, warum gerade sehr männliche Männern charakteristischen Schwächen unterworfen sind: Sie verhalten sich zu den Regungen des Unbewußten weiblich-bestimmbar und beeinflußbar. Umgekehrt sind oft gerade die weiblichsten Frauen gewissen inneren Dingen gegenüber von einer Unbelehrbarkeit, Hartnäckigkeit und Eigensinnigkeit, welche Eigenschaften in solcher Intensität nur beim Mann als äußere Einstellung zu finden sind. Es sind Züge männlicher Art, die, von der weiblichen äußeren Einstellung ausgeschlossen, zu Eigenschaften der Seele geworden sind.«[14]

Es liegt auf der Hand, daß Jung hier nicht vom inneren Männlichen und Weiblichen in seiner jeweils höchsten und am weitesten entwickelten Form spricht, sondern eher von Karikaturen, minderwertigen Versionen von Männlichkeit und Weiblichkeit, die auf unentwickelten Elementen der Persönlichkeit des Individuums basieren.

Die Entwicklung von Anima/us

Gerade die oben beschriebene Unterentwicklung und Minderwertigkeit verleihen der Anima/us-Struktur aber wiederum ein so hohes Potential zur Weiterentwicklung. Weil die Persona auf kollektiven Werten und Merkmalen basiert – also auf dem, was in der betreffenden Kultur zufällig gerade an männlichen und weiblichen Verhaltensweisen »in« ist –, ist die Fähigkeit, zu einem einzigartigen Individuum zu werden, nicht in der Persona, sondern an einem anderen Ort in der Psyche lokalisiert. Solange das Ichbewußtsein einer Person mit der Persona identifiziert ist und sich mit ihr eins fühlt, ist kein Raum für persönliche Qualitäten und individuellen Ausdruck, die ja beide von den kollektiven Bildern wegführen würden. Der Impuls zur Individualität wird zugunsten der Anpassung unterdrückt (oder vollkommen verdrängt), um »dazuzugehören«. Welcher Art die Qualitäten des einzelnen in einem bestimmten Fall sein könnten, läßt sich von der Persona nicht ablesen. Sie können irgendwie in die Selbstdarstellung der Persona eingeschlossen sein oder auch überhaupt nichts mit ihr zu tun haben.

»Dies ist eine Grundregel, die sich mir immer wieder bestätigte. Was aber die individuellen Eigenschaften betrifft, so läßt sich in dieser Hinsicht (von der Persona) nichts deduzieren. Man kann nur gewiß sein, daß, wenn jemand mit seiner Persona identisch ist, die individuellen Eigenschaften mit der Seele assoziiert sind.«[15]

Das ist der Mann im grauen Flanell, der jeden Morgen mit dem Zug zur Arbeit fährt und so stark mit seiner kollektiven Rolle identifiziert ist, daß er außerhalb dieses Rahmens keine Persönlichkeit hat. Die ihm eigene Einzigartigkeit zeigt sich in der Anima. Er fühlt sich (möglicherweise insgeheim) von äußerst unkonventionellen Frauen angezogen, weil sie Trägerinnen seiner Anima-Projektion sind. Sie sind Bilder seiner Seele und fangen seine Abenteuerlust ein. Genau dieselbe Regel gilt auch für Frauen. Wenn sie in ihrer Personadarstellung kollektiv und konventionell sind, haben sie einen geheimen inneren Liebhaber (ihnen häufig unbewußt), der alles andere ist als ein Abbild ihres konventionellen Gatten. Taucht dieser Liebhaber tatsächlich auf, dann wird er sie verhexen und dazu bringen, ihr Leben völlig auf den Kopf zu stellen. Diese Grundregel der Psyche läßt sich auch im Leben bestätigen und hat sich in zahllosen Romanen, Opern und Filmen niedergeschlagen. Das Ergebnis einer tatsächlichen Begegnung mit jemandem, der Träger der Anima- oder Animus-Projektion ist, führt zu dem »in Träumen häufige(n) Symbol der Seelenschwangerschaft (...), das sich an das urtümliche Bild der Heldengeburt anlehnt. Das zu gebärende Kind bedeutet dann die noch nicht bewußt vorhandene Individualität.«[16] Der wahre psychische Zweck der Affäre des konventionellen Mannes mit seiner unkonventionellen Anima-Frau liegt darin, ein symbolisches Kind zu zeugen, das die Vereinigung der Gegensätze in seiner Persönlichkeit verkörpert und daher ein Symbol des Selbst ist.

Gerade in der Begegnung des Ich mit dem Animus oder der Anima sah Jung ein ungeheures Potential zur psychischen Weiterentwicklung. Die Begegnung mit der Anima/us-Struktur stellt eine Verbindung zum Unbewußten her, die tiefer reicht als der Schatten. Beim Schatten handelt es sich um eine

Begegnung mit den verachteten und verschmähten Elementen der Gesamtpsyche, mit den niedrigeren und unerwünschten Eigenschaften. Bei der Begegnung mit der Anima bzw. dem Animus kommt es zu einer Berührung mit Ebenen der Psyche, die in sich das Potential trägt, das Ich in die tiefsten und die höchsten (auf jeden Fall fernsten) Regionen zu tragen, die ihm überhaupt offenstehen.

Um dieser Intuition zu folgen, mußte Jung allerdings seinen eingeschlagenen Kurs ändern und das Wesen von Anima und Animus neu und umfassender definieren. Der Schatten führt üblicherweise nicht weit über die von der Persona abgelehnten Teile der Psyche hinaus, es sei denn, es kommt zu einer Konfrontation mit dem absoluten Bösen. Die Anima/us Struktur dagegen hat die Möglichkeit, eine Brücke zum Selbst zu schlagen, und damit eine sehr viel weitere Reichweite. Anima/us kann also nicht nur einfach das Gegenteil der Persona sein, eine Art negativer Spiegelung der kollektiven Einstellungen der Zeit. Diese Struktur muß tiefer im kollektiven Unbewußten und in den Strukturen der Archetypen und archetypischen Bilder verankert sein. Ihre Wurzeln müssen weiter hinab reichen als die des Schattens. 1921 stand Jung erst im Begriff, diesen Spuren ins Hinterland des kollektiven Unbewußten zu folgen. Er deutete an, was kommen sollte:

»So wie die Persona als Ausdruck der Anpassung an das Milieu in der Regel stark vom Milieu beeinflußt und geformt ist, so ist auch die Seele stark vom Unbewußten und dessen Qualitäten geformt.«[17]

Hier verändert sich das Konzept der Anima um eine kleine, aber bedeutsame Nuance. Statt einfach nur die Ergänzung der Persona und damit von ihr gefärbt und geprägt zu sein, wird die Anima nun als eine vom Unbewußten und *seinen* Eigenschaften geformte Instanz betrachtet. Später, wenn Jung Animus und Anima als archetypische Bilder begreift, die ihre Form von der geistigen Seite des psychischen Spektrums erhalten (s. Kap. 4), wird er zu dem Schluß kommen, daß Anima/us stärker vom Archetypischen als vom kollektiven Konsens der betreffenden Zeit geprägt sind. Anima und Animus werden zu dauerhaften Formen der Psyche, zu Mächten, die die Psyche ihrerseits ebensosehr formen, wie sie von ihr geformt werden, dynamischen Kräften, die die Formen der Kultur durchbrechen und einem überraschten und manchmal wenig willigen Ich ihre eigene Ordnung aufzwingen können.

»*Jeder Mann trägt das Bild der Frau von jeher in sich*, nicht das Bild *dieser* bestimmten Frau, sondern *einer* bestimmten Frau«[18], schreibt Jung 1925 in einem Aufsatz über die Ehe. Diese Formel wurde mehr oder weniger zur Standarddefinition der Anima in der analytischen Psychologie. Jung weist hier auf die archetypische Beschaffenheit von Anima und Animus und geht nicht mehr darauf ein, inwiefern diese innere Einstellung zur Persona komplementär ist. Er fährt fort, daß »dieses Bild (...) im Grunde genommen eine unbewußte, von Urzeiten herkommende und dem lebenden System eingegrabene Erbmasse (ist)«, und entwirft ein Bild der Frau, *wie sie dem Mann erscheint* und nicht, wie sie selbst ist. In gleicher Weise ist der Animus das innere Bild der männlichen Persönlichkeit in einer Frau. Die Bilder, Gedanken und Annahmen, die von diesen inneren Strukturen erzeugt werden, liegen allen Verwirrungen und Unklarheiten zwischen Männern und Frauen zugrunde. Sie mißverstehen einander, weil sie sich häufig zu den *Bildern* des anderen Geschlechts verhalten und nicht zum wirklichen Menschen. Es liegt auf der Hand, daß diese inneren Strukturen die Realität verzerren und Fehlwahrnehmung zwischen ansonsten durchaus rationalen und wohlmeinenden Individuen erzeugen können. Die männlichen und weiblichen Bilder, die im Unbewußten beider Geschlechter leben, sind urzeitlich und haben durch die historischen und kulturellen Umstände relativ wenig Veränderungen erfahren. Sie ähneln dauerhaft feststehenden Bildern, die sich von Generation zu Generation in der individuellen menschlichen Psyche abbildhaft wiederholen. Was Plato und Sokrates an Frauen irritierte, deckt sich mit dem Animabild, das den Männern heute Kopfschmerzen bereitet, und die Erwartungen und Sehnsüchte, die das Herz einer Maria Magdalena erfüllten, prägen noch immer das Bewußtsein moderner Frauen, trotz des riesigen kulturellen und gesellschaftlichen Abstands, der sie von dieser Gestalt trennt. Die Anima/us-Instanz ist die große Schöpferin von Illusionen, die die Zyniker zum Lachen bringt und den Unbedarften das Herz bricht.

»Der projektionsbildende Faktor ist die Anima, beziehungsweise das Unbewußte, welches durch die Anima vertreten ist«[19], schreibt Jung aus der Abgeklärtheit des Alters 1950 in *Aion*, wo er noch einmal versucht, eine Definition dieser schwer faßbaren inneren Struktur zu geben. Jung war immer der Auffassung, daß Projektionen vom Unbewußten und nicht vom Ich erzeugt werden. Wir sind nicht verantwortlich für unsere Projektionen, nur dafür, daß sie uns nicht bewußt werden, daß wir sie nicht zurücknehmen oder sie analysieren. Sie tauchen spontan auf und schaffen eine Sicht der Welt und der Realität, die auf unbewußten Bildern und Strukturen beruht statt auf überprüften Wahrnehmungen der Wirklichkeit. Jung verlegt den Ursprung aller Projektionen nun in die Anima bzw. den Animus und hebt damit das dynamische, aktive Wesen dieses psychischen Faktors hervor.

Natürlich projizieren wir ständig, und unsere Lebensanschauung, unsere Sicht von anderen Menschen und von der Welt bestehen zu einem großen Teil aus unbewußten Inhalten, die auf unser Umfeld projiziert werden und an die wir uns als absolute Wahrheiten klammern. Anima und Animus, so sagt Jung in der zitierten Passage, sind wie Maya, die indische Göttin, die illusorische Welten schafft – das Ich wohnt letztlich in einer Welt, die größtenteils auf Projektionen beruht. Jung hatte diese Erkenntnis nicht nur durch seine Beschäftigung mit den östlichen Religionen, sondern vor allem aus seiner unmittelbaren Erfahrung als Psychiater und Analytiker gewonnen. Es ist erstaunlich, wie verzerrt die Sichtweise mancher Menschen tatsächlich ist. Nicht weniger bemerkenswert ist, daß wir alle absolut an unsere Sichtweise glauben, selbst wenn wir ernsthafte Mängel an ihr feststellen. Nur äußerst selten stellen wir unsere Grundüberzeugungen in Frage.

Wachsendes Bewußtsein und Anima/us-Erfahrung

Das Anima/us-Bild, das auf den archetypischen Strukturen basiert, die der Psyche zugrundeliegen, nimmt Gestalt an, indem es durch das psychische System gefiltert und vom Ichbewußtsein wahrgenommen wird. Flößt das Bild des Schattens Furcht und Bedrohung ein, so wirkt das Bild von Anima/us belebend und weckt den Wunsch nach Vereinigung. Es erzeugt Anziehung. Wo unsere Anima bzw. unser Animus ist, da wollen wir hingehen, wir möchten ein Teil von ihr oder ihm sein, möchten ihrer/seiner Bewegung folgen, jedenfalls, wenn wir nicht zu schüchtern sind oder zuviel Angst vor dem Abenteuer haben. Der charismatische Funke, der auf ein Publikum überspringt, wenn ein großer Redner die Menge verzaubert, zieht die Anima bzw. den Animus herbei und schafft die Konstellation für ihre Gegenwart. Das Publikum möchte glauben, und die einzelnen werden dem Heroldsruf zur Tat folgen. Eine bestimmte Wahrnehmung der Realität wird erzeugt, und die Überzeugung folgt dem starken emotionalen Befehl der Anima bzw. des Animus. Insofern ist die Anima/us-Struktur eine verwandelnde Macht.

Damit es zu psychischer Weiterentwicklung und einem Wachstum des Bewußtseins kommen kann, ist es jedoch unerläßlich, daß Ich und Anima/us in einen dialektischen Prozeß eintreten und das Ich dem Ruf zur Tat nicht unmittelbar folgt. Jung bezeichnet diesen Prozeß des Dialogs und der Konfrontation als *Auseinandersetzung*, ein Wort, das den Vorgang umschreibt, wenn zwei Menschen sich auf ein intensives Zwiegespräch oder eine Verhandlung einlassen und keiner den Konflikt scheut. Wenn sie einander gegenüberstehen und ihren Konflikt physisch oder verbal austragen, werden die Unterschiede zwischen ihnen, die am Anfang grob und kaum artikuliert waren, allmählich immer deutlicher zu Tage treten. Grenzen werden gezogen, Unterscheidungen getroffen, und am Ende wird Klarheit erreicht. Was als hochemotionale Konfrontation begann, verwandelt sich in eine bewußte Beziehung zwischen zwei sehr verschiedenen Persönlichkeiten. Vielleicht wird am Ende eine Übereinkunft erzielt, ein Vertrag aufgesetzt und unterzeichnet.

Genauso ist es auch bei der Auseinandersetzung zwischen Ich und Anima/us. Es geht um wachsende Bewußtheit, um ein Gewahrwerden der eigenen Projektionen, ein Hinterfragen unserer romantischsten und bestgehütetsten Illusionen. In eine Auseinandersetzung mit der Anima bzw. dem Animus einzutreten heißt, die illusorische Welt der unbewußten Phantasie zu zergliedern. Es heißt aber auch, sich selbst zu gestatten, die Höhen und Tiefen des eigenen geistigen Universums intensiv zu erleben, all die unbewußten Annahmen, die uns nach mehr hungern lassen, wenn wir schon übersättigt sind, die unsere

Gier wach halten, obwohl wir schon längst befriedigt sein müßten, die uns in endlose Wiederholungen der prall mit Emotionen aufgeladenen Muster in der eisernen Kette von Reiz-Reaktions-Abfolgen treiben. Höhlen und Drachen, Mythen und Märchen, romantische Übertreibung und sarkastische Einwände, sie alle sind Teil der Welt, die Anima und Animus in unserem Innern weben. Meistens werden wir uns wohl vormachen, das alles aufzugeben, um uns nur umso hartnäckiger an unsere kostbarsten Selbsttäuschungen und Illusionen zu klammern.

»Was wir vom Bewußtsein aus zunächst von ihnen (Anima und Animus) entdecken können, ist so unscheinbar, daß es kaum die Sichtbarkeitsgrenze erreicht. Erst wenn wir in die dunkle Tiefe hineinleuchten und die seltsam verschlungenen Wege menschlichen Schicksals psychologisch erkunden, wird es allmählich offenbar, wie groß der Einfluß dieser beiden Bewußtseinskomplemente ist.«[20]

Diese Aussage ist vielleicht eine Entgegnung auf Freud, der der Überzeugung war, daß der Charakter Schicksal sei. In Jungs Augen ist die Anima/us-Instanz Schicksal. Wir werden von den Bildern archetypischer Mächte weit jenseits unseres bewußten Willens oder Wissens in die Bahnen unseres Schicksals gelenkt.

In *Aion*, zweifellos der entscheidende Text zu Anima und Animus in Jungs Schriften, geht Jung auch darauf ein, wie wichtig das Element der Beziehung im Prozeß der Bewußtwerdung der verborgenen Landstriche unserer Psyche ist.

»Der Schatten kann nur durch die Beziehung zu einem Gegenüber realisiert werden, und Animus und Anima nur durch die Beziehung zum Gegengeschlecht, weil ihre Projektionen nur dort wirksam sind.«[21]

Wie bereits ausgeführt, müssen wir diesen Punkt im Lichte zeitgenössischer Entwicklungen der Geschlechteridentität überprüfen, wo manchmal Gleichgeschlechtliche die Träger der Bilder von Anima und Animus sind. Die eigentliche Aussage läuft jedoch einfach darauf hinaus, daß solche Entwicklungen des Bewußtseins erst im Rahmen emotionaler Beziehungen möglich werden. Bewußtwerdung ist kein Unterfangen, das sich in der Isolation vollzieht, auch wenn es intensiver Innenschau bedarf, um sie zur vollen Blüte zu bringen. Doch die Erfahrung muß der Einsicht vorangehen. Der Schatten wird in der Projektion auf jemanden erfahren, der jene Eigenschaften des persönlichen Unbewußten trägt. In gleicher Weise werden Anima und Animus greifbar in der Projektion auf eine Person, die ihre Züge und Merkmale in einem entscheidenden Ausmaß verkörpert und eine entsprechende Reaktion des Unbewußten auslösen kann. Wenn das geschieht, so fährt Jung fort, haben wir es mit einer psychischen Konstellation zu tun, in der drei Gestalten wichtig werden:

»Beim Manne (entsteht) eine Triade, die zu einem Drittel transzendent ist: nämlich das männliche Subjekt, das gegenüberstehende weibliche Subjekt und die transzendente Anima. Bei der Frau verhält es sich entsprechend umgekehrt.«[22]

Das setzt einen beträchtlichen Grad an Bewußtheit voraus, weil im allgemeinen der Projektionsträger und die Projektion verwischt und Anima/us und die anderen Subjekte eins werden. Jung geht hier jedoch von einer gewissen Scheidung der drei Elemente aus. Da ist zum einen ein bewußtes Ich mit seiner persönlichen Subjektivität, zweitens eine andere Person, der Partner bzw. die Partnerin mit seinem/ihrem bewußten Ich und seiner/ihrer persönlichen Subjektivität, und drittens das archetypische Bild von Anima/us. Diese Triade wird, so Jung, von einer vierten Figur ergänzt, dem alten Weisen beim Mann und der chthonischen Mutter bei der Frau. Anima/us und die Weisheitsfiguren sind transzendent in dem Sinne, daß sie wesentlich zum Unbewußten gehören und dem Bereich des Geistes entstammen, während das Ich und der Partner bewußte Personen sind, die in die emotionale Beziehung verstrickt sind, die diese Konstellation heraufbeschworen hat. In Gegenwart dieser Quaternität stoßen wir auf die numinose Erfahrung des Selbst als einer Beziehung. Vorausgesetzt, es ist genügend Bewußtheit gegeben, um die Unterschiede zwischen den menschlichen und den archetypischen Aspekten dieser Situation der Liebe und des Angezogenseins zu erkennen, besteht die Möglichkeit zu einer echten Begegnung mit dem Selbst (s. Kap. 7).

Die Sache wird dadurch kompliziert, daß das Erleben der Anima/des Animus-in-der-Projektion dem Individuum auf vielen Stufen der psychischen Reifung widerfährt. Als bloße Faszination und Verliebtheit kann dieses Erlebnis schon in der

Kindheit zwischen Eltern seinen Platz haben. Dann ereignet es sich erneut (in klassischer Weise und besonders intensiv) in der Adoleszenz. Und glücklicherweise erleben es die Menschen auch weiterhin im Erwachsenenleben. Ja, das Phänomen setzt sich bis ins Alter fort – Goethe soll, hoch in den 70ern stehend, ein Dankgebet geflüstert haben, daß er immer noch imstande war, sich in eine junge Frau zu verlieben. Anima und Animus sind im psychischen Leben ewig aktiv. Ihre Abwesenheit gehört zu einer der Bestimmungen des Wesens der Depression. Es geht hier jenseits der Sexualität des Körpers um die Sexualität der Psyche. Sie setzt ein, bevor der Organismus bereit ist für die sexuelle Erfahrung, und bleibt lebendig weit über die körperliche Fähigkeit hinaus, den Sexualakt zu vollziehen. Um jedoch in den vollen psychologischen Nutzen der Anima/us-Erfahrung zu gelangen, muß eine Person einen ungewöhnlich fortgeschrittenen Bewußtseinsgrad erreicht haben. Die Fähigkeit, zwischen Projektion und Projektionsträger, zwischen Phantasie und Realität zu unterscheiden, ist in der Tat selten. Die Erkenntnis dessen, was Jung hier meint – das Erfassen der Quaternität, die in diese Konstellation verwoben ist und die Erkenntnis der transzendenten Qualität der Erfahrung –, ist daher wenigen Individuen mit jenem hochentwickelten psychologischen Feingefühl vorbehalten, wie es allenfalls Kundalini-Meistern und ähnlichen Menschen zu Gebote steht. Für die übrigen bleibt die Anima bzw. der Animus Maya, die Schöpferin der Illusionen, die Betrügerin, das immer wiederkehrende Trugbild des ewigen Geliebten. Das Illusionsspiel von Anima und Animus zu durchschauen, ohne die darin wirkenden transzendenten Gestalten zu erkennen, führt zu Zynismus und Verzweiflung: Die Anima ist wahrhaftig *la belle dame sans merci*.

Sexualität und Beziehung

Viele Menschen meiden aus gutem Grund die gefährlichen Stromschnellen der Anima/us-Erfahrung. Die angeborenen Abwehrmechanismen des Ich halten diese Versuchung fern. Kleine Jungen laufen vor kleinen Mädchen davon, die zu mächtig und attraktiv sind, weil sie intuitiv wissen, daß sie dieser

Herausforderung nicht standhalten können. Erwachsene Männer sind manchmal klug genug, dasselbe zu tun, denn die Anima ist eine gnadenlose Zerstörerin konventioneller Ehen und Karrieren. Auch Frauen widerstehen dem Ruf des dionysischen Animus, der sie zu Ekstase und Verheißungen der Erfüllung durch die absolute Hingabe an die Liebe lockt, denn auch darin lauern die Gefahren der Verstümmelung und des Wahnsinns. Nicht umsonst haben viele Menschen darum gebetet, von Versuchungen, die über ihre Standhaftigkeit hinausgehen, erlöst zu werden. Eine von Jungs Lieblingsdarstellungen der Macht der Anima war Rider Haggards *She*, ein zweitklassiger Roman, der eine unsterbliche *femme fatale* in der Wildnis Afrikas darstellt, deren Befehlen Gehorsam geleistet werden muß. *Sie* ist die ewig sterbende und wiederauferstehende Göttin, die die Männer in die Flammen der Leidenschaft und schließlich in die Vernichtung stürzt. Jung spürte aber auch, daß der, der fähig war, das Feuer des Gefühls und der Leidenschaft zu ertragen, durch diese Begegnung geläutert und verwandelt werden konnte. Das Erlebnis des Archetyp, des kollektiven Unbewußten und seiner Macht, kann auf eine neue Bewußtseinsstufe führen, auf der die Wirklichkeit der Psyche für das Ich genauso real wird wie die Wirklichkeit der materiellen Welt für die Sinne. Anima oder Animus werden, wenn sie erst einmal als transzendent erfahren und als Maya erkannt wurden, zur Brücke für ein völlig neues Weltverständnis. Das Anima/us-Erlebnis ist der Königsweg, die *via regia* zum Selbst.

Jungs Anima/us-Theorie scheint, zumindest in Teilen, eine äußerst phantasievolle Variation zu Freuds altem Thema der Sexualität als zentraler Quelle der Libido zu sein. Allerdings sieht Jung in der menschlichen Sexualität sehr viel mehr als das Verhalten von Tieren, die sich in der Brunsthitze bespringen und versuchen, ihre sexuelle Spannung loszuwerden oder ihren Spaß zu haben. Es sind dabei auch psychische Anziehungsfaktoren im Spiel, und wenn sie von der begleitenden biologischen Aktivität unterschieden werden, steigt das Bild herauf. Dieses Bild ist eine psychische Tatsache, deren Quelle am archetypischen Ende des psychischen Spektrums liegt. Es ist dem sexuellen Instinkt vermählt, und genau diese Verbindung verleiht der Anima/us-Struktur ihre starke physische Komponente.

Die menschliche Sexualität wird vom archetypischen Bild geleitet, aber dieses Bild ist nicht auf den Trieb reduzierbar. Wir werden von bestimmten Menschen angezogen. Warum wählt man diese Person als Seelenfreund und nicht eine andere? Diese Wahl wird von den projizierten Bildern bestimmt.

»Der Animus projiziert sich daher mit Vorliebe auf ›geistige‹ Autoritäten und sonstige ›Helden‹ (beispielsweise Tenöre, Künstler und Sportgrößen). Die Anima bemächtigt sich gern des Unbewußten, Leeren, Frigiden, Hilflosen, Beziehungslosen, Dunklen und Zweideutigen in der Frau.«[23]

Warum ziehen komplizierte Frauen mit solcher Leichtigkeit so häufig Männer an? Warum ziehen starke Frauen Männer oft nicht an? Jung vermutet, daß die Vorliebe für die schwache und hilflose Frau auf einer Animaprojektion beruht, und zwar auf einer undifferenzierten und minderwertigen Anima im Unbewußten einer stark männlich identifizierten Person. Seit urdenklichen Zeiten wird Frauen eingetrichtert: Seid hilflos, wenn ihr euch einen Mann angeln wollt. Die Anima repräsentiert die unentwickelte Seite des Mannes, in der er unbewußt hilflos ist, beziehunglos und zweideutig. Davon fühlt er sich angezogen. In ähnlicher Weise fühlen sich starke Frauen oft zu schwachen Männern hingezogen und entwickeln Phantasien, wie sie sie aus der Alkoholsucht retten oder von irgendeinem anderen Gebrechen erlösen. Auch sie sind auf der Suche nach einem verlorenen Teil ihrer selbst, dem Animus, der als ein minderwertiger Mann in der Projektion erscheint. Umgekehrt wird eine schwache und hilflose Frau dies unter Umständen im Unbewußten mit Bildern männlicher Kompetenz kompensieren und wird sich hoffnungslos zum Träger einer heroischen Animusprojektion hingezogen fühlen.

Wenn Menschen zusammen sind und eine gewisse Zeit miteinander verbringen, werden sich in der sich ergebenden Beziehung andere typische Anima/us-Charakteristika hervortreten. In einer intimen Beziehung gehen nicht nur die Ichs der Partner in die Mischung der Psychen ein, sondern auch die unbewußten Teile und vor allem die Anima bzw. der Animus. Sie waren schon die ganze Zeit präsent und haben als Anziehungselemente auf beide Partner gewirkt. Nun aber erscheinen sie möglicherweise überraschend anders als in der Phase der

Werbung. Jung, der psychologische Realist, schildert diese Situation:

»Kein Mann kann sich mit einem Animus auch nur die kürzeste Zeit unterhalten, ohne sofort seiner Anima zu verfallen. Wer dann den Humor noch besäße, objektiv dem Gespräch zuzuhören, der wäre wohl maßlos erstaunt ob der überwältigenden Menge von Gemeinplätzen, schief angewendeten Binsenwahrheiten, von Zeitungs- und Romanphrasen, abgetragenen Ladenhütern jeglicher Art bis zu ordinären Beschimpfungen und erschütternder Unlogik. Es ist ein Gespräch, das sich, unbekümmert um seine jeweiligen Teilnehmer, millionenfach in allen Sprachen der Welt wiederholt und substantiell stets dasselbe ist.«[24]

Für den Mann wird die Anima reizbar, überempfindlich und emotional. Für die Frau wird der Animus mißbrauchend, machtbesessen und besserwisserisch. Das ist kein besonders schönes Bild. Auf jeden Fall besteht ein starker Gegensatz zur romantischeren Version des *mysterium coniunctionis* (der mystischen Vereinigung), wie sie in der Literatur und Dichtung besungen wird. Der eine Partner wird vom Animus besessen – einer undifferenzierten Ansammlung von Meinungen, die vom Machttrieb diktiert werden –, und der andere zieht sich in eine Verfassung zurück, die ebenfalls undifferenziert und von dem Bedürfnis nach Liebe geprägt ist. Der eine ist dogmatisch, der andere distanziert oder überemotional. Es ist ein typisches Katz-und-Hund-Verhältnis von Anima kontra Animus.

Wenn sich die ganze Emotionalität und die gegenseitigen Kränkungen, die Erhitzung und die Explosionen dieses Konflikts etwas erschöpfen, dann besteht die Möglichkeit, daß Dinge gesagt wurden, die für das Paar wichtig sind. Sind die Ichs erst einmal zu ihren normalen Positionen zurückgekehrt, so merken sie möglicherweise sogar, daß etwas Transzendentes mit ihnen geschehen ist. Was da gesagt wurde, war wahrscheinlich nicht besonders persönlich, es war mehr allgemein-kollektiv, vielleicht sogar archetypisch und universal. Vielleicht liegt ein Körnchen Weisheit in der ganzen dunklen Lavamasse, die aus beiden Partnern hervorgebrochen ist. Vielleicht können sich einige Klärungen und Einsichten aus dem Sturm ergeben, nachdem er vorüber ist. Das wäre dann das Werk des Bewußtseins, das sich über die Ebene der Emotionalität erhebt und zu Einsicht und Empathie vordringt. Zumindest jedoch wird man einen Blick in die Tiefen der eigenen Person und die des anderen getan haben, in jene fernen emotionalen Regionen, die normalerweise hinter der sozialisierten und wohlangepaßten Persona verborgen sind.

Natürlich wäre es auch reizvoll, Jungs eigenes Leben zu betrachten, um die Bedeutung der Animagestalt für ihn weiter auszuloten. Das geht jedoch über diese Einführung hinaus. Ich habe einige Passagen aus seiner Autobiographie herangezogen, und es sind gerade einige Biographien in Arbeit oder bereits erschienen, die ein abgerundeteres Bild seiner tiefen Beziehungen zu Frauen geben. Jung sagte einmal, daß alle psychologische Theorie auch persönliches Bekenntnis sei, und das gilt besonders für diese Bereiche, die von den inneren Gestalten und Personen der Psyche wie dem Schatten, Anima und Animus und dem Selbst zeugen. Alle diese Konzepte und abstrakten Theorien basieren bei Jung auf konkreter psychologischer Erfahrung, von der allerdings ein Großteil interpersoneller Art ist und nicht der Introspektion entstammt. Was die Anima angeht, so war sie für Jung beides: eine lebendige innere Wirklichkeit, eine wahrhaftige innere Gestalt ersten Ranges, und zugleich für ihn persönlich ganz stark in der Projektion und in der Beziehung erlebbar. Am Anfang seines Lebens im Verhältnis zu seinem Kindermädchen, dann in der Zeit seiner romantischen Werbung und seiner Ehe mit Emma Rauschenbach und schließlich in seiner tiefen und langen Beziehung zu Toni Wolff – immer war die Anima eine beständige Begleiterin in Jungs innerem und äußerem Leben. Ihm erschien sie als die Führerin seines Schicksals, und die tiefste Erfahrung des Selbst, jenes Konzeptes, das ich im folgenden Kapitel darstellen möchte, vollzog sich für Jung in der Vereinigung von Mann und Frau, wenn Anima und Animus die Leitfiguren dieser Vereinigung waren.

Anmerkungen

[1] Jung, *Erinnerungen, Träume, Gedanken*, S. 188-191.
[2] Ebd., S. 189.
[3] Ebd., S. 409.
[4] Jung, Gesammelte Werke, Bd. 6, Par. 803.
[5] Ebd.
[6] Ebd.
[7] Ebd.
[8] Ebd.
[9] Ebd., Par. 804.
[10] Diese Sichtweise war im New Yorker vom 9. September 1996, S. 34, im Zusammenhang mit der Vorbereitung der Präsidentschaftskandidaten auf die kommende Wahl zu lesen.
[11] Jung, Gesammelte Werke, Bd. 6, Par. 806.
[12] Ebd.
[13] Ebd.
[14] Ebd.
[15] Ebd., Par. 808.
[16] Ebd.
[17] Ebd.
[18] Jung, Gesammelte Werke, Bd. 17, Par. 338.
[19] Jung, Gesammelte Werke, Bd. 9/II, Par. 26.
[20] Ebd., Par. 41
[21] Ebd.
[22] Ebd.
[23] Jung, Gesammelte Werke, Bd. 16, Par. 521.
[24] Jung, Gesammelte Werke, Bd. 9/II, Par. 29.

7. Der transzendente Mittelpunkt und die Ganzheit der Psyche
(Selbst)

Ich war in Versuchung, das Kapitel über das Selbst an den Anfang dieser Einführung zu stellen, weil das Selbst das entscheidende Element in Jungs Vision ist. Es ist gleichsam der Schlüssel zu seiner Psychologie. In gewisser Hinsicht unterscheidet ihn dieses Element am stärksten von den anderen Vertretern der Tiefenpsychologie und Psychoanalyse. Immerhin hat sich die psychoanalytische Theorie interessanterweise im Laufe der letzten 50 Jahre stark in Jungs Richtung bewegt. Trotzdem ist letztlich kaum ein psychoanalytischer Theoretiker in seiner Theoriebildung so weit gegangen wie Jung mit seinem Konzept des Selbst. Heute verwenden zwar viele Autoren den Begriff *Selbst*, doch ohne dabei das im Blick zu haben, was Jung mit seinem Selbstkonzept zu umreißen versuchte. Rein chronologisch und von der Systematik her wäre es in jedem Fall irreführend gewesen, Jungs Theorie des Selbst an den Anfang zu stellen. Sie ist nicht nur das grundlegendste Element seiner Theorie, sie bildet auch ihren Schlußstein. Es bedarf daher einer gewissen Vorarbeit, um diesen Begriff in seiner ganzen Bandbreite und Gewichtigkeit zu erfassen.

Für Jung ist das Selbst transzendent, das heißt, es wird nicht durch den psychischen Bereich definiert und ist nicht in ihm enthalten, sondern liegt jenseits von ihm und definiert ihn seinerseits. Dieser Aspekt der Transzendenz des Selbst unterscheidet Jungs Theorie von der anderer Selbsttheoretiker wie Kohut. Für Jung ist das Selbst paradoxerweise *nicht* »man selbst«. Es ist mehr als die eigene Subjektivität, und sein Wesen liegt jenseits des subjektiven Bereichs. Das Selbst bildet den Urgrund für die Gemeinschaft des Subjekts mit der Welt, mit den Grundelementen des Seins. Im Selbst sind Subjekt und Objekt, Ich und anderer in einem gemeinsamen Struktur- und Energiefeld miteinander verbunden. Diesen komplexen Sachverhalt hoffe ich im vorliegenden Kapitel einigermaßen deutlich machen zu können.

Der typische alltagssprachliche Gebrauch des Wortes *Selbst* erschwert es, ganz zu erfassen, was Jung in seiner Theorie meint. In der Umgangssprache ist das Selbst gleichbedeutend mit dem Ich. Wenn wir sagen, jemand ist selbstsüchtig, dann meinen wir, daß der Betreffende egoistisch oder narzißtisch ist. Im jungianischen Vokabular hat Selbst jedoch die genau entgegengesetzte Bedeutung. Daß jemand selbstzentriert ist, heißt dort, daß die betreffende Person gerade nicht egoistisch und narzißtisch ist. Sie weist vielmehr philosophische Züge auf, hat einen weiten Horizont, nimmt nicht alles persönlich und ruht in sich. Wenn das Ich gut mit dem Selbst verbunden ist, dann steht die Person in Kontakt mit einem transzendenten Mittelpunkt und ist gerade nicht narzißtisch in die Erreichung kurzsichtiger Ziele verstrickt. Statt dessen zeichnen solche Personen sich durch so etwas wie Ichfreiheit aus. Sie wirken, als ob sie mit einer tieferen und weiteren Wirklichkeit im Austausch stünden und nicht nur jene praktischen, rationalen und persönlichen Erwägungen anstellten, die so typisch sind für das Ichbewußtsein.

Jungs Erfahrung des Selbst

Bevor wir uns intensiver mit *Aion* auseinandersetzen, dem entscheidenden Text zu Jungs Selbst-Theorie, ist es sicherlich sinnvoll, einen Eindruck von den Erfahrungen zu gewinnen, die Jung zur Postulierung der Existenz des Selbst veranlaßten. Schließlich lag hier die Wurzel seiner späteren Theorie.

Nach Jungs Darstellung fällt seine erste wichtige Begegnung mit dem Selbst in die Zeit zwischen 1916 und 1918. In dieser schwierigen Phase seines Lebens machte er die Erfahrung, daß die Psyche auf einer fundamentalen Struktur ruht und daß diese Struktur selbst den grausamen Schock des Verlassen- und Enttäuschtwerdens überstehen kann, der die geistige und emotionale Stabilität eines Menschen ins Wanken zu bringen droht. Es war die Entdeckung eines am Grund der Psyche liegenden tiefen, weitgehend unbewußten Musters psychischer Einheit und Ganzheit.

Für Jung hatte die Erfahrung des Selbst – dieses unpersönlichsten aller Archetypen – hochdramatische Qualität. Sie erwuchs aus seinen inneren Kämpfen und Verwirrungen und schloß eine Zeit in seinem Leben ab, in der er sich oft gefragt hatte, ob er in Gefahr sei, sich im Dschungel der Psyche zu verirren. Er konnte noch keine Karten befragen, als er sich durch ein Dickicht ineinander verknäuelter Emotionen, Gedanken, Erinnerungen und Bilder hindurcharbeitete. In seiner Autobiographie spricht er in diesem Zusammenhang von einer intensiven »Auseinandersetzung mit dem Unbewußten«.[1] Als er seine bahnbrechenden Entdeckungen machte, steckte Jung bereits mitten in der Midlifecrisis. Er war um die 40, hatte fünf Jahre zuvor mit Freud gebrochen und danach eine Phase emotionaler Desorientierung und beruflicher Ungewißheit durchlebt, von der er sich nun allmählich erholte. Er selbst schilderte die erste Hälfte jener Zeit in der Lebensmitte (1913 – 1916) als eine Phase, in der er die innere Welt entdeckte, die Anima, die Vielfalt unbewußter Bilder und Phantasien. Während dieser ganzen Jahre der inneren Exploration notierte Jung seine Träume, Phantasien und andere bedeutsame Erlebnisse in einem ausführlichen, mit zahlreichen Illustrationen versehenen Dokument, das unter dem Namen »das rote Buch« bekannt wurde. Während er darum rang, die Bilder und Emotionen, die aus seinem Unbewußten aufbrachen, auseinanderzuhalten, versuchte er zu ergründen, wie sie sich ineinander fügten und was sie zu bedeuten hatten. Um sich sein inneres Gleichgewicht zu bewahren, setzte er dabei unter anderem Praktiken wie Yoga-Atemübungen ein. Als die auf ihn einstürmenden Emotionen seine psychische Gesundheit schließlich ernsthaft zu gefährden drohten, bediente er sich der Meditation, der Spieltherapie, der aktiven Imagination und der Malerei, um zur Ruhe zu kommen. Als sein eigener Therapeut entwickelte er die verschiedensten Techniken, die er später auch bei Patienten einsetzen sollte, um das Ichbewußtsein inmitten des Ansturms von Material aus dem Unbewußten stabil zu halten.

Während er weiter beobachtete, lauschte und seine inneren Erfahrungen aufzeichnete, wuchs seine Offenheit für die archetypische Seite des psychischen Kontinuums und für die geistige Welt, in die dieses Kontinuum hineinragt. Nachdem er mehrere Jahre auf der Ebene der Anima verbracht hatte, stieß er endlich in einen Bereich vor, der ihm den Archetyp des Selbst offenbarte, den obersten Baumeister psychischer Ganzheit und Ordnung. Er schildert diese Entdeckung des Selbst in seiner Autobiographie. Sie hielt ihn über einen Zeitraum von mehreren Jahren in Atem.

Am Anfang stand der Zwischenfall mit der Türglocke. Jung erzählt, daß er an einem Sonntagnachmittag im Jahr 1916 in seinem Wohnzimmer in der Seestraße in Küsnacht saß, als er plötzlich eine extrem aufgeladene Atmosphäre im ganzen Haus spürte. Sämtliche Mitglieder des Haushaltes wirkten angespannt und reizbar. Die Luft schien gleichsam verdichtet durch die Gegenwart unsichtbarer Gestalten. Plötzlich erklang die Türglocke. Jung ging, um zu öffnen, aber niemand war da. Trotzdem bewegte sich der Klöppel. Jung schwört, daß er sah, wie er sich bewegte, von selbst. Als das Hausmädchen fragte, wer geklingelt habe, antwortete Jung, er wisse es nicht, weil niemand an der Tür gewesen sei. Es klingelte erneut. Diesmal sah auch das Mädchen, wie sich der Klöppel bewegte. Es war also keine Halluzination. Dann hörte Jung, wie sich die folgenden Worte formten:

»Die toten kamen zurück von Jerusalem, wo sie nicht fanden, was sie suchten. Sie begehrten bei mir einlaß und verlangten bei mir lehre und so lehrte ich sie.«[2]

Er beschloß, die Worte niederzuschreiben. Es kam noch mehr:

»Höret. ich beginne beim nichts. Das Nichts ist dasselbe wie die Fülle. In der unendlichkeit ist voll so gut wie leer. Das Nichts ist leer und voll. Ihr könnt auch ebensogut etwas anderes vom Nichts sagen, z. B. es sei weiß oder schwarz oder es sei nicht, oder es sei. (...) Das Nichts oder die Fülle nennen wir das PLEROMA.«[3]

Im Laufe der folgenden Tage schrieb Jung wie nach Diktat einen gnostischen Text mit der Überschrift *VII Sermones ad Mortuos* nieder. Diese in den Worten und unter der Identität des alten gnostischen Meisters Basilides überlieferte Lehre stellte für Jung eine Botschaft dar, die er aus dem archetypischen Bereich der Psyche empfing.[4]

Nun wissen wir, daß Jung sich in der Zeit vor diesem Begebnis sehr stark für die Gnostik interessierte und zahlreiche Fragmente alter gnostischer Texte studiert hatte, so daß es hier zweifellos Verbindungen zu seinem visionären Erlebnis im Wohnzimmer und in der Bibliothek gab. Dennoch zeichnete sich in dem Vorfall eine höchst phantasievolle und kreative neue Angehensweise ab, auch wenn sie zunächst die etwas befremdliche Form eines schwülstig klingenden religiösen Textes annahm. Das Geschriebene stieg spontan aus den Tiefen von Jungs Psyche auf. Er zitierte nicht einfach aus dem Gedächtnis, auch Kryptomnesie kommt nicht als Erklärung in Frage, da der Text nirgendwo in den klassischen gnostischen Texten vorkommt. Jung versuchte auch nicht bewußt, im Stil der Gnostiker zu schreiben; seine Niederschrift erfolgte überhaupt nicht aus einer bestimmten Absicht heraus. Erst im Rückblick wird deutlich, daß der innerhalb von drei Tagen vollendete Text den Keim vieler Gedanken in sich trägt, die Jung in den folgenden Jahrzehnten in eine eher rational-intellektuelle und wissenschaftliche Sprache übersetzte.

Es war dies eines von vielen ungewöhnlichen psychischen Erlebnissen in den Jahren der »Auseinandersetzung mit dem Unbewußten«. In der ganzen Zeit lebte Jung auf einer anderen Ebene sein gewöhnliches Alltagsleben und setzte seine berufliche Arbeit fort. Die Zeit der Auseinandersetzung fiel fast genau mit dem ersten Weltkrieg zusammen, in dem die Schweiz als neutrales Land von Europa und der übrigen Welt isoliert war. Reisen war unmöglich. Wie alle erwachsenen Schweizer war Jung in der Armee – er war Militärarzt – und bekam den Posten des Kommandanten des Kriegsgefangenenlagers in Châteaux d'Oex im französisch-sprechenden Teil des Landes übertragen. Seine Funktion brachte wohl ziemlich viel recht langweilige Verwaltungsarbeit mit sich. Jung half sich damit, daß er routinemäßig jeden Morgen einige Zeit mit dem Zeichnen und Ausmalen von Kreisen zubrachte, weil er eine deutliche Neigung dazu verspürte. Nach dieser Übung fühlte er sich jedesmal erfrischt und bereit für den vor ihm liegenden Tag. In seiner Autobiographie schreibt er, daß das Malen ihn zentrierte.[5]

Einige seiner damaligen Zeichnungen gerieten zu hochkomplexen Gebilden. Jung verglich sie später mit den Darstellungen, die die tibetischen Buddhisten als *Mandalas* bezeichnen, Bildern, die den Kosmos repräsentieren, das spirituelle Universum des Buddhisten. Ungefähr 20 Jahre später, auf seiner Reise nach Indien, sollte Jung mit großem Interesse beobachten, wie die Menschen dort diese traditionellen Bilder an die Wände ihrer Häuser und Tempel malten, um mit den kosmischen Mächten in Verbindung zu bleiben oder böse Kräfte und Einflüsse abzuwehren. Mandalas haben eine schützende und eine meditative Funktion. Jung erkannte, daß er ein universales archetypisches Muster reproduziert hatte, das etwas damit zu tun hat, die Dinge in Ordnung zu bringen. Die sich daraus ergebende Einsicht war klar: Wenn man einem spontan sich entfaltenden psychischen Prozeß bis zu seinem eigenen logischen Ende folgt und ihm gestattet, sich vollständig auszudrücken, dann erfüllt sich auch das Ziel dieses Prozesses, nämlich universale Bilder der Ordnung und Einheit zur Darstellung zu bringen. Das Mandala ist ein universales Symbol, das die Intuition geordneter Ganzheit ausdrückt. Um den archetypischen Faktor zu benennen, der in der Psyche am Werk ist, die ein solches Muster hervorbringt, wählte Jung den Begriff *Selbst*, in Anlehnung an die Instanz des *Atman* in den indischen Upanischaden. Das Erlebnis des Zeichnens und Ausmalens von Mandalas blieb für Jung die zentrale Erfahrung des Selbst, eine Erfahrung, die aus dem Erleben erwuchs und spontan ins Bewußtsein drang.

Abschließend berichtet Jung noch einen Traum aus dem Jahr 1928, der für ihn die Vollendung seiner Erkenntnis des Selbst darstellte. (Die intensivste Phase seiner Midlifecrisis war zwar schon 1920 abgeklungen, doch die Nachwehen währten bis 1928, als Jung 52 Jahre alt war.) Während seines fünften Lebensjahrzehnts lebte Jung in einer Art psychischen Übergangszustands, der ganz allmählich abklang. Am Ende dieser Zeit hatte er einen Traum, in dem er sich in der englischen Stadt Liverpool befand. Er spazierte mit einer Gruppe Schweizer Freunde an einem regnerischen Abend durch die Straßen, und nach kurzer Zeit kamen sie an eine Kreuzung, die geformt war wie ein Rad. In der Mitte der Kreuzung befand sich ein Viereck. Mehrere Straßen gingen von dieser Nabe aus. Während die gesamte umgebende Fläche dunkel war, war die Insel in der Mitte hell erleuchtet. Ein einzelner Baum wuchs auf ihr, eine Magnolie, über und über besät mit rötlichen Blüten. Seine Begleiter schienen den Baum nicht sehen zu können, doch Jung war ganz überwältigt von seiner Schönheit. Später deutete er diesen Traum als Vision des Zentrums, des Selbst, ein Bild der überirdischen Schönheit, die im »pool of life« (Liverpool) beheimatet ist. Aus diesem Traumerlebnis, so schreibt er, »ergab sich mir eine erste Ahnung meines Mythus«.[6] In dieser Schlüsselpassage erklärt Jung das Selbst zum Mittelpunkt seines persönlichen Mythos. Später sah er im Selbst den primären Archetyp (das Eine), aus dem letztlich alle anderen Archetypen und archetypischen Bilder entspringen. Das Selbst ist der magnetische Mittelpunkt in Jungs psychologischem Universum. Seine Gegenwart gibt der Kompaßnadel des Ich die Richtung.

Jungs Definition des Selbst

Bevor wir uns von Jungs persönlicher Erfahrung des Selbst seiner Theorie zuwenden, sind einige vorbereitende Bemerkungen notwendig. Aussagen über das Selbst finden sich über Jungs gesamtes Werk verstreut, in den Büchern und Aufsätzen, die nach 1925 (Jungs 50. Geburtstag) veröffentlicht wurden. Der zentrale Text zu diesem Thema ist die Schrift *Aion*. Sie erschien 1951 als »umfangreiche Monographie über den Archetypus des Selbst« mit dem Untertitel *Beiträge zur Symbolik des Selbst*.

Aion ist ein Begriff aus dem antiken Mithraskult; es ist der Name eines Gottes, der über den astrologischen Kalender und damit über die Zeit selbst herrscht. Schon der Titel des Buches weist also auf einen Faktor, der das Raum-Zeit-Kontinuum transzendiert, in dem das Ichbewußtsein existiert.

Die ersten vier Kapitel von *Aion* stellen eine kurze allgemeine Einführung in Jungs Psychologie dar. Ich, Schatten, Animus und Anima werden abgehandelt und ein erster Vorblick auf die Theorie des Selbst gegeben. Danach erörtert Jung zahlreiche symbolische Darstellungen des Selbst, vor allem in der biblischen Überlieferung und in den relevanten »Häresien« wie Gnosis und Alchemie. Das Werk schließt mit einer groß angelegten Zusammenschau im letzten Kapitel unter der Überschrift *Die Struktur und Dynamik des Selbst*. Es ist oft nicht ganz einfach, Jungs Argumentation zu folgen, die quer durch die Astrologie, Gnostik, Alchemie, Theologie und verschiedene traditionelle Symbolsysteme führt. Letztlich wollte Jung damit aufzeigen, daß der transzendente Faktor der Psyche, den er als das *Selbst* bezeichnete, schon in früheren Zeiten von vielen Menschen erfahren und reflektiert worden ist und daß ihre in eine Symbolsprache gekleideten Zeugnisse hilfreich sein können, um das Wesen und die Kraft dieses Faktors zu begreifen.

Das Einleitungskapitel über das Selbst beginnt mit den Sätzen:

»Das Selbst vollends ist der persönlichen Reichweite entrückt und tritt, wenn überhaupt, nur als religiöses Mythologem auf, und seine Symbole schwanken zwischen Höchstem und Niedrigstem. (...) Wer also das Kunststück fertigbringen will, nicht nur intellektuell, sondern auch dem Gefühlswert entsprechend zu realisieren, der muß sich wohl oder übel mit Animus oder Anima auseinandersetzen, um eine höhere Einigung, eine coniunctio oppositorum, in die Wege zu leiten. Diese aber stellt eine Vorbedingung der Ganzheit dar.«[7]

An dieser Stelle führt Jung den Begriff *Ganzheit* ein, der zum Selbst äquivalent ist. Ganzheit entsteht konkret, wenn das Selbst im Bewußtsein realisiert wird. Das ist nie ganz möglich, da die Polaritäten und Gegensätze, die dem Selbst innewohnen, ständig neues Material produzieren, das integriert werden muß. Dennoch ist das regelmäßige Einüben von Ganzheit der Weg des Selbst, Jungs Version eines Lebens im Tao.

»Obschon die ›Ganzheit‹ zunächst nichts als ein abstrakter Begriff (ähnlich wie Animus und Anima) zu sein scheint, so ist dieser doch insofern empirisch, als er in der Psyche durch spontane respektive autonome Symbole vorweggenommen wird. Es sind dies die *Quaternitäts-* und *Mandala*symbole, welche nicht nur in den Träumen ahnungsloser Moderner, sondern auch weit verbreitet in historischen Monumenten vieler Völker und Zeiten vorkommen.«[8]

Symbole des Selbst stehen auch im Mittelpunkt von *Aion*. Nach Jungs Anschauung sind sie ubiquitär und autochthon (angeboren und spontan) und gelangen über die archetypische psychoide Region aus dem Archetyp an sich in den Raum der Psyche. Das Selbst, eine transzendente nicht-psychische Einheit, wirkt so auf das psychische System ein, daß dieses Symbole der Ganzheit hervorbringt, häufig in Gestalt von Quaternitäts- oder Mandalabildern (Quadrate und Kreise).

»Ihre Bedeutung als Symbole der Einheit und Ganzheit ist historisch sowohl wie empirisch-psychologisch hinlänglich erhärtet. Was uns also zunächst wie ein abstrakter Begriff vorkommt, stellt in Wirklichkeit eine empirische Existenz dar, welche spontan ihr apriorisches Vorhandensein bekundet. Demnach bedeutet die Ganzheit einen objektiven Faktor, der dem Subjekt selbständig gegenübertritt.«[9]

Jung beschreibt in dieser Passage außerdem die Hierarchie der Wirkkräfte innerhalb der Psyche. Wie Animus oder Anima »eine hierarchisch höhere Stellung als der Schatten haben, so beansprucht die Ganzheit eine Position und einen Wert, welche die der Syzygie überragen«.[10] Auf der untersten Ebene befindet sich der Schatten, über ihm steht mit höherer Macht ausgestattet die Anima/us-Struktur – die Syzygie. Über dem gesamten psychischen System schließlich thront das Selbst, die höchste Autorität und der höchste Wert.

»Einheit und Ganzheit stehen auf der höchsten Stufe der objektiven Wertskala, denn ihre Symbole lassen sich von der imago Dei nicht mehr unterscheiden.«[11]

Nach Jung trägt jeder Mensch das Gottesbild, den Stempel des Selbst, in sich. Wir tragen das Gepräge des Archetypus: *Typos* bedeutet die Prägung auf einer Münze, und *arche* bedeutet das Original oder die Gußform. Jedes menschliche Individuum trägt einen Abdruck des Archetyps des Selbst. Dieser Abdruck ist ihm von Geburt an mitgegeben.

Da jeder von uns, einfach auf Grund seines Menschseins, von der *imago Dei* geprägt ist, haben wir auch Zugang zu der »Einheit und Ganzheit«, die »auf der höchsten Stufe der objektiven Wertskala (stehen)«. Wenn nötig, kann uns dieses intuitive Wissen zu Hilfe kommen:

»Die Erfahrung zeigt, daß die individuellen Mandalas Ordnungssymbole sind, weshalb sie bei Patienten hauptsächlich in Zeiten psychischer Desorientierung bzw. der Neuorientierung auftreten.«[12]

Wenn Menschen spontan Mandalas zeichnen oder davon träumen, zeigt das dem Therapeuten, daß eine psychologische Krise im Bewußtsein vorliegt. Das Auftauchen von Selbstsymbolen deutet darauf hin, daß die Psyche geeint werden muß. Das war Jungs eigene Erfahrung. In einer Phase stärkster Desorientierung fing er an, Mandalas zu malen. Wenn das psychische System in Gefahr ist zu zerbrechen, werden vom Selbst kompensatorische Symbole der Ganzheit erzeugt. Der Archetyp des Selbst interveniert in dem Bemühen um Einheit.

Das Auftreten von Einheitssymbolen und von Integrationsbewegungen im psychischen System weist im allgemeinen auf ein Wirken des Selbst-Archetyp. Dem Selbst scheint die Aufgabe zuzukommen, das psychische System zusammenzuhalten und sein Gleichgewicht zu bewahren. Sein Ziel ist Einheit, und zwar eine dynamische, keine statische Einheit, wie wir im nächsten Kapitel, in dem es um Individuation geht, sehen werden. Das psychische System wird geeint, indem es ausgeglichener wird, die einzelnen Teile mehr miteinander in Beziehung treten und stärker integriert werden. Der Einfluß des Selbst auf die Psyche als Ganze findet sein Spiegelbild im Einfluß des Ich auf das Bewußtsein. Wie das Selbst so hat auch das Ich eine zentrierende, ordnende, einende Funktion. Sein Ziel ist es, die verschiedenen Funktionen so weit als möglich in ein Gleichgewicht zu bringen und zu integrieren, soweit dies angesichts der vorhandenen Komplexe und Abwehrmechanismen möglich ist. In Kapitel 1 habe ich das Ich als Zentrum des Bewußtseins und Ausgangspunkt des Willens eingeführt. Es hat die Fähigkeit zu sagen: »Ich« und »Ich bin« oder »Ich denke« oder »Ich will«. Auf einer höheren Stufe wird es zu einer selbst-bewußten psychischen Einheit. Es kann nicht nur sagen »Ich bin«, sondern »Ich weiß, daß ich bin«. Möglicherweise weiß auch das Selbst, daß es ist. Besitzt der Archetyp so etwas wie Selbstbewußtsein? Weiß er, daß er ist? Jung meinte tatsächlich eine Art Bewußtsein an den Archetypen wahrzunehmen. Wenn zum Beispiel archetypische Bilder ins Ich eindringen und von ihm Besitz ergreifen, dann haben sie eine Stimme, eine Identität, einen Standpunkt, einen Bestand an Werten. Aber gibt es so etwas wie Selbstbewußtsein innerhalb der archetypischen Einheit selbst? Der Mythos spricht stark für eine solche Bewußtheit. Als Mose Gott am brennenden Dornbusch gegenübertrat und fragte: »Wer bist du?«, entgegnete die archetypische Stimme: »Ich bin, der ich bin«. Was immer dies theologisch bedeuten mag, es scheint auf jeden Fall auf ein selbstreflexives Bewußtsein im Archetypus hinzudeuten.

Jung glaubte, daß zwischen dem Ich und dem Selbst eine besondere Beziehung besteht. Möglicherweise besitzt das Selbst die höchste Form des Selbstbewußtseins und teilt dieses Bewußtsein mit dem Ich, das seinerseits diese Eigenschaft in den vertrauteren Regionen der psychischen Welt am stärksten zeigt. Auf Grund dieser engen Verbindung zwischen Ich und Selbst könnte man sagen, daß das Selbst letztlich ein Bild des Ich ist, eine Art Über-Ich oder Ideal-Ich. Jung lag jedoch daran festzuhalten, daß er etwas Psychoides – Psycheähnliches, aber nicht nur Psychisches – entdeckt hatte, das in einem Bereich jenseits der Psyche selbst existiert, etwas, das das psychische System durch seine Bilder, geistigen Inhalte und mythologischen Gedanken und durch offenbarungsähnliche Erlebnisse berührt wie Moses Erfahrung am brennenden Busch oder das Sinai-Erlebnis des Volkes Israel, das aber kein Produkt des Ich oder sozialer Konstruktionen ist.

Symbole des Selbst

Die Schrift *Aion* handelt im Grunde zwar durchgehend vom Selbst, zwei Kapitel sind diesem Thema jedoch in ganz besonderer Weise gewidmet. Das eine, Kapitel 4, haben wir gerade betrachtet. Es bildet eine Art Einführung. Das letzte Kapitel des Buches schließlich enthält Jungs vielleicht verdichtetste und vollständigste Aussage über das Selbst. Er greift hier noch einmal die Symbole aus der Gnosis, Astrologie und Alchemie auf, die über die letzten zwei Jahrtausende einen Niederschlag in der westlichen Kultur gefunden haben.

Das Kapitel beginnt damit, daß das Selbst als der Archetyp vorgestellt wird, der dem Ichbewußtsein zugrundeliegt. Das Ichbewußtsein ist das Zentrum des individuellen Wollens, der Bewußtheit und der Selbst-Gewißheit. Es hat die Aufgabe, sich des Individuums anzunehmen und es am Leben zu erhalten. Das Ich, wie ich es in Kapitel 1 beschrieben habe, ist ein Komplex, der um einen dualen Mittelpunkt herum angelegt ist, ein Trauma und einen Archetyp – das Selbst. Zum Selbst führt Jung nun eine Vielzahl möglicher Bilder an.[13] Einige davon sind Bilder, wie sie sich in Träumen und Phantasien manifestieren, andere tauchen in der Auseinandersetzung mit der Welt auf. Geometrische Strukturen wie Kreis, Quadrat und Stern sind allgegenwärtig. Sie erscheinen zum Beispiel in Träumen, ohne daß man ihrer bewußt gewahr wird: Da sitzen Leute um einen runden Tisch, vier Gegenstände sind in einem quadratischen Raum angeordnet, sei es in einem Zimmer oder auf einem Stadtplan. Zahlen, besonders die Zahl vier und Vielfache von vier sind Indikatoren der Quaternität. (Von der Zahl drei war Jung nicht besonders angetan. Er betrachtet sie nur als teilweisen Ausdruck des Selbst: Drei »ist aber (...) als defekte Vierheit zu verstehen, respektive als Übergangszustand zur Vierheit«.[14] In anderen Passagen äußert er sich positiver über die Drei und Trinitäten, doch in der Regel betrachtet er sie als bloß theoretische Annäherung an die Ganzheit, der es an der Konkretheit und Gegründetheit mangelt, die wirkliche Ganzheit braucht.)

Andere Bilder des Selbst sind Edelsteine wie Diamanten und Saphire, Steine von großer Seltenheit und hohem Wert. Wieder andere Selbstverkörperungen sind Schlösser, Kirchen, Schalen und Gefäße und natürlich das Rad. Es hat einen Mittelpunkt und Speichen, die strahlenförmig nach außen streben und im kreisförmigen eigentlichen Rad enden. Menschliche Gestalten, die höher stehen als die Ichpersönlichkeit, wie Eltern, Onkel, Könige und Königinnen, Prinzen und Prinzessinnen, sind ebenfalls mögliche Selbstbilder. Es gibt aber auch Tierbilder, die das Selbst repräsentieren: der Elefant, das Pferd, der Bulle, der Bär, der Fisch und die Schlange. Es sind Totemtiere, die den Clan oder das Volk verkörpern, dem man zugehört. Der Gemeinschaftsverband ist größer als die Ichpersönlichkeit.

Das Selbst kann ebenso in organischen Bildern wie Bäumen und Blumen oder in anorganischen Bildern wie Bergen und Seen auftauchen. Auch den Phallus erwähnt Jung als Selbstsymbol.

»In Fällen, wo eine Unterschätzung der Sexualität vorliegt, symbolisiert sich das Selbst als Phallus. Die Unterschätzung kann in einer gewöhnlichen Verdrängung oder in offensichtlicher Entwertung bestehen. Als letztere wirkt bei gewissen differenzierteren Menschen auch eine rein biologische Auffassung und Bewertung der Sexualität.«[15]

Jung gibt Freuds extrem realistischer Einstellung die Schuld an dessen Überbetonung der Sexualität. Er selbst sah sich nicht zuletzt durch Freuds Position veranlaßt, diesen Instinkt »mystisch« zu deuten.

Das Selbst enthält Gegensätze und

»hat (...) einen paradoxen, antinomischen (amoralischen) Charakter. Es ist männlich und weiblich, Greis und Kind, mächtig und hilflos, groß und klein (Jung hätte auch hinzufügen können: gut und böse) (...) Es ist nämlich ebensogut möglich, daß die scheinbare Paradoxie nichts weiter ist als eine Spiegelung der enantiodromischen Veränderungen der Bewußtseinseinstellung, die der Ganzheit bald günstig, bald ungünstig ist.«[16]

Mit anderen Worten, die Form, in der das Selbst repräsentiert ist, wird beeinflußt von der bewußten Einstellung der Person. Änderungen in dieser Einstellung können auch zu Verschiebungen im Erscheinungsbild des Selbstsymbols führen.

Bevor er zu einer Zusammenfassung seiner Sichtweise kommt, versucht Jung, diese Sicht noch anhand mehrere Diagramme des Selbst zu verdeutlichen. Die Diagramme in den Paragraphen 365, 374, 377, 390, 391 und 410 von *Aion* entstanden aus dem Bestreben, eine Fülle von Material zu bündeln und auf den Punkt zu bringen. Es sieht Jung eigentlich nicht ähnlich, sein Denken in Diagrammen aufzubereiten, doch an dieser Stelle geht es ihm um das Faßbar-Machen einer Ebene der Komplexität, die über normales menschliches Begreifen hinausgeht. Das erste Diagramm zeigt eine Art Querschnitt durch die Ebenen des Selbst.

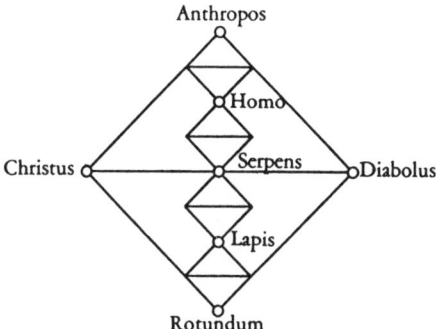

Jede Ebene besteht aus einer Quaternität, die jeweils die Vielschichtigkeit und Ganzheit auf der betreffenden Stufe versinnbildlicht. Das Bild aller vier Quaternitäten, die auf einem Kontinuum vom materiellen zum geistigen Pol aufsteigen, drückt vollständige Totalität und Ganzheit aus.

Was aus der einen Perspektive als Vierheiten erscheint, stellt sich aus einem anderen Blickwinkel als dreidimensionale, sechseckige Gebilde dar, die, aufeinander stehend, jeweils an den Spitzen miteinander verbunden sind.

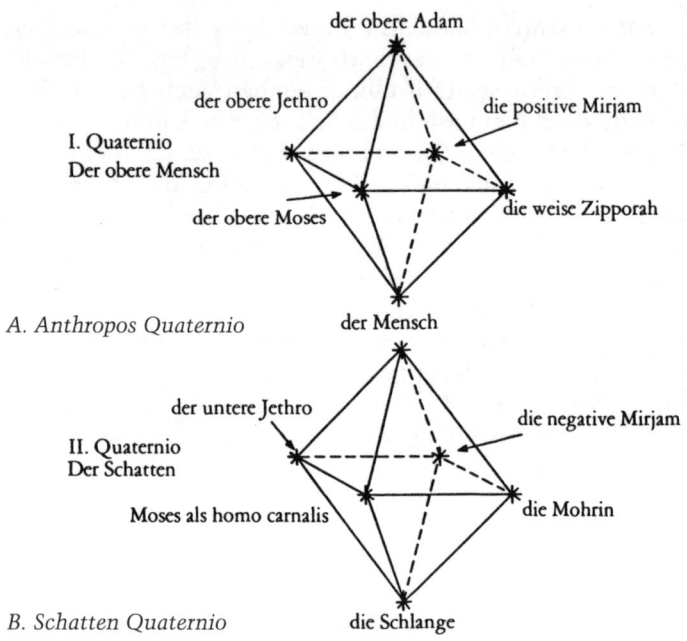

Das Gebilde der vier übereinander angeordneten Doppelpyramiden wird an einer Stelle durch eine Linie in zwei Hälften geteilt – die Christus-Diabolus-Linie. Über ihr befinden sich die Homo- und Anthroposquaternität, unter ihr die Lapis- und Rotundumquaternität. Der Kreis an der Homo-Position gibt die Lage des Ichbewußtseins an. Direkt darüber erhebt sich die Anthroposquaternität, der Ausdruck idealer Ganzheit auf der spirituellen Ebene. Diese Ganzheit ist symbolisiert durch die Idealgestalt des gnostischen Anthropos oder oberen Adam.

Nach Jung begann das gegenwärtige Zeitalter der letzten 2000 Jahre mit einer Betonung dieser spirituellen Quaternität. Der Mensch wurde als ein spirituelles Wesen nach dem Bild des christlichen, spirituellen Ideals betrachtet, das auf eine historische Gestalt projiziert wurde: Jesus von Nazareth. Die Metamorphose von Jesus in den Christus resultierte aus der menschlichen Projektion des eigenen spirituellen oberen (Anthropos) Selbst auf diese Gestalt.

Unter dem Homo-Kreis (Ichbewußtsein) befindet sich eine Quaternität, die den Schatten der darüberliegenden verkörpert. Sie ruht auf dem Kreis der Schlange. Dieses untere Selbst spiegelt das darüberliegende, obere Selbst, doch in dunkler Gestalt. Schattengestalten besetzen alle vier Punkte der Quaternität (der untere Jethro versus der obere Jethro usw.). Jung spricht in diesem Zusammenhang von der Schatten-Quaternität. Sie entspricht Punkt für Punkt der Anthropos-Quaternität und repräsentiert einen weniger idealisierten Ausdruck derselben Ganzheit. Vom Schatten verläuft die Linie weiter nach unten: vom Geist zum Instinkt und weiter zur Materie. Der Schlangenpunkt bezeichnet das Fundament des Schattens und verbindet ihn mit der materiellen Welt.

Der Schatten ist die minderwertige Persönlichkeit, deren unterste Ebenen nicht von der Instinktqualität der Tiere zu unterscheiden sind. Sie verbindet unsere ideale, spirituelle Ganzheit mit unserer biologischen Tiernatur. Eine Person, die vom Bewußtsein her nicht mit dieser Quaternität verbunden ist, lebt vom Kopf her, in einem Bereich intellektueller und geistiger Ideale, der wenig Bezug zum alltäglichen Leben oder zur biologischen Sphäre des Daseins hat. Eine Person, die primär mit und aus der Schattenquaternität lebt, ist wiederum in ihrem Bewußtsein mehr oder weniger auf die Ebene der animalischen Existenz beschränkt: auf das Überleben des einzelnen (Nahrung) und der Gattung (Sexualität). Sie befindet sich in einem Zustand geistiger und moralischer Unterentwicklung.

Die Schlange symbolisiert das Selbst in seiner stärksten und eklatantesten Paradoxie. Einerseits repräsentiert sie alles, was »schlangenhaft« an der menschlichen Natur ist: kaltblütige Überlebensinstinkte, Revierbehauptung, schiere Körperlichkeit. Andererseits symbolisiert sie die Weisheit des Körpers und der Instinkte – somatische Bewußtheit, Intuition »aus dem

Bauch heraus« und instinktives Wissen. Die Schlange ist schon von jeher ein paradoxes Symbol gewesen, das sowohl auf die Weisheit als auch auf das Böse (oder die Versuchung zum Bösen) weist. Deshalb symbolisiert die Schlange die extremste Spannung von Gegensätzen innerhalb des Selbst.

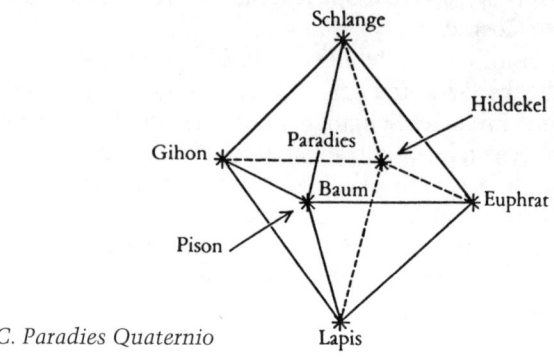

C. Paradies Quaternio

In seiner Fortsetzung nach unten repräsentiert der Paradies-Quaternio den Abstieg auf die Ebene organisch-materieller Vorgänge. Diese Ebene haben die Menschen nicht nur mit den Tieren, sondern auch mit den Pflanzen gemein. Diese Verwandtschaft liegt in der physikalischen Tatsache begründet, daß letztlich alles organische Leben um das Kohlenstoffatom und seine Eigenschaften organisiert ist. Die organische Chemie ist denn auch die wissenschaftliche Disziplin, die sich systematisch mit dieser Ebene des Daseins befaßt. Darunter liegt die Lapis-Quaternität, die absolute Basis des Seins. Auf dieser Ebene müssen die chemischen Elemente und Atomteilchen eine Art Einheit und Organisation bilden und eine so feste Verbindung miteinander eingehen, daß ein stabiles Gebilde entsteht. Es geht darum, ein physikalisches Gleichgewicht zu schaffen und aufrechtzuhalten, das für ein Leben auf der organischen, psychischen und spirituellen Ebene ausreicht.

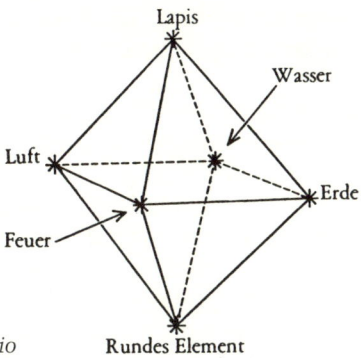

D. *Lapis Quaternio*   Rundes Element

Die unstete Ebene, die gleichsam das Fundament der Psyche und des organischen Körpers bildet, reicht über den anorganischen Bereich hinaus bis auf die molekulare Ebene. Auf der Ebene des Rotundum hat das Selbst die Stufe reiner Energie erreicht, die durch die Atomebene in und über die Subatomebene hinausragt. Das Rotundum ist nach Jung eine abstrakte, transzendente Idee, die Idee der Energie schlechthin.

Der Bereich der Psyche endet an der Christus-Diabolus-Linie, das heißt beim Schlangen-Quaternio. Diese Linie ist gleichbedeutend mit der psychoiden Grenze, an der die Psyche in Materie übergeht. Obwohl die Schlange in gewisser Hinsicht psychisch bzw. quasi-psychisch ist, repräsentiert sie als wechselwarmes Tier zugleich eine Energie, die sehr weit entfernt vom Ichbewußtsein und vom persönlichen Willen ist. Sie zeigt Bewegung und eine Art Bewußtsein, doch ein Bewußtsein, das nichts mit dem Ichbewußtsein zu tun hat. Die Schlange verkörpert das autonome Nervensystem. Auch der Körper besitzt Weisheit, doch seine Bewußtheit ist lediglich ein Aufflackern, das erst vom Ich entschlüsselt und gedeutet werden muß. Andererseits kann der Körper durchaus für manche Träume verantwortlich sein. Die Ambiguität der Schlange als Symbol kann entweder aus der ambivalenten Haltung des Ich ihr gegenüber erwachsen – weil wir der oberen Anthropos-Ebene verhaftet sind, unserem Ideal, und deshalb in Konflikt mit unseren Körperinstinkten geraten. Oder sie hat mit der Fähigkeit der Schlange zu tun, Angst vor dem Verlust des Kontakts zu den oberen Ebenen des Bewußtseins zu wecken, was zerstörerisch wäre. Die Ebene der Schlange ist daher mit der Schaffung von Bewußtsein verknüpft und repräsentiert so den Prozeß der Psychisierung.

Dringt man über die anorganische Ebene hinaus, so gelangt man in den Bereich reiner Energie, der auch in der modernen Physik entdeckt wurde. Man gelangt dorthin, indem man sich immer weiter in die Materie hineinbegibt, bis man schließlich an den Punkt kommt, an dem sie sich in reine Energie auflöst. Doch Energie ist ungreifbar. Letztlich ist sie eine Idee, eine Abstraktion, ein Konzept, das etwas beschreiben soll, das nicht unmittelbar beobachtet werden kann, aber anhand seiner Wirkungen meßbar ist. Psychische Energie ist für Jung, wie wir in Kapitel 3 gesehen haben, die Lebenskraft, die Vitalität, die wir in unsere Vorhaben investieren, das Interesse, das wir am Leben und an unseren Mitmenschen nehmen. Sie ist eine Kraft, mit der gerechnet werden muß, wie jeder, der einmal in einer klinischen Depression unter ihrer Abwesenheit gelitten hat, nur zu gut weiß. Diese Kraft kann Berge versetzen und ist doch zugleich nebulös und unergründlich. Der Abstieg durch die verschiedenen Schichten der Psyche, von der obersten Ebene des Gedankens, Ideals und Bildes über die Konkretheit der Ich-Existenz und die Wirklichkeit des Körpers in die chemische und molekulare Zusammensetzung unseres physikalischen Daseins führt schließlich zur reinen Energie und wieder zurück in den Bereich der Ideen, die Welt des *nous*, des Geistes. Damit berühren sich die Quaternitäten an den Polen ihrer größten Gegensätzlichkeit, in den Extremen von Geist und Materie. Jung bildete diese Einswerdung als dynamische Kreisbewegung ab:

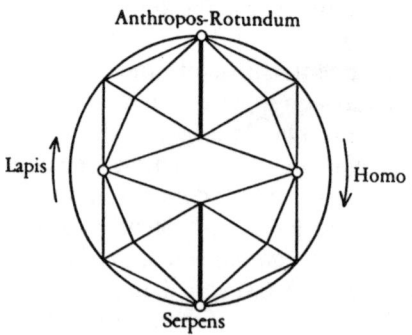

Die Pfeile deuten eine Kreisbewegung an, in der Anthropos und Rotundum wieder zusammentreffen.

Das Selbst als Mysterium der Psyche

Aus Jungs Schriften geht deutlich hervor, daß er Einheit und Totalität als die höchsten Werte schlechthin ansah und daß das Selbst sein persönlicher Mythos war. Es ist jedoch ein Mythos, den er empirisch und theoretisch zu verankern suchte. Bot doch die Theorie des Selbst – die Vorstellung, daß ein transzendentes Zentrum existiert, das die Psyche von außerhalb ihrer selbst steuert und in ihrer Gesamtheit faßt - die Möglichkeit, grundlegende psychische Phänomene zu erklären. Zu diesen Phänomenen gehören unter anderem das spontane Auftauchen von Kreisen oder Mandalas, die selbstregulierenden Mechanismen der Psyche im Zusammenhang der *Kompensation*, die progressive Entwicklung des Bewußtseins im Laufe des Lebens im Rahmen eines Prozesses, den Jung mit dem Begriff *Individuation* faßte, und die Existenz zahlreicher Polaritäten, die im psychischen Leben sichtbar werden, kohärente Strukturen bilden und Energie erzeugen. Jung ist von einigen konservativen Theologen vorgehalten worden, daß er das Selbst in einen Gottesbegriff verwandle und dann in dem Heiligtum anbete, das er selbst geschaffen habe. Er würde auf einen solchen Vorwurf wahrscheinlich entgegnen, daß er als Empiriker einfach nur Tatsachen beobachtete und versuchte, Erklärungen für ihr Vorhandensein und für ihre Beziehung zueinander zu finden. Für ihn bot das Konzept des Selbst die bestmögliche Erklärung für eines der zentralen Geheimnisse der Psyche – ihre scheinbar wunderbare Kreativität, ihre zentrierenden Kräfte und ihre tiefgreifenden Strukturen von Ordnung und Kohärenz.

Das psychische System besteht aus vielen Einzelteilen. Gedanken und archetypische Bilder stehen an dem einen Ende des Spektrums, Verkörperungen der Triebe und Instinkte am anderen. Dazwischen erhebt sich ein riesiger Berg persönlichen Materials aus vergessenen und abrufbaren Erinnerungen und sämtlichen Komplexen. Hinter diesem ganzen vielschichtigen System steht ein unsichtbarer Wirkfaktor, für den Jung den Begriff *Selbst* geprägt hat. Er schafft ein Gleichgewicht zwischen den zahlreichen anderen Faktoren und faßt sie zu einer funktionierenden Einheit zusammen. Das Selbst ist der Mittelpunkt, der die einzelnen Teile miteinander verbindet. Es tut dies jedoch aus einer beträchtlichen Entfernung, ähnlich wie die Sonne die Bahnen der Planeten beeinflußt. Seine Essenz liegt jenseits der Grenzen der Psyche. Es ist psychoid und ragt in Regionen jenseits menschlichen Erlebens und Wissens hinein. In diesem Sinne würde Jung sagen, daß das Selbst unendlich ist. Jedenfalls können wir nicht anhand empirischer Belege feststellen, wo seine äußerste Grenze verläuft. Bis dahin würde Jung gehen, wie er in seiner Autobiographie schreibt, und das ist auf jeden Fall ein ganz schönes Stück.

Anmerkungen

[1] Jung, *Erinnerungen, Träume, Gedanken*, S. 174-203.
[2] Ebd., S. 389.
[3] Ebd.
[4] Jungs Bericht über diesen bemerkenswerten Zwischenfall findet sich in *Erinnerungen, Träume, Gedanken*, S. 194-95.
[5] Ebd., S. 199.
[6] Ebd., S. 201/02
[7] Jung, Gesammelte Werke, Bd. 9/II, Par. 57-58.
[8] Ebd., Par. 59.
[9] Ebd.
[10] Ebd.
[11] Ebd., Par. 60.
[12] Ebd.
[13] Ebd., Par. 351-57.
[14] Ebd., Par. 351.
[15] Ebd., Par. 357.
[16] Ebd., Par. 355.

8. Das Auftauchen des Selbst
(Individuation)

Die wichtigsten Einträge auf Jungs Landkarte der Seele sind nun gemacht. Anhand von ihnen sind wir gerüstet, die psychologische Reiseroute zu verfolgen, die den Menschen im Laufe seines Lebens durch dieses Territorium führt. Ich habe das Thema psychologischer Entwicklung schon viele Male berührt. Jetzt, mit der gesamten Theorie im Hintergrund, ist es möglich, das Geschehen, für das Jung den Terminus *Individuationsprozeß* prägte, in seiner vollen Bedeutung zu erfassen. Menschen entwickeln sich in ihrem Leben auf vielfache Weise, und sie durchlaufen vielfältige Veränderungen auf den verschiedensten Ebenen. Die Gesamterfahrung der Ganzheit über ein ganzes Leben hinweg, das Auftauchen des Selbst in der psychischen Struktur und im Bewußtsein, wird bei Jung unter den Begriff *Individuation* gefaßt.

Jungs Konzept der Individuation beruht teilweise auf der alltäglichen Beobachtung, daß Menschen im Laufe der 70 oder 80 Jahre, die sie mittlerweile in der Regel in westlichen Gesellschaften leben, innerlich wachsen und sich entwickeln. Die postnatale Entwicklung mit ihrem Anfang im Säuglingsalter, auf das die Kindheit folgt. Danach tritt der junge Mensch in die Adoleszenz ein. Der Höhepunkt der *physischen* Entwicklung liegt gewöhnlich in der Zeitspanne zwischen der späten Adoleszenz und dem frühen Erwachsenenalter. Im Alter von 20 Jahren ist das physische Wachstum mehr oder weniger abgeschlossen. Der gesunde Körper steht auf der Höhe seiner Kraft und ist bereit zur biologischen Reproduktion und zur Bewältigung all der kleinen und großen Heldentaten des Sich-Mühens und Durchhaltens, die notwendig sind, um in der äußeren Welt zu bestehen. Körperlich ist der Mensch nun ausgereift, auch wenn Muskeln noch weiter aufgebaut und athletische Fertigkeiten verfeinert und trainiert werden können. Nach den Mittdreißigern macht sich der Abbau und Verfall der körperlichen Funktionen ganz allmählich bemerkbar. Man muß von nun an pfleglich mit dem eigenen Körper umgehen und darauf achten, ihn nicht zu sehr zu belasten, damit er nicht irreparablen Schaden nimmt. Mit dem Einsetzen des mittleren Lebensalters stellen sich physische Veränderungen und Entwicklungen ein, die häufig wenig willkommen sind und beträchtliche Ängste auslösen können. Falten und Fältchen, Hängebäuche und Hängebrüste, Schmerzen und Wehwehchen, sie alle sind tägliche Erinnerungen an die eigene Sterblichkeit. Auf das junge und das mittlere Erwachsenenalter folgt unweigerlich das Alter, das sehr lange dauern kann oder nur kurz. Man setzt seinen Beginn in den 70ern an. Im nächsten Jahrhundert wird es für die Menschen zweifellos die Norm werden, 100 oder sogar 120 Jahre zu leben. In dieser letzten Lebensspanne beschleunigt sich der körperliche Abbau. Der physische Leib wächst, reift, altert und verfällt im Laufe der Lebensspanne. Physisches Wachstum und Verfall werden sehr stark von genetischen Programmierungen bestimmt, die in Jungs Theorie der Psyche mit archetypischen Mustern unterlegt sind. Jede Lebensstufe wird begleitet und gestützt von einem Bestand archetypischer Bilder, die bestimmte psychische Einstellungen, Verhaltensweisen und Motive auslösen.

Das Kleinkind zum Beispiel kommt gleich mit der Fähigkeit auf die Welt, seine Rolle zu spielen und entsprechende mütterliche Einstellungen und Verhaltensweisen bei seiner Bezugsperson zu aktivieren, indem es gurrt, lächelt, saugt und ganz einfach niedlich ist. Die Mutter ist ebenso bereit, die Rolle der Fürsorgerin und Ernährerin ihres Kindes zu übernehmen. Die Mutter-Kind-Dyade stellt ein archetypisches Muster der menschlichen Phantasie und zwischenmenschlichen Interaktion dar, das so alt ist wie die Menschheit und einen hohen Wert für das Überleben hat. So ist jedes Stadium des Lebens von ganz bestimmten Konstellationen aus Instinkt und Archetyp begleitet, die der betreffenden Phase angemessene Verhaltens-, Gefühls- und Denkmuster hervorbringen.

Der psychische Lebenslauf

Jung war der erste Theoretiker, der sich mit der später so große Bedeutung gewinnenden Psychologie der Lebensspanne auseinandersetzte. Im Gegensatz zu all denen, die annehmen, daß die entscheidenden Ereignisse der psychischen und charakterlichen Entwicklung ins Säuglingsalter und die frühe Kindheit fallen und daß danach kaum noch Bedeutsames geschieht, betrachtete Jung die Entwicklung als einen fortlaufenden Prozeß und sah in der Möglichkeit zu psychischer Weiterentwicklung ein Potential, das Menschen aller Altersstufen offensteht, auch im mittleren und höheren Lebensalter. Das heißt nicht, daß er der Entwicklung in der Kindheit ihre Bedeutung absprach. Auch vererbten Zügen und Tendenzen der Persönlichkeit widmete er große Aufmerksamkeit. Doch es bedarf eines ganzen Lebens, bis sich eine Persönlichkeit zu ihrem vollen Ausdruck entfalten kann.

Das Selbst taucht Schritt für Schritt im Durchlaufen verschiedener Entwicklungsstufen auf, die Jung und andere Theoretiker wie Erik H. Erikson beschrieben haben.

Für Jung folgt die psychische Entwicklung bis zu einem bestimmten Punkt der physischen. Sie läßt sich in die erste und zweite Lebenshälfte unterteilen. In einem kurzen, aber wichtigen Artikel mit der Überschrift *Die Lebenswende* beschreibt er diese Entwicklungsbahn mit dem Bild der Sonne, die am Morgen aufgeht, um die Mittagszeit am höchsten steht und am Nachmittag langsam sinkt, um schließlich am Abend unterzugehen.[1] Das entspricht mehr oder weniger dem physischen Entwicklungsmuster. Jung fügt jedoch hinzu, daß es im psychischen Bereich wichtige Abweichungen von dieser Laufbahn gibt, vor allem im Blick auf die zweite Lebenshälfte. Am Anfang, wenn das Kind aus den Wassern des Unbewußten auftaucht, zeichnet sich langsam die Morgendämmerung des Bewußtseins ab. Sein Wachstum, seine Erweiterung und zunehmende Komplexität und Macht fallen mit dem Wachstum und der Entwicklung des Körpers zusammen, in dem es wohnt. Während der Körper wächst und das Hirn reift und die Lernfähigkeit sich entwickelt und erweitert, entwickelt auch das Ich seine Stärke und seine Fähigkeiten. Ein erster Schritt ist die Unterscheidung zwischen dem eigenen Körper und den Objekten der umgebenden Welt. Sie verläuft parallel zur Loslösung von der unbewußten inneren Matrix. Die Welt wird realer und konkreter und ist nicht länger nur Projektionswand. Unterteilungen werden vollzogen und beobachtet. Die Person entwickelt die Fähigkeit, als getrennte, eigenständige Entität zu funktionieren. Sie beginnt, als Individuum zu agieren, und ist in der Lage, sich und ihre Umwelt in einem angemessenen Maß zu kontrollieren und ihre Affekte und den Gedankenfluß so zu steuern, wie es den sozialen Anforderungen entspricht. Das Ich lernt ganz natürlich und spontan, seine Umwelt für sein individuelles Überleben in der es umgebenden Kultur zu manipulieren und persönlichen Nutzen aus ihr zu ziehen. Es entwickelt eine Persona. Das Ich des gesunden Kindes und des gesunden jungen Menschen ist nach Kräften beschäftigt, seine eigene Welt zu bauen, so wie es ihm von den Umständen seiner Geburt her möglich ist. Anpassung findet statt, zunächst auf archetypische Bilder wie die Mutter-Kind-Einheit gestützt, später dann von Bildern der heroischen Loslösung und des heroischen Kampfes begleitet, immer bezogen auf die jeweiligen Lebensumstände des jungen Menschen. Am Ende sind die Menschen, wenn alles gut geht, fähig, sich von ihrer Abhängigkeit gegenüber ihrer Herkunftsfamilie freizumachen. Sie sind imstande, sich biologisch zu reproduzieren und ihre Kinder in einer von ihnen geschaffenen, geborgenen Umwelt aufzuziehen. Und sie sind in der Lage, in der Erwachsenenwelt der Gesellschaft, in der sie leben, eine Rolle zu spielen. Innerlich kommt es zur Ausbildung einer Ichstruktur und einer Persona, die von archetypischen Potentialen und typologischen Ausrichtungen bestimmt sind. Das Hauptentwicklungsziel in der ersten Lebenshälfte ist die Ausbildung eines Ich und einer Persona zum Zwecke individueller Lebensfähigkeit, kultureller Anpassung und erwachsener Verantwortlichkeit für die Aufzucht von Kindern.

Wie dieses Ziel erreicht wird und wie es konkret aussieht, hängt in hohem Maße von der Familie, der sozialen Schicht, der Kultur und der Zeit, in die eine Person hineingeboren wird, ab. Diese Faktoren beeinflussen zu einem großen Teil die Aspekte, in denen sich die Entwicklung von Männern und Frauen, von Reichen und Armen, von östlichen und westlichen Individuen voneinander unterscheidet. Dieselben Faktoren bestimmen auch bis zu einem gewissen Grad den Zeitpunkt von Rollenübernahmen und Verantwortlichkeiten. Universal und damit archetypisch ist dagegen, daß jede Kultur von jungen Menschen die Entwicklung des Ich und Anpassung erwartet und fordert. In allen Kulturen wird das Bild des Helden und der

Heldin als Ideal hochgehalten. Der Held ist das Idealbild der Entwicklung des Ich, das Männer anstreben und bewundern sollen. Die Heldin verkörpert dasselbe Muster für die Frauen. In manchen Gesellschaften sind Ich- und Persona-Entwicklung in allen praktischen Bereichen mit der Adoleszenz abgeschlossen. In anderen (wie den modernen Gesellschaften mit ihren scheinbar endlosen Ausbildungsanforderungen) ist diese Entwicklung möglicherweise allenfalls mit Beginn des mittleren Lebensalters vollendet.

Individuation

Jung verwendete den Begriff *Individuation* für die psychische Entwicklung, die er als das Werden einer geeinten und zugleich einzigartigen Persönlichkeit definiert – das Werden des Individuums, der ungeteilten und integrierten Person. Zur Individuation gehört mehr als die Bildung von Ich und Persona, die idealerweise in der ersten Lebenshälfte erreicht wird. Vielmehr beginnt sich mit Erreichen dieses Ziels eine neue Aufgabe abzuzeichnen, hat die ideale Entwicklung von Ich und Persona doch einen Großteil psychischen Materials aus dem Bewußtsein ausgeklammert. Der Schatten ist nicht integriert worden, Anima und Animus bleiben im Unbewußten, und obwohl es hinter der Bühne tätig war, war doch kaum ein unmittelbarer Blick auf das Selbst zu erhaschen. Jetzt aber stellt sich die Frage: Wie kann eine Person psychische Einheit im weiteren Sinn erlangen, eine Einheit, in der die bewußten und unbewußten Aspekte der Persönlichkeit vereint werden? Es ist möglich, das Ziel der Individuation zu verfehlen; man kann geteilt bleiben, unintegriert, innerlich vielfältig bis ins hohe Alter und dennoch als ein Mensch gelten, der ein unter sozialen und kollektiven Aspekten erfolgreiches, wenn auch oberflächliches Leben gelebt hat. Tiefe innere Einheit auf einer bewußten Ebene ist in der Tat eine seltene Errungenschaft, obwohl sie ganz zweifellos von einem starken, angeborenen Impuls unterstützt wird: Jung spricht von einem Individuationstrieb, der sich nicht als biologischer, sondern in erster Linie als psychologischer Imperativ bemerkbar macht. Sein Wirkungsmechanismus soll im folgenden erklärt werden.

Zuvor möchte ich jedoch all jenen Lesern, die Jung mit anderen psychologischen Theoretikern vergleichen möchten, ans Herz legen, Jungs Konzept der Individuation auf keinen Fall mit Vorstellungen zu vermischen, die in anderen psychologischen Theorien unter demselben Namen laufen. Das Gleiche gilt für Jungs Begriff des Selbst, der nichts mit dem »Selbst« anderer Autoren zu tun hat. In Margaret Mahlers Werk wird zum Beispiel ein Prozeß beschrieben, den sie als »Loslösung/Individuation« bezeichnet. Im Alter von zwei Jahren löst sich das Kind zum ersten Mal von seiner Mutter, indem es »Nein« sagt. Diese Loslösung, die in die natürliche Entwicklung des psychischen Individuums eingebettet ist, tritt spontan auf und fördert die Ichentwicklung. Sie hat eine archetypische Grundlage und kann mit einem ersten Auftauchen und der ersten Annäherung an das archetypische Muster des Helden in Verbindung gebracht werden. Für Jung wäre dies ein Aspekt der lebenslangen Individuation, wenn auch nur ein Teilaspekt. Das Ziel dieser Loslösungsbewegung ist die Schaffung einer neuen psychischen Situation, die eine weitere, schrittweise Bewußtwerdung ermöglicht und am Ende in die Integration und Einung der Persönlichkeit als Ganzes münden kann. Für Mahler ist die »Loslösung/Individuation« nur eine Wegstation. Für Jung dagegen ist Individuation das Ziel schlechthin.

Der psychische Mechanismus, der die Individuation in der ersten wie in der zweiten Lebenshälfte vorantreibt, wird von Jung als *Kompensation* bezeichnet. Die Beziehung zwischen Bewußtem und Unbewußten ist grundsätzlich kompensatorischer Art. Das Wachstum des Ich aus dem Unbewußten – angetrieben von einem starken Instinkt, sich von der umgebenden Welt zu lösen, um sich besser an sie anpassen zu können – führt zu einer Scheidung des Ichbewußtseins von der unbewußten Matrix, aus der es kommt. Das Ich hat nun die Tendenz, sich einseitig und übertrieben nur auf sich selbst zu stützen. Diese Neigung beruht, wie wir gesehen haben, auf dem archetypischen Muster des Helden. Kommt es zu dieser Einseitigkeit, so beginnt das Unbewußte entsprechend zu kompensieren. Klassischerweise vollzieht sich Kompensation in Träumen. Die Funktion der Kompensation ist es, ein Gleichgewicht im psychischen System herzustellen. Das Auftauchen entsprechender Kompensationen ist dabei zeitlich genau auf das bewußte Geschehen abgestimmt, das heißt auf die einseitigen Einstellungen und Entwicklungen des Ichbewußtseins. Im Laufe der Zeit summieren sich die vielen kleinen täglichen Kompensationsakte zu Mustern, und diese Muster legen den Grund für die Entwicklungsspirale hin zur Ganzheit, die Jung als Individuation bezeichnet. Besonders deutlich findet Jung diesen Vorgang in langen Traumserien ausgeprägt.

»Bei tieferer Einsicht und Erfahrung dagegen ordnen sich diese anscheinend einmaligen Kompensationsakte einer Art von Plan ein. Sie scheinen unter sich zusammenzuhängen und in tieferem Sinne einem gemeinsamen Ziel untergeordnet zu sein (...) Ich haben diese in der Symbolik langer Traumserien sich spontan ausdrückenden unbewußten Vorgang als *Individuationsprozeß* bezeichnet.«[2]

Man kann diese Regel auch auf die psychische Entwicklung im allgemeinen anwenden. Das Unbewußte kompensiert das Ichbewußtsein während des ganzen Lebens auf vielfache Weise – durch Versprecher, Vergeßlichkeit oder spontane Eingebungen; durch das Arrangieren von Zufällen, Katastrophen, Liebesaffären und unverhofften Glücksfällen; aber auch durch Inspirationen und Einfälle, die unheilbringend sind. Die treibende Kraft der lebenslangen Entfaltung, die Jung als Individuation bezeichnet, ist das Selbst, und der Mechanismus, durch den es in das bewußte Leben des Individuums einbricht, ist die Kompensation. Das gilt gleichermaßen für die erste wie für die zweite Lebenshälfte.

Allerdings zeichnet sich die zweite Lebenshälfte durch eine andere Art von Bewegung aus, die sich aus der Entwicklung in der ersten ergibt. In dieser zweiten Phase der Individuation liegt die Betonung nicht mehr auf der Loslösung des Ich von seinem Hintergrund und von seinen Identifikationen mit dem Milieu, sondern stärker auf der Einung der ganzen Persönlichkeit. Jung sprach manchmal von der »Rückkehr zu den Müttern«, eine Metapher dafür, daß es keinen Sinn hat, die alten Ziele weiterzuverfolgen, wenn die Ichentwicklung in der Lebensmitte ihren Höhepunkt erreicht hat. Tatsächlich werden einige der bereits erreichten Ziele nun sogar als letzte Werte in Frage gestellt. Das führt zu einer Neueinschätzung des Erreichten und einer Neubewertung dessen, was künftig bedeutsam wird.[3] Zum Leben gehört offensichtlich mehr, als mit einem soliden und wohlstrukturierten Ich und einer ebensolchen Persona ausgetattet seinen Weg in der Welt zu machen. Die Stimmung des Menschen in der Lebensmitte läßt sich mit der Formulierung umschreiben: »Schon überall gewesen, alles erreicht.« Was nun? Der Sinn liegt anderswo, und die psychische Energie ändert folgerichtig ihren Lauf. Jetzt wird es zur Aufgabe, das Ich mit dem Unbewußten zu vereinen, das das ungelebte Leben und die unverwirklichten Potentiale der Person enthält. Diese Entwicklung in der zweiten Lebenshälfte entspricht der klassischen jungianischen Auffassung von Individuation – zu werden, was man potentiell schon ist, nun aber tiefer und bewußter wird. Dieser Prozeß erfordert die befähigende Macht von Symbolen, Inhalte des Unbewußten, die dem Blick bisher verborgen waren, zutage zu fördern und zugänglich zu machen. Das Ich ist nicht in der Lage, diese umfassende Einung der Persönlichkeit aus eigener Kraft zu leisten. Es braucht einen Engel, der ihm hilft.

Nach seinem Bruch mit Freud verwendete Jung nicht mehr viel Zeit auf die Auseinandersetzung mit den Themen, die die erste Lebenshälfte bestimmen. Ihn interessierten hauptsächlich Menschen wie jene 53jährige Frau, die in der Schrift *Zur Empirie des Individuationsprozesses*[4] beschrieben wird. Die meisten seiner Patienten waren Erwachsene dieses Typs: nicht ernsthaft psychisch krank, nicht so leidend, daß sie in eine Klinik eingewiesen oder medizinisch behandelt werden mußten und nicht mehr am Anfang ihres Lebens stehend. Diese Menschen kamen zu Jung, um sich bei ihm Erkenntnis und Weisung für ihre weitere innere Entwicklung zu holen. Einige von ihnen waren zweifellos neurotisch und brauchten psychologische Hilfe, aber es waren keine typischen psychiatrischen Patienten. Jung zog es vor, mit Menschen zu arbeiten, die die Ausbildung des Ich und die Jahre der Familiengründung hinter sich hatten und bei denen die Entwicklungen der ersten Lebenshälfte bereits abgeschlossen waren. Ihnen bot sich nun die Möglichkeit, in die zweite große Phase des Individuationsprozesses einzutreten, in der das Selbst deutlicher hervortritt. Die Methoden, die Jung einsetzte, um sie bei dieser komplexen Aufgabe zu unterstützten, wurden unter dem Begriff *Jungianische Analyse* zusammengefaßt.

In gewisser Weise sind psychische Veränderungen und Entwicklungen im Erwachsenenalter und höheren Lebensalter subtiler als die Entwicklung in der ersten Lebenshälfte. Man muß zum Teil äußerst sorgfältig und eingehend beobachten, um sie überhaupt wahrzunehmen. Manchmal gibt es auch nicht viel zu beobachten, weil die Entwicklung so minimal ist. Der Vater meines besten Kindheitsfreundes war zum Beispiel mit 89, in den 30 Jahren, seit ich ihn zum letzten Mal gesehen hatte, deutlich gealtert. Er näherte sich eindeutig dem Ende seines Lebens. Und doch, obwohl sein Körper sich stark verändert hatte, hatten sich seine Persona, sein Sinn für Humor, seine Persönlichkeit scheinbar gar nicht so sehr verändert, und in dieser Hinsicht war er mir so vertraut wie eh und je. Als ich ihn nach so vielen Jahren wiedersah, erkannte ich ihn sofort. Für mich war seine Persönlichkeit, soweit ich sie sehen und spüren konnte, rundum intakt und gleich geblieben. Seine Energie mochte zwar geringer sein als damals, aber er war immer noch imstande, ein lebhaftes Gespräch über die neuesten Modelle seiner Lieblingsautomarke zu führen. Er blieb mehr oder weniger dieselbe Person, die er immer gewesen war, obwohl sein Körper geschrumpft und schwächer war.

Hatte in seiner Psyche im Laufe seines Erwachsenenlebens nach dem 50. Lebensjahr noch irgendeine Entwicklung stattgefunden? Hatten sich seine Einstellungen gewandelt? Wie gut kannte ich ihn überhaupt? Ich kannte ihn als Kind und dann nicht mehr, also hatte ich nur den Eindruck eines Kindes von ihm. Ich kannte seine Persona, aber das war auch alles. Allem Anschein nach war seine Persona intakt geblieben, doch wie wir wissen, gehört sehr viel mehr zur Psyche als die Persona. Und doch, wenn die Persona sich nicht verändert, ist dann überhaupt eine tiefere Veränderung denkbar? Ist sie vielleicht so subtil, daß wir sie ohne tiefschürfende, auf den Grund gehende Befragung gar nicht wahrnehmen können? Vielleicht hatte sich sein Bewußtsein dramatisch über das Stadium hinaus entwickelt, auf dem es gewesen war, als ich ihn vor so langer Zeit gekannt hatte, aber ich konnte es nicht erkennen. Jung widersprach dem Gedanken, daß der psychische Vektor mit dem physischen identisch sei, der im höheren Lebensalter meistens nur nach unten weist. Gibt es psychische Kompensationen, die den physischen Verfall überwiegen und ein anderes Muster zeigen?

Die fünf Stufen des Bewußtseins

Jung hat uns eine Art Richtschnur an die Hand gegeben, anhand derer wir die Frage nach der Bewußtseinsentwicklung in der zweiten Lebenshälfte beleuchten können. Er beschrieb fünf Stufen der Bewußtseinsentwicklung[5], die ich im folgenden zusammenfassen und etwas ergänzen möchte. Sein Stufenmodell läßt sich als Maßstab zur Einschätzung der Bewußtseinsentwicklung bei Kindern ebenso wie bei Erwachsenen im mittleren und höheren Lebensalter anwenden.

Die erste Stufe der Bewußtseinsentwicklung ist von einer *participation mystique* gekennzeichnet, ein Begriff, den Jung bei dem französischen Anthropologen Lévy-Bruhl entlehnte. Mit participation mystique ist die Verschmelzung des Bewußtseins eines Individuums mit der umgebenden Welt ohne Wahrnehmung dieses Zustands gemeint. Das Bewußtsein und das Objekt, mit dem man sich identifiziert, sind auf geheimnisvolle Weise dasselbe. Es fehlt das Gewahrwerden eines Unterschieds zwischen dem Individuum und seinen Wahrnehmungen auf der einen Seite und dem fraglichen Objekt auf der anderen. Bis zu einem gewissen Grad verharren die Menschen ihr ganzes Leben lang im Zustand der participation mystique. Viele Leute identifizieren sich zum Beispiel auf diese Weise mit ihrem Auto. Sie spüren sich selbst über ihren Wagen – wenn das Auto ein Problem entwickelt, fühlt sich der Besitzer schlecht, bekommt eine Erkältung oder Bauchschmerzen. Unbewußt sind wir mit der Welt um uns herum verbunden. Das bezeichnete Jung als participation mystique.

Die meisten von uns sind, zumindest zu Beginn ihres Lebens, über eine participation mystique, die auf Identifikation, Introjektion und Projektion beruht, mit ihrer Familie verbunden. Alle genannten Begriffe beschreiben im Grunde dasselbe: eine Verschmelzung von inneren und äußeren Inhalten. Das Kleinkind ist zunächst buchstäblich nicht in der Lage zu unterscheiden, wo es selbst aufhört und die Mutter anfängt. Seine Welt ist eine in höchstem Maße einheitliche Welt. In diesem Sinne antizipiert die erste Stufe des Bewußtseins die letzte: die letzte Vereinigung der Teile zu einem Ganzen. Am Anfang ist es jedoch eine unbewußte Ganzheit, während am Ende das Gefühl der Ganzheit bewußt ist.

Auf der zweiten Bewußtseinsstufe werden die Projektionen stärker lokalisiert. Nach den Versuchs- und Irrtums-Projektionen auf der ersten Stufe beginnen sich bestimmte Unterscheidungen zwischen dem Selbst und dem anderen im Bewußtsein abzuzeichnen. Das Kind wird gewahr, daß sein eigenes physisches Sein an bestimmten Stellen mit äußeren Objekten in Reibung gerät. Es beginnt, nach Dingen Ausschau zu halten und Unterschiede zwischen sich selbst und anderen wie auch zwischen den Objekten in der Welt um es herum zu erkennen. Allmählich wird diese Differenzierung zwischen sich selbst und dem anderen, zwischen Innen und Außen, erweitert und verfeinert. Ist eine gute Subjekt-/Objektdifferenzierung gegeben, ist man selbst und das andere eindeutig unterschieden, so verändern sich Projektion und participation mystique. Das heißt nicht, daß die Projektion damit überwunden ist, sondern nur, daß sie stärker lokalisiert wurde und sich nun auf einige wenige Objekte richtet, statt auf die gesamte Welt.

Manche Objekte in der Welt sind nun wichtiger und interessanter als andere, weil sie Projektionen tragen und Gegenstand libidinöser Bemühungen sind. Die Mutter, das Lieblingsspielzeug, helle, bewegliche Objekte, Haustiere, der Vater, andere Menschen werden zu etwas Besonderem, werden gezielt aufgesucht und unterschieden. Während die Bewußtseinsentwicklung voranschreitet, kommt es also zu einer Differenzierung, in deren Folge sich die Projektion auf spezifische Gegenstände richtet. Da Projektionen sich in der Regel an Unbekanntes heften, bietet die Welt eine Vielzahl von Möglichkeiten, den Vorgang der Projektion ein ganzes Leben lang beizubehalten.

Die wichtigsten ersten Projektionsträger sind die Eltern. Das Kind projiziert unbewußt Allmacht und Allwissenheit auf sie. Jung spricht hier von archetypischen Projektionen. Die Eltern werden zu Göttern, mit Kräften ausgestattet, die die Menschen dem Göttlichen zugeschrieben haben. »Mein Vater kann alles. Er ist der Stärkste auf der ganzen Welt.« – »Mutter weiß alles. Sie kann Wunder vollbringen. Und sie liebt mich bedingungslos.« Die schockierende Erkenntnis, daß die eigenen Eltern nicht alles wissen und alles andere als gottähnlich sind, stellt sich gewöhnlich in der Teenagerzeit ein – eine Zeitlang wissen die Eltern nun überhaupt nichts mehr. (Eine andere Art der Projektion). Auch Geschwister sind Ziele von Projektionen. Das liegt der ganzen Problematik der Geschwisterrivalität und einer auf Konkurrenz gerichteten, manchmal verderblichen Familiendynamik zugrunde. Viele Projektionen richten sich auch auf die Lehrer und die Schule selbst.

Auf der zweiten Stufe des Bewußtseins werden viele Gestalten in unserer Umgebung zu Projektionsträgern. Bestimmte Menschen und Institutionen erhalten dadurch die Macht, unser Bewußtsein sehr stark zu formen und mit ihrem Wissen und ihren Meinungen zu füllen, so daß allmählich unsere persönliche Erfahrung durch kollektive Anschauungen, Sichtweisen und Werte ersetzt wird. Das ist der Prozeß der Enkulturation und Adaptation, der in der Kindheit und Adoleszenz stattfindet.

Verliebtheit und Heirat basieren typischerweise auf massiven Anima- und Animusprojektionen. Das wiederum führt unmittelbar dazu, daß Kinder in die Welt gesetzt und aufgezogen werden, wobei die Kinder für die Eltern zu Trägern von Projektionen des göttlichen Kindes werden. Wie das erste Stadium des Bewußtseins ist auch das zweite eine Phase, die niemand völlig hinter sich läßt.

Solange man fähig ist, sich bezaubern zu lassen, den Hauch von Abenteuer und Romantik zu spüren, alles für eine starke Überzeugung zu riskieren, agiert man weiterhin aus der Projektion auf konkrete Objekte in der Welt. Für viele Menschen endet die Entwicklung des Bewußtseins auf dieser Stufe. Sie projizieren weiterhin positive und negative Merkmale der Psyche auf die Welt um sie herum und reagieren auf die Bilder und Kräfte der Psyche, als ob sie in äußeren Objekten und Personen lokalisiert wären.

Wenn die Bewußtseinsentwicklung weitergeht – Ausgangspunkt ist häufig eine neue Phase kognitiver Entwicklung, die das Individuum in die Lage versetzt, eine Abstraktionsebene zu erreichen, die relativ frei von der Verhaftung im Konkreten ist – dann wird man plötzlich gewahr, daß einzelne Projektionsträger nicht mit den Projektionen identisch sind, die sie tragen. Die Personen, die mit diesen Projektionen belegt wurden, können hinter den Projektionen hervortreten – als Folge werden sie häufig entidealisiert. Auf dieser Stufe verliert die Welt viel von ihrer naiven Bezauberung. Die projizierten psychischen Inhalte werden abstrakt und manifestieren sich nun als Symbole und Ideologien. Allwissenheit und Allmacht sind menschlichen Wesen nicht länger gegeben. Solche Qualitäten werden auf abstrakte Wesenheiten wie Gott, Schicksal und Wahrheit projiziert. Philosophie und Theologie werden möglich. Höhere Werte gewinnen die numinose Kraft, die einst Eltern und Lehrern zugeschrieben wurde. Das Gesetz oder die Offenbarung oder die Lehre wird mit archetypischen Projektionen ausgestattet, während die konkrete Alltagswelt relativ projektionsfrei ist und das Individuum auf einer neutralen Ebene mit ihr interagieren kann. Je nachdem, wie weit diese Bewußtseinsstufe erreicht wird, wird die Person weniger anfällig für Ängste vor bösen Feinden und Mächten. Man braucht die Vergeltung menschlicher Feinde nicht zu fürchten, weil Gott am Regiment ist. Oder aber man gelangt zu der Überzeugung, die Welt sei auf rationale Weise manipulier- und kontrollierbar, weil sie den Gesetzen der Natur gehorcht und frei von Geistern und Dämonen ist, die vielleicht etwas gegen den Bau einer Straße hier oder einer Wohnsiedlung dort haben könnten. Man begegnet sich nicht mehr ständig selbst, indem man den Schmerz, den man dem Objekt zufügt, umittelbar an sich selbst spürt.

Die spontane, empathische Reaktion auf das Leiden der Kreatur in der Welt und auf die Zerstörung der natürlichen Welt ist beträchtlich herabgesetzt, wenn die Selbst/Objekt-Dichotomie diesen Punkt erreicht hat. Vielen erscheint das nicht unbedingt als ein Fortschritt, sondern eher als ein Abstumpfen des Bewußtseins. Man muß sich jedoch klarmachen, daß die emotionalen Reaktionen der Empathie, wie sie sich auf den früheren Entwicklungsstufen manifestieren, weitgehend auf Projektion basieren und wenig mit einer objektiven Einschätzung dessen, was dem Objekt widerfährt, zu tun haben. Wenn die Projektionen von den konkreten Objekten in der Welt abgezogen werden, bieten visionäre Politiker und charismatische Ideologen entsprechende Abstraktionen in Gestalt von Ideen, Werten oder Ideologien. Sie arbeiten dabei wieder mit Projektionen. Nur gelten diese Projektionen nun gedanklichen Konstrukten, die festschreiben, was nach Ansicht ihrer Verfechter von höchstem Wert und das größte Gut ist. Auf der Grundlage dieser Werte können Imperative entwickelt werden, die an der Stelle der natürlichen, spontanen und emotionalen Beziehung treten, in der weniger bewußte Menschen mit der Welt verbunden sind. Statt unbewußter Empathie, basierend auf participation mystique oder Projektion, besitzt man nun Regeln, die Pflichten diktieren. Man verhält sich zum Beispiel ökologisch richtig, nicht aus dem Bauch heraus, sondern aus Pflichtgefühl, nicht, weil einen die Zerstörung der natürlichen Umwelt schmerzt, sondern auf Grund des moralischen Imperativs, Müll zu sortieren und weniger Brennstoff zu verbrauchen.

Auf dieser dritten Bewußtseinsstufe – die der Vater meines Freundes meiner Ansicht nach erreichte, denn er war ein religiöser Mensch im traditionellen Sinne – finden sich immer noch Projektionen von unbewußtem Material. Doch es wird weniger auf Personen und Dinge als auf Prinzipien, Symbole und Lehren projiziert. Natürlich werden auch diese Projektionen immer noch als »real« in einem fast konkreten Sinne betrachtet. Gott existiert wirklich irgendwo, er oder sie ist eine Person usw. Solange man glaubt, daß ein tatsächlicher Gott einen im Jenseits bestrafen oder belohnen wird, deutet dies auf ein Bewußtsein der Stufe drei. Die Projektion ist einfach von einem menschlichen Elternteil auf eine abstraktere mythologische Instanz übertragen worden.

Die vierte Stufe schließlich bringt die radikale Austilgung jeglicher Projektion, selbst in Form theologischer und ideologischer Abstraktionen. An ihrem Ende steht letztlich die Leere, die Jung in der Moderne verkörpert sah. Sie ist das *Seelenproblem* des modernen Menschen.[6] Das Empfinden einer Seele, eines Sinns oder Ziels im Leben, der Glaube an die Unsterblichkeit, den göttlichen Ursprung des Menschen, den »inneren Gott«, wird nun durch utilitaristische und pragmatische Werte ersetzt. »Funktioniert es?« wird zur Hauptfrage. Die Menschen gelangen dahin, sich selbst als Rädchen in einer riesigen sozio-ökonomischen Maschine zu betrachten, ihre Erwartungen von »Sinn« werden auf Häppchengröße zusammengestutzt. Man begnügt sich mit glücklichen Augenblicken und mit der Befriedigung erfüllbarer Wünsche oder man wird depressiv. Der Himmel ist nicht länger von Göttern bevölkert, die Dämonen sind als psychische Symptome und Störungen des biochemischen Gleichgewichts im Gehirn enttarnt worden. Die Welt ist sämtlicher projizierter psychischer Inhalte entkleidet, es gibt keine Helden mehr und auch keine Bösewichte, die Menschen werden nüchtern und realistisch. Prinzipien haben nur relative Gültigkeit, Werte gelten als Ableitungen von kulturellen Normen und Erwartungen. Alles Kulturelle erscheint künstlich und ohne inhärente Bedeutung. Natur und Geschichte werden als Zufallsprodukt und Spielball unpersönlicher Kräfte gesehen. Damit sind wir bei der Grundeinstellung und Stimmungslage des modernen Menschen: säkular, atheistisch, eventuell leicht humanistisch. Die Werte des modernen Menschen scheinen eingegrenzt von Vorbehalten, Bedingungen und Zweifeln. Der moderne Standpunkt ist zutiefst relativistisch.

Auf dieser vierten Bewußtseinsstufe *scheint* es, als seien alle psychischen Projektionen vollkommen verschwunden. Jung macht jedoch deutlich, daß dieser Schein trügt. In Wirklichkeit ist das Ich selbst mit all den Inhalten ausgestattet worden, die zuvor auf andere Personen, Objekte und Abstraktionen projiziert wurden. Das Ich des modernen Menschen ist deshalb extrem aufgebläht und nimmt insgeheim den Rang Gottes des Allmächtigen ein. Das Ich – nicht Gesetze oder Lehren – wird nun Träger von Projektionen, im Guten wie im Bösen. Das Ich wird zum alleinigen Richter über richtig und falsch, Wahrheit und Irrtum, Schönheit und Häßlichkeit. Es gibt keine Autorität außerhalb des Ich. Sinn muß vom Ich geschaffen, er kann nirgendwo sonst gefunden werden. Gott ist nicht mehr »da draußen«, er ist ich. So erscheint der moderne Mensch vernünftig und mit beiden Beinen auf dem Boden stehend und ist in Wirklichkeit wahnsinnig. Doch dieser Wahnsinn ist verborgener Natur, eine Art Geheimnis, das dem Betroffenen selbst verschlossen bleibt.

Jung hielt diese vierte Stufe für einen äußerst unheilvollen Zustand, aus dem Grund, weil ein aufgeblähtes Ich unfähig ist, sich der Umwelt anzupassen und damit anfällig für katastrophale Fehlurteile wird. In einem persönlichen und sogar in einem kulturellen Sinn handelt es sich bei dieser Stufe zwar um einen Fortschritt im Bewußtsein, der jedoch wegen des in diesem Zustand drohenden Größenwahns extrem gefährlich ist. »Alles ist möglich. Wenn ich etwas tun möchte und mir vorstellen kann, daß ich damit durchkomme, dann muß es auch in Ordnung sein.« Keineswegs immun gegen die verführerischen Überredungen des Schattens, läßt sich das Ich nur zu leicht dazu verlocken, der Lust des Schattens an der Macht und seinen Weltherrschaftsphantasien nachzugeben. Hier haben wir Nietzsches »Übermenschen«. Dieselbe Hybris spiegelt sich in den diversen sozialen und politischen Katastrophen des 20. Jahrhunderts. In Dostojewskis Protagonisten Raskolnikow in *Schuld und Sühne* vorweggenommen, erleben wir nun tatsächlich einen Menschentyp, der eine alte Frau umbringt, einfach nur um auszuprobieren, wie sich das anfühlt. Die Person auf Stufe vier wird nicht länger von gesellschaftlichen Konventionen im Zaum gehalten, die an Menschen oder an Werte gebunden sind. Infolgedessen sieht das Ich unbegrenzte Handlungsmöglichkeiten vor sich. Das soll nicht heißen, daß alle modernen Menschen Soziopathen sind, aber die Tür für eine solche Entwicklung ist weit offen, und die schlimmsten Fälle sind möglicherweise die, die am vernünftigsten wirken – die besonders hellen Köpfe, die glauben, sie wüßten eine Antwort auf alle Fragen der Politik und Moral.

Jung sagte einmal im Scherz, daß man auf der Straße Leuten auf allen Entwicklungsstufen begegnen kann – Neandertalern, mittelalterlichen Menschen, modernen Menschen, Menschen auf allen nur denkbaren Ebenen der Bewußtseinsentwicklung. Daß jemand im 20. Jahrhundert lebt, hebt seine Bewußtseinsentwicklung nicht automatisch auf den Stand der Moderne. Nicht jeder Mensch erreicht Stufe vier. Im Gegenteil, viele Menschen fühlen sich den Anforderungen dieser Stufe nicht gewachsen. Andere betrachten sie als durch und durch böse. Die Fundamentalisten dieser Welt klammern sich beharrlich an die Stufen zwei und drei aus Angst vor den verderblichen Einflüssen von Stufe vier und vor der Verzweiflung und Leere, die sie mit sich bringt. Dabei ist es fraglos eine psychische Leistung, wenn sämtliche Projektionen in diesem Maße ausgeschaltet werden und Individuen wirklich selbst die Verantwortung für ihr Schicksal übernehmen. Vertrackt daran ist lediglich, daß die Psyche sich im Schatten des Ich verbirgt.

Die ersten vier Stufen der Bewußtseinsentwicklung haben alle mit der Entwicklung des Ich und der ersten Lebenshälfte zu tun. Die Person, die die selbstkritische und reflektierte Haltung von Stufe vier erreicht hat, ohne in Größenwahn zu verfallen, hat eine eindrucksvolle Entwicklung durchlaufen und ist nach Jungs Einschätzung hochdifferenziert. Eine weitere Entwicklung des Bewußtseins ist nach Jung der zweiten Lebenshälfte und der fünften Stufe vorbehalten, einem postmodernen Stadium, in dem es um die Wiedervereinigung des Bewußten und Unbewußten geht. In diesem Stadium ist eine bewußte Einsicht in die eigene Ichbegrenzung und ein Gewahrsein der Mächte des Unbewußten vorhanden. Jung sprach in diesem Zusammenhang von der transzendenten Funktion und dem einenden Symbol, die eine Vereinigung zwischen dem Bewußten und dem Unbewußten möglich machen. Die Psyche wird geeint, doch anders als auf Stufe eins werden die einzelnen Teile als solche im Bewußtsein bewahrt. Anders als auf Stufe vier wird das Ich nicht mit den Archetypen identifiziert: Die archetypischen Bilder bleiben »anders«, sie werden nicht im Schatten des Ich verborgen. Allerdings werden sie nun »drinnen« gesehen und nicht mehr auf irgend etwas Äußeres projiziert, anders als auf Stufe drei, wo sie »draußen« sind, irgendwo im metaphysischen Raum.

Der Ausdruck »postmodern« stammt von mir, nicht von Jung. Seine fünfte Bewußtseinsstufe ist nicht »postmodern« in dem Sinne, wie dieser Begriff in der Kunst und in der Literaturkritik gebraucht wird. Es geht hier vielmehr um eine Stufe, die das Moderne transzendiert und übersteigt. Sie geht über das moderne Ich hinaus, das alles durchschaut hat und nicht mehr an die Realität der Psyche glaubt. Der moderne Mensch huldigt einer radikal nüchternen Haltung. Er ist überzeugt, sich sämtlicher Projektionen entledigt zu haben, die in seinen Augen nichts weiter waren als substanzloser Rauch, Reflexe in blinden Spiegeln, die nichts zeigen. Die postmoderne Einstellung dagegen räumt ein, daß Projektionen psychische Realität innewohnt, wenn auch nicht in einem konkreten oder materiellen Sinn. »Wo soviel Rauch ist, da mag durchaus auch Feuer sein.« Vielleicht nicht so, wie wir dachten, aber trotzdem real. Können wir dieses Feuer beobachten? Können wir dieses Feuer intuitiv begreifen? Können wir es uns vorstellen? Die Psyche selbst wird nun zum Gegenstand der Überprüfung und der Reflexion. Wie sollen wir sie mit unserer Beobachtung erfassen? Und wenn uns das gelingt, wie sollen wir uns zu ihr verhalten? Das sind die postmodernen Themen und Fragen. Insofern stand hinter Jungs Versuchen, eine angemessene Epistemologie *psychologischer Typen* zu formulieren (eine »kritische Psychologie«, wie er es nannte), das Bemühen, die Grundlage für eine Annäherung an die Psyche als eigenständige Wesenheit zu schaffen. Die von ihm entwickelten Techniken der aktiven Imagination und der Traumdeutung sind auf die unmittelbare Interaktion mit der Psyche und den Aufbau einer bewußten Beziehung zu ihr ausgerichtet. Er schuf damit Hilfen für eine postmoderne, bewußte Lebenseinstellung und für eine respektvolle Haltung gegenüber denselben Inhalten, die primitive und traditionsverhaftete Völker in ihren Mythen und Religionen finden, die kleine Kinder auf ihre Eltern, Spielsachen und Spiele projizieren und schwerkranke, psychotische Patienten in ihren Halluzinationen und Visionen wahrnehmen. Die Inhalte sind uns allen gemein, sie machen die tiefsten und ursprünglichsten Schichten der Psyche aus, das kollektive Unbewußte. Sich diesen archetypischen Bildern zu nähern, sich bewußt und schöpferisch mit ihnen auseinanderzusetzen, wird zum Herzstück der Individuation, zur zentralen Aufgabe der fünften Bewußtseinsstufe. Diese Bewußtseinsstufe bringt eine neue, andere Bewegung in den Individuationsprozeß. Das Ich und das Unbewußte werden nun durch ein Symbol miteinander verbunden.

Offiziell hörte Jungs Individuationsmodell bei Stufe fünf auf, obwohl er an verschiedenen Stellen andeutet, daß er über ein weiteres Fortschreiten über dieses Stadium hinaus nachdachte. In seinen Schriften finden sich Überlegungen, die einer sechsten und vielleicht sogar einer siebten Stufe zugeordnet werden könnten. Zum Beispiel erkent Jung in seinem 1932 gehaltenen Seminar über Kundalini-Yoga[7] eindeutig an, daß den Meistern des Ostens Bewußtseinszustände zugänglich sind, die das, was im Westen bekannt ist, bei weitem übersteigen. Er ist sich zwar unsicher über die Aussichten für westliche Menschen, in absehbarer Zukunft ähnliche Bewußtseinsstufen zu erreichen, räumt aber immerhin die theoretische Möglichkeit ein, daß dies geschehen könnte, und beschreibt sogar einige Merkmale, die die entsprechenden Entwicklungsstufen haben würden. Der Bewußtseinstyp, der sich im Kundalini offenbart, könnte als potentielle Stufe sieben bezeichnet werden. Ihm vorgelagert ist eine Bewußtseinsform, die dem Westen eher zugänglich ist und zwischen Stufe fünf und dieser theoretisch möglichen siebten Stufe sieben eingeordnet werden könnte. Später in seinem Leben, als er Aufbau und Funktion der Archetypen im Kontext der Synchronizität untersuchte, stellte Jung die These auf, daß diese scheinbar inneren Strukturen möglicherweise Entsprechungen in den Seinsstrukturen der nicht-psychischen Welt haben. Ich werde darauf im nächsten Kapitel genauer eingehen; für jetzt genügt es festzuhalten, daß eine mögliche sechste Bewußtseinsstufe das weitergefaßte ökologische Verhältnis zwischen Psyche und Welt einbeziehen würde. Für die Menschen des Westens, die grundlegend von einer materialistischen Einstellung geprägt sind, ist dies eine Entwicklungsoption. Man könnte Stufe sechs als einen Bewußtseinszustand betrachten, der die Einheit der Psyche und der materiellen Welt anerkennt. Jung war allerdings beim Vorstoß in solche Bereiche äußerst vorsichtig, da er hier eindeutig die Grenzen der Psychologie, wie wir sie im Westen kennen, überschritt und in den Bereich der Physik, Kosmologie und Metaphysik geriet; Gebiete, auf denen er sich nicht kompetent fühlte. Dennoch führte ihn sein Denken Schritt für Schritt in diese Richtung. Wir müssen ihm zugestehen, daß er Mut bewies, als er auch hier seinen Intuitionen folgte. Seine Gespräche mit zeitgenössischen Physikern wie Wolfgang Pauli, mit dem er ein Buch veröffentlichte[8], stellten einen Versuch dar, einige dieser Verbindungen und Entsprechungen zwischen der Psyche und der äußeren Welt herauszuarbeiten.

Die oben geschilderten fünf Stufen der Bewußtseinsentwicklung werden von Jung kurz in zwei Paragraphen seines Essays *Der Geist Mercurius*[9] erwähnt. Ich habe seine dortigen Ausführungen erweitert, indem ich mich auf verschiedene andere Quellen in seinem Werk gestützt habe. Das Thema der Individuation zieht sich von 1910 an wie ein roter Faden durch sein Werk. Im Rahmen seiner Untersuchungen zum Aufbau und zur Dynamik der Psyche setzte er sich noch intensiver damit auseinander als zuvor. Selbst in dem späten Aufsatz *Das Gewissen in psychologischer Sicht*[10], der 1958, drei Jahre vor seinem Tod im Alter von 86 Jahren erschien, ist dieses Leitmotiv gegenwärtig. Fast alles, was Jung schrieb, berührt das Thema der Individuation auf die eine oder andere Weise. Es gibt jedoch zwei klassische Texte dazu, auf die ich mich im folgenden ausdrücklich beziehen möchte: *Bewußtsein, Unbewußtes und Individuation*[11] und *Zur Empirie des Individuationsprozesses.*[12]

In der Schrift *Bewußtsein, Unbewußtes und Individuation* liefert Jung eine präzise Zusammenfassung zum Begriff *Individuation.* Er hält zunächst fest, daß es sich bei der Individuation um den Prozeß handelt, durch den eine Person zu einem psychischen Individuum wird, das heißt zu einer eigenständigen, ungeteilten, bewußten Einheit, einem spezifischen Ganzen. Ich habe einige Implikationen dieser Definition oben als Prozeß erläutert, in dem zunächst das Ich und das Bewußtsein und dann das gesamte psychische System von Bewußtem und Unbewußtem geeint werden, um sich dem anzunähern, was Jung letztlich Ganzheit nennen würde. Ganzheit ist der höchste Begriff, der das Ziel des Individuationsprozesses beschreibt, der Ausdruck des Archetyps des Selbst im psychischen Leben.

Der Weg zum Unbewußten führt nach Jung anfänglich über das Gefühl und den Affekt. Ein aktiver Komplex macht sich dadurch bemerkbar, daß er im Affekt zum Ich durchbricht. Wir haben es dabei mit einer Kompensation aus dem Unbewußten zu tun, die die Möglichkeit zu innerem Wachstum birgt. Unter Umständen lassen sich diese affektiven Störungen bis zu ihren uranfänglichen Wurzeln im Instinkt zurückverfolgen, sie können aber auch zu Bildern führen, die in die Zukunft vorausweisen. Jung nimmt hier einen finalistischen Standpunkt ein: den Standpunkt der Bewegung hin zum Ziel. Um Ganzheit zu erreichen, müssen die Systeme des Bewußten und des Unbewußten zueinander in Beziehung gebracht werden. »Die Psyche besteht aus zwei inkongruenten Hälften, die zusammen ein Ganzes bilden sollten.«[13] Er bleibt jedoch nicht bei dieser Feststellung stehen, sondern stellt eine praktische Methode vor, mit deren Hilfe Menschen an dieser Vereinigung der getrennten Hälften der Psyche arbeiten können.

Er wendet sich an den Personenkreis, den ich oben als typischen westlichen Menschen auf Stufe vier beschrieben habe, Menschen, die

> »an das Ichbewußtsein und an das, was wir Wirklichkeit nennen, (glauben). Die Wirklichkeiten eines nördlichen Klimas sind irgendwie so überzeugend, daß wir uns bedeutend wohler fühlen, wenn wir sie nicht vergessen. Für uns hat es einen Sinn, uns mit der Wirklichkeit

zu beschäftigen. Das europäische Ichbewußtsein ist deshalb geneigt, das Unbewußte aufzuschlucken, und sollte dies nicht durchführbar sein, versucht man wenigstens, es zu unterdrücken. Wenn man aber etwas vom Unbewußten versteht, so weiß man, daß es nicht aufgeschluckt werden kann. Man weiß auch, daß es nicht angeht, es schlechthin zu unterdrücken, da wir erfahren haben, daß das Unbewußte Leben ist und daß sich dieses Leben gegen uns wendet, wenn es unterdrückt wird, wie dies bei Neurosen der Fall ist.«[14]

Die Neurose beruht auf einem inneren Konflikt, der zwangsläufig in die Einseitigkeit führt: Das Unbewußte wird unterdrückt – die Person kommt energetisch an einen toten Punkt. Da die Energie für einen engen Kreis von Aktivitäten und für Abwehrmechanismen gegen das abgeschottete Unbewußte verbraucht wird, werden viele Lebensmöglichkeiten zur Ganzheit und Befriedigung verleugnet. Häufig wird die Person extrem isoliert sein, ihr Leben wird steril und kann zu einer Art Stillstand kommen.

»Bewußtsein und Unbewußtes ergeben kein Ganzes, wenn das eine durch das andere unterdrückt und geschädigt wird. Wenn sie einander schon bekämpfen müssen, dann möge es wenigstens ein ehrlicher Kampf mit gleichem Recht auf beiden Seiten sein. Beide sind Aspekte des Lebens. Das Bewußtsein sollte seine Vernunft und seine Selbstschutzmöglichkeiten verteidigen, und das chaotische Leben des Unbewußten sollte auch die Möglichkeit haben, seiner eigenen Art zu folgen, soviel wir davon ertragen können. Dies bedeutet offenen Kampf und offene Zusammenarbeit in einem. So sollte offenbar das menschliche Leben aussehen. Es ist das alte Spiel von Hammer und Amboß. Das leidende Eisen zwischen beiden wird zusammengeschmiedet zu einem unzerstörbaren Ganzen, und zwar zum ›Individuum‹.«[15]

Ein unzerstörbares Ganzes zwischen Hammer und Amboß schmieden! Dieses drastische Bild spricht für das Wesen des Individuationsprozesses, wie Jung ihn verstand. Es ist nicht etwa ein stiller Prozeß des Reifens und des Wachsens, sondern ein heftiger Konflikt zwischen radikalen Gegensätzen. Was man gewinnt, wenn man sich der Aufgabe stellt, den Konflikt zwischen Persona und Schatten oder zwischen Ich und Anima auszutragen, das ist das aus der Erfahrung der *Auseinandersetzung* zwischen Bewußtem und Unbewußtem gewonnene Wissen.

»Dies ist ungefähr, was ich den ›Individuationsprozeß‹ nenne. Wie der Name schon andeutet, handelt es sich um einen Prozeß oder Entwicklungsverlauf, der aus dem Konflikt der beiden seelischen Grundtatsachen [Bewußtes und Unbewußtes] hervorgeht.«[16]

Eine Fallstudie zur Individuation

In der Schrift: *Zur Empirie des Individuationsprozesses* gibt Jung detaillierter Auskunft über den Individuationsprozeß, zumindest in seinen Anfangsstadien in der zweiten Lebenshälfte. In dieser Fallstudie beschreibt er eine Patientin von 55 Jahren, die zu ihm in die Analyse kam, nachdem sie aus dem Ausland nach Europa zurückgekehrt war. Sie ist eine typische »Vatertochter«, hochkultiviert und gebildet. Sie ist unverheiratet, »lebte aber mit dem unbewußten Äquivalent des menschlichen Partners, dem Animus (...) in jener charakteristischen Liaison, die man bei so vielen akademisch erzogenen Frauen antrifft«.[17] Der Fall war für Jung offensichtlich besonders faszinierend und erhellend. Die Patientin war keine traditionelle Mutter und Hausfrau, die in der zweiten Lebenshälfte ihre intellektuelle und geistige Seite hätte entwickeln müssen (Animusentwicklung), wie sich Jung die weibliche Individuation gewöhnlich vorgestellt hatte. Statt dessen war dies eine Frau, die eine ausgeprägte intellektuelle Entwicklung und eine entsprechende berufliche Laufbahn hinter sich hatte. Sie war stark männlich identifiziert und hatte sich auf die Suche gemacht, um etwas über ihre skandinavische Mutter und deren Heimat zu erfahren. Offenbar wollte sie mit der weiblichen Seite ihrer Persönlichkeit in Verbindung treten, die bisher für sie unbewußt war.

Tatsächlich sollten noch viele Frauen dieses Typs Jung in den folgenden Jahren zur Behandlung aufsuchen. Die hier besprochene Patientin ähnelt vielen Frauen von heute, die nach Absolvierung einer entsprechenden Ausbildung, bevor sie Familie und Kinder haben, beruflich Karriere machen, bis der Kinderwunsch zur Illusion geworden ist. 1928 war eine solche Frau allerdings noch äußerst ungewöhnlich.

Jungs Patientin fing an, zu zeichnen und zu malen. Sie war keine ausgebildete Künstlerin, was sich als Vorteil für die Analyse herausstellte, weil sich das Unbewußte dadurch unmittelbarer und spontaner in ihren Bildern ausdrücken konnte. Die Patientin berichtete, daß ihre Augen das eine tun wollten und ihr Kopf etwas anderes, und daß sie ihren Augen den Willen ließ – ein Zeichen dafür, daß das sich abzeichnende neue Zentrum des Bewußtseins einen eigenen Willen hatte. Es wollte die Dinge so und nicht so, und sie konnte es geschehen lassen. Im *Geschehenlassen* aber kann das Unbewußte bei der Arbeit beobachtet werden. Jung deutete die Zeichnungen und Bilder nicht aktiv, sondern partizipierte an dem Prozeß, indem er die Frau ermutigte, die Dinge so »geschehen zu lassen«, wie ihr Unbewußtes wollte. Oft wußte er nicht einmal, was die Bilder über ihren sichtbaren Inhalt hinaus sagen wollten. Er ermunterte die Patientin lediglich, dabeizubleiben. Allmählich zeichnete sich in den Bildern eine klare Abfolge ab. Eine Entwicklung fand statt, die zur rechten Zeit zu erkennen gab, worauf sie abzielte.

Bild 1 zeigt die Ausgangssituation der Patientin: Es bildet den Zustand einer psychischen und entwicklungsmäßigen Sackgasse ab.[18] Ein Frauenkörper ist gleichsam zwischen Felsen eingeklemmt und kämpft offensichtlich darum freizukommen. Das ist die Verfassung der Patientin zu Beginn der Analyse. Bild 2 zeigt einen Blitzkeil, der den Felsen trifft und einen runden Stein von den anderen lossprengt. Dieser Stein repräsentiert den Kern der Frau (das Selbst). Jung erläutert, daß dieses Bild die Befreiung des Selbst aus dem Unbewußten darstellt. »Der Blitz bewirkt (...) die Loslösung des Kreisgebildes aus dem Felsen, also eine Art von Befreiung.«[19] Die Patientin assoziierte den Blitz mit ihrem Analytiker. Die Übertragung mit ihrer tiefgreifenden Wirkung auf die Persönlichkeit hat eingesetzt. Im Drama ist Jung im Blitz verkörpert, der zugleich auch das maskuline Element ihrer eigenen Persönlichkeit darstellt, das zuschlägt und befruchtet. Jung konstatiert die sexuellen Untertöne des Bildes.

Später im Text bezeichnet Jung sich selbst als Projektionsfeld für die inferiore Funktion der Patientin, die Intuition.

»Die ›minderwertige‹ oder ›inferiore‹ Funktion wäre dann die Intuition. Als solcher käme dieser Bedeutung der lösenden oder ›erlösenden‹ Funktion zu. Sie ist erfahrungsgemäß immer die die Hauptfunktion kompensierende, komplementierende und balancierende Gegenfunktion. Meine psychische Eigenart läßt mich in dieser Beziehung als einen passenden Projektionsträger erscheinen.«[20]

Als Träger ihrer Projektionen wurden Jungs Worte und seine Gegenwart für das Bewußtsein der Patientin kompensatorisch und zugleich in ihrer Wirksamkeit und Kraft stark überhöht. Sie sah ihn als Genius der Intuition, einen Menschen, der alles weiß und versteht. Genau das vermittelt eine starke Übertragung typischerweise dem Patienten. Es ist damit Jungs Intuition, die die Patientin wie ein Blitzstrahl trifft und eine so tiefgreifende Wirkung auf sie hat. Weil sie zugleich die minderwertige Funktion der Patientin ist,

»trifft (sie) (...) das Bewußtsein unerwartet und gelegentlich mit verheerenden Folgen, wie ein Blitz. Sie stößt das Ich zur Seite und macht Raum für einen diesem übergeordneten Faktor, nämlich für das Ganze des Menschen.«[21]

Das Bild der Patientin stellt dar, wie das Ich zur Seite geschleudert wird und das Selbst zum ersten Mal erscheint. Der losgesprengte Fels verkörpert nicht ihr Ich, sondern das Selbst. Der Blitz setzt ihr Potential zur Ganzheit frei, das bis dahin im Unbewußten gefangen war. »Immer schon war dieses Selbst vorhanden, aber es lag schlafend.«[22] Die starke Ichentwicklung der Frau hatte das Selbst hinter sich gelassen, und sie war in der Persona-Anpassung und der Identifikation mit dem Vater-Komplex und mit dem Animus, den »Felsen« ihres Gemäldes, steckengeblieben. Von diesen Identifikationen mußte sie befreit werden. Die dem Individuationsprozeß zugrundeliegende Möglichkeit, mit dem Selbst in Kontakt zu kommen und stärker mit ihm verbunden zu werden, muß aus dem Unbewußten freigesetzt werden, und im geschilderten Fall geschieht dies durch die Wirkung therapeutischer Übertragung. Jung sagte aus gutem Grund, daß die Übertragung entscheidend für den Erfolg in der Therapie ist.

Bevor er das dritte Bild, das in der Reihe eine besonders wichtige Rolle einnimmt, kommentiert, erwähnt Jung beiläufig, daß

»das (...) dritte Bild ein Motiv bringt, das unzweideutig auf die Alchemie hinweist und mir sogar den definitiven Anstoß gab, mich gründlich mit den klassischen Werken der alten Adepten zu befassen«.[23]

Diese Aussage ist bemerkenswert, wenn man bedenkt, daß Jung einen Gutteil seines restlichen Lebens damit verbrachte, sich intensiv mit der Alchemie auseinanderzusetzen. Bild drei stellt »eine Geburtsstunde« dar, »aber nicht die der Träumerin, sondern das Selbst ist geboren«.[24] Das Bild zeigt eine dunkelblaue Kugel, die frei im Raum schwebt, »a planet in the making«.[25] Es ist dies das Auftauchen ihrer »wahren Persönlichkeit«, wie die Patientin es nannte. Beim Malen des Bildes hatte sie das Empfinden, den Kulminationspunkt ihres Leben erreicht zu haben, einen Augenblick großer Befreiung.[26] Jung assoziiert das Bild mit der »Geburt des Selbst«[27] und weist darauf hin, daß die Patientin einen Punkt der Bewußtwerdung des Selbst erreicht hat, an dem «die Befreiung (...) zu einer, dem Be-wußtsein integrierten, Tatsache geworden« ist.[28]

In Bild vier ist eine auffallende Veränderung an der Kugel wahrzunehmen. Sie ist »deutlich in Schale und Kern gesondert[29]«, es hat also eine Differenzierung stattgefunden. Die Schlange, die im früheren Bild über der Kugel schwebte, penetriert sie nun und befruchtet sie. Das vierte Bild handelt von Fruchtbarkeit und bedient sich einer mehr oder weniger expliziten sexuellen Bildsprache. Die Analysandin hat ihre männliche Identifikation abgelegt und öffnet ihr Sein neuen Lebensmöglichkeiten. Für die Patientin und für Jung enthält das Bild aber auch eine überpersönliche Bedeutung: Das Ich muß »loslassen« lernen, um den Horizont der Person so zu erweitern, daß er positive und negative Aspekte der ganzen Persönlichkeit einschließt (Integration des Schattens). Die Vereinigung von Schlange und Kugel verkörpert die Vereinigung der psychischen Gegensätze in der Seele der Patientin. Jung vermeidet bewußt die konkreten sexuellen Übertragungsdeutungen, die sich hier förmlich aufdrängen, weil sie in den sexuellen Reduktionismus führen und den Individuationsprozeß nicht vorantreiben würden. Der Schmerz, den die Patientin an dieser Stelle durchmachte, rührte eben aus dem Loslassen von an Personen festgemachten Deutungen, nämlich ihrer sexuellen Sehnsüchte im Hinblick auf Jung als Mann. Statt dessen mußte sie erkennen, daß sie sich nicht in ihren Analytiker verliebt hatte, mit dem sie psychisch so intim geworden war, sondern daß eine archetypische Ebene des Individuationsprozesses aktiviert worden war und nun über ihre persönliche Beziehung hinaus wirkte. Es war das Selbst, das sich durch diese Bilder ankündigte.

Danach steht das Problem des Schattens und der Integration von gut und böse längere Zeit im Mittelpunkt der Bilderreihe. In Bild fünf wird das Böse zurückgestoßen. Die Schlange wird außerhalb der Kugel angesiedelt. Bild sechs zeigt einen Versuch, die Gegensätze von außen und innen zu vereinigen, eine Bewegung hin zur Bewußtwerdung. Bild sieben deutet auf eine gewisse Depression und daraus folgend eine weitere Bewußtwerdung. Das wichtige Bild acht veranschaulicht den Weg hin zur Erde, zur Mutter, zum Weiblichen. Zu diesem Zweck war die Frau nach Europa gekommen. Sie versuchte, in Berührung mit der weiblichen Seite ihres Seins zu kommen. Bild neun zeigt wiederum ihren Kampf um die Vereinigung der Gegensätze gut und böse. In Bild zehn stehen die Gegensätze im Gleichgewicht, doch hier taucht zum ersten Mal das Bild des Krebses auf (die Frau starb tatsächlich 16 Jahre später an Krebs). Bild elf deutet an, daß die wachsende Bedeutung der Außenwelt den Wert des Mandalas zu überschatten begann. Von da an taucht das Thema des Mandala in vielen Variationen auf, jedes Bild ein neues Bemühen um weitere Integration und besseren Ausdruck des Selbst. Die Bildserie endet zunächst mit Bild 19, doch die Patientin malte noch zehn Jahre nach der Therapie weiter und schloß die Reihe mit Bild 24 ab, dem schönen Bild einer weißen Lotusblüte mit gelbem Mittelpunkt innerhalb eines goldenen Kreises, der vor einem massiv schwarzen Hintergrund hängt. Ein einziger goldener Stern leuchtet über dem Lotus. Die Blüte selbst ruht auf einem Bett aus grünen Blättern, und darunter zeichnet sich ein Gebilde ab, das an zwei goldene Schlangen erinnert. Es ist ein großartiges Bild des Selbst, das manifest und voll verwirklicht ist. Jung kommentiert die Bilder nach Bild 19 nicht mehr, doch sprechen diese für sich und zeugen von einer weiteren Vertiefung und Konsolidierung des Selbst, das während und nach der Zeit der Analyse freigelegt und erlebt wurde.

Jung kommt zu dem Fazit, daß die Patientin sich während der Analyse in den Anfangsstadien eines machtvollen Individuationsprozesses befand. In der Zeit der Analyse erlebte sie das unvergeßliche Auftauchen des Selbst im Bewußtsein, und in den darauffolgenden Wochen und Monaten kämpfte sie um die Vereinigung der Gegensätze in ihrem psychischen Mutterboden. Sie war fähig, die Identifikation mit dem Animus aufzugeben und sich mit ihrem eigenen weiblichen Kern zu vereinigen. An diesem Punkt wurde das Ich gegenüber dem Selbst relativiert, und sie war in der Lage, die unpersönliche archetypische Psyche zu erfahren. Das sind die klassischen Züge des Individuationsprozesses in der zweiten Lebenshälfte, wie Jung ihn sah.

Die Bewegungen des Selbst

Noch ein letztes Wort zum Thema Individuation. Jungs Auffassung vom Selbst ist sowohl strukturell als auch dynamisch. Im vorliegenden Kapitel habe ich mich größtenteils auf seine strukturellen Züge konzentriert. Wenn man jedoch den Individuationsprozeß betrachtet, tritt vor allem die dynamische Qualität des Selbst hervor. Jung ist der Überzeugung, daß das Selbst im Laufe eines Lebens einer ständigen Verwandlung unterliegt. All die archetypischen Bilder, die in der Entwicklungsfolge von der Geburt bis zum hohen Lebensalter auftauchen – das göttliche Kind, der Held, *puer* und *puella*, König und Königin, die Krone und der alte Weise –, sind Aspekte oder Ausdrucksformen dieses einen Archetyps. Das Selbst wirkt im Laufe der Entwicklung auf die Psyche ein und schafft auf allen Ebenen Veränderungen im Individuum: physisch, psychisch und geistig. Der Individuationsprozeß wird vom Selbst vorangetrieben und durch den Mechanismus der Kompensation vollzogen. Das Ich erzeugt ihn nicht und steuert ihn auch nicht, kann aber dennoch an diesem Prozeß teilhaben, indem es sich seiner bewußt wird.

Am Ende seines Spätwerkes *Aion* (Par. 410) versucht Jung, die dynamischen Bewegungen des Selbst in einem Diagramm anschaulich zu machen. Die Darstellung erinnert entfernt an ein Kohlenstoffatom;

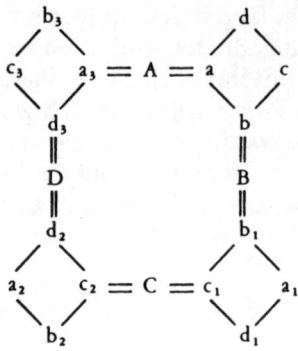

So sieht die Formel für die Wandlung einer einzigen Entität, des Selbst, im Laufe der psychischen Entwicklung eines Individuums aus. Jung versucht, in dieser Darstellung eine Bewegung im Selbst vom bloßen Potential hin zur Verwirklichung sichtbar zu machen: »Der durch unsere Formel dargestellte Prozeß verwandelt die ursprünglich unbewußte Ganzheit in eine bewußte.«[30] Da die Formel den fortwährenden Transformationsprozeß ein und derselben Substanz beschreibt, ist es ebenso ein Prozeß der Verjüngung und Erneuerung wie eine Bewegung von der Unbewußtheit hin zur Bewußtheit.

Die Bewegung setzt im Quaternio A ein, der die archetypische Ebene, das geistige Ende des psychischen Spektrums verkörpert. Hier manifestiert sie sich als ideales Bild. Während sie durch Quaternio A, Quaternio B, Quaternio C und Quaternio D zirkuliert und dann zu A zurückkehrt, um wieder neu zu beginnen, dringt ein archetypisches Bild auf der archetypischen Seite des Spektrums in das psychische System ein, und auf jeder der drei anderen Ebenen erfolgt ein Integrationsprozeß. Zunächst rotiert das Bild durch die vier Eckpunkte des archetypischen Quaternio, und die Idee wird klarer. Dann verschiebt sich die Idee über den Einlaß b auf Ebene B, und zwar durch einen Prozeß, der der Verschiebung der Energieebenen in einem Atom gleicht, nur daß es sich hier um die Verschiebung auf eine andere Bewußtseinsebene handelt. Nun befindet sich die Idee auf der Schattenebene. Von hier aus gelangt sie in die Realität und in das Alltagsleben, wo Objekte Schatten werfen. Die Idee gewinnt Substanz, der Gedanke der Einheit, Totalität und Ganzheit muß im Leben Gestalt annehmen. Die Idee arbeitet sich durch diese psychische Ebene hindurch und muß nun konkret in Raum und Zeit realisiert werden, was zu Einschränkungen und Problemen führt. Nach Jung kann jede menschliche Handlung entweder positiv oder negativ betrachtet werden[31] – wenn man sich vom Denken zur Tat bewegt, betritt man eine Welt des Schattenpotentials. Jede Aktion führt zu einer Reaktion. Sie hat eine äußere Wirkung. Wenn jemand also wirklich in den Individuationsprozeß eintritt und Veränderungen einleitet, über die andere Menschen sich beklagen, dann bewegt sich diese Person innerhalb des Schattenquaternio. Die Idee materialisiert sich, zeigt Wirkung im tatsächlichen Verhalten und greift hinab bis auf die instinktive Ebene. Archetypen und Instinkte werden auf dieser Ebene miteinander verbunden, und wenn die Idee sich in den Schatten-Quaternio hineinbewegt, nimmt sie mehr und mehr instinktive Attribute auf.

Wenn die Idee zu Ebene C hinabsteigt, erreicht sie die Ebene der Physis, die tief im materiellen Substrat des Körpers liegt, und der Körper selbst beginnt sich zu verändern. Das ordnende Prinzip, das mit dem Bild beginnt und beim Eintritt in die Psyche zu Verhalten wird, berührt und konstelliert nun den Instinkt und fängt an, dergestalt auf den Körper einzuwirken, daß sich tatsächlich Moleküle neu ordnen. Diese tiefste physische Ebene liegt jenseits der psychoiden Grenze der Psyche. Hier begegnet uns die treibende Kraft hinter der Evolution. Der Form folgt die Struktur.

Mit Ebene D ist die Energieebene selbst erreicht. Hier liegt der Ursprung der Kristallisation von Energie in Materie. Es ist die submolekulare und subatomare Ebene der Energie und der Formen, die sie gestalten. Mit dieser Ebene in Berührung zu kommen, schließt tiefgreifende Veränderungen der Energie selbst und ihrer Organisation ein.

»Die Formel stellt ein Symbol des Selbst dar, denn dieses ist nicht nur eine statische Größe oder eine beharrende Form, sondern zugleich auch ein dynamischer Vorgang, wie die Alten die imago Dei im Menschen nicht als eine bloße Einprägung, gewissermaßen als einen toten Stempelabdruck ansahen, sondern als eine wirkende Kraft. Die vier Wandlungen stellen einen Wiederherstellungs- oder Verjüngungsprozeß dar, der sozusagen im Inneren des Selbst stattfindet, etwa vergleichbar dem Kohlenstoff-Stickstoff-Zyklus in der Sonne, bei welchem ein Kohlenstoffkern vier Protonen einfängt (...) und sie am Ende des Zyklus in Form eines Alphateilchens wieder entläßt. Dabei kommt der Kohlenstoffkern unverändert wieder hervor, ›wie der Phönix aus der Asche‹. Es ist zu vermuten, daß das Geheimnis des Seins, das heißt der Existenz des Atoms und dessen Bestandteilen, in einem sich beständig wiederholenden Verjüngungsprozeß besteht, und man kommt zu ähnlichen Vermutungen, wenn man sich die Numinosität der Archetypen zu erklären versucht.«[32]

Im Vorblick auf das nächste Kapitel können wir uns das Selbst als eine kosmische Entität vorstellen, die im menschlichen Leben auftaucht und sich endlos in ihrer Rotation durch die Psyche erneuert. Vielleicht braucht es die menschlichen Individuen, um seiner selbst bewußt zu werden, um sich in der dreidimensionalen Welt von Zeit und Raum zu inkarnieren und auch, um sich zu verjüngen und seine Existenz auszudehnen. Es existiert im Universum jenseits der Psyche. Es bedient sich unserer Psyche und der materiellen Welt einschließlich unserer Körper für seine eigenen Zwecke und fährt damit fort, wenn wir alt geworden und gestorben sind. Wir bieten ihm eine Heimstätte, in der es sich zeigen und wohnen kann, doch in unserem Hochmut und unserer Ichüberschätzung rechnen wir uns seine Genialität und Schönheit viel zu sehr als eigenes Verdienst an.

Anmerkungen

1. Jung, Gesammelte Werke, Bd. 8, Par. 778.
2. Ebd., Par. 550.
3. Ebd., Par. 769.
4. Jung, Gesammelte Werke, Bd. 9/I, S. 309-372.
5. Jung, Gesammelte Werke, Bd. 13, S. 199-201.
6. *Seelenprobleme der Gegenwart* war der Titel eines berühmten Buches von Jung, das im Jahr 1931 erschien.
7. Jung, *The Psychology of Kundalini Yoga*.
8. Der 1952 erschienene Band trug den Titel *Naturerklärung und Psyche. Studien aus dem C. G. Jung-Institut, Zürich, 4*.
9. Jung, Gesammelte Werke, Bd. 13, Par. 248/49.
10. Jung, Gesammelte Werke, Bd. 10, Par. 825-857.
11. Jung, Gesammelte Werke, Bd. 9/I, Par. 489-524.
12. Ebd., Par. 525-616.
13. Ebd., Par. 520.
14. Ebd., Par. 521.
15. Ebd., Par. 522.
16. Ebd., Par. 523.
17. Ebd., Par. 525.
18. Die schönen Farbabbildungen dieser Reihe finden sich in den Gesammelten Werken, Bd. 9/I, S. 312 f.
19. Ebd., Par. 538.
20. Ebd., Par. 541.
21. Ebd.
22. Ebd.
23. Ebd., Par. 544.
24. Ebd., Par. 548.
25. Ebd., Par. 545.
26. Ebd., Par. 548.
27. Ebd., Par. 550.
28. Ebd., Par. 549.
29. Ebd., Par. 556.
30. Jung, Gesammelte Werke, Bd. 9/II, Par. 410.
31. Ebd., Par. 355.
32. Ebd., Par. 411.

9. Von Zeit und Ewigkeit
(Synchronizität)

Seit seinen allerersten Erkundungsreisen in das unerforschte Territorium der menschlichen Seele in dem Versuch, ihre Fläche und ihre Grenzen auf eine Karte zu bannen, war Jung von dem Geschehen an ebendiesen Grenzen fasziniert. Das war typisch für ihn. Er liebte es, immer ans äußerste Ende des bereits Bekannten vorzustoßen. Seine erste größere Arbeit war seine Dissertation über mediale Trancen und die merkwürdigen Botschaften längst Verstorbener, die seine junge Kusine Helene Preiswerk übermittelte. Es ging in dieser psychologischen Untersuchung also um das Verhältnis zwischen normalen und paranormalen Bewußtseinszuständen.[1] Nachfolgende Werke über das Wort-Assoziations-Experiment und die Theorie der Komplexe tasteten die Grenzen zwischen den bewußten und unbewußten Bereichen der Psyche ab. Bei seinem weiteren Vordringen in das Reich des Unbewußten stieß Jung auf neues Grenzland. Es erstreckte sich zwischen den persönlichen und unpersönlichen Inhalten des Unbewußten, zwischen dem Bereich der Komplexe und dem der archetypischen Bild-Instinkt-Verbindungen. In seinen Untersuchungen zum Selbst entdeckte er schließlich einen Übergang an der Grenze zwischen Psyche und Nicht-Psyche. Da der Archetyp per se psychoid und damit nicht streng auf die Grenzen der Psyche beschränkt ist, unterbricht er die Subjekt-Objekt-Dichotomie und bildet ein Bindeglied zwischen innerer und äußerer Welt.

Seine Neugier auf Grenzphänomene führte Jung am Ende zur Formulierung eines umfassenden ganzheitlichen Systems, das Materie und Geist vereint und eine Brücke zwischen Zeit und Ewigkeit schlägt. Gemeint ist Jungs Theorie von der Synchronizität. Eine Erweiterung der Theorie des Selbst in die Kosmologie hinein, zeugt die Synchronizität von der tiefen, verborgenen Ordnung und Einheit aller Dinge, die existieren. Mit dieser Theorie tritt uns Jung als Metaphysiker entgegen, eine Rolle, die er häufig verleugnete.

Muster im Chaos

Die wenigen Schriften Jungs über die Synchronizität befassen sich mit der sinnvollen Ordnung scheinbar zufälliger Ereignisse. Wie viele andere stellte auch er fest, daß psychische Bilder und objektive Ereignisse manchmal förmliche Muster ergeben, wobei sich diese scheinbare Ordnung rein zufällig einstellt und nicht auf Grund einer Kausalkette vorhergehender Ereignisse. Mit anderen Worten, es gibt keine kausale Begründung für das Sichtbarwerden des Musters. Hier stellt sich die Frage: Ist dieses zufällige Zustandekommen des Musters wirklich völlig zufällig oder verbirgt sich eine Bedeutung dahinter? Die Weissagung etwa geht von dem Gedanken aus, daß gewisse zufällige Ereignisse eine Bedeutung haben. Ein bestimmter Vogel fliegt vorüber, und der Wahrsager teilt dem König mit, daß nun der richtige Zeitpunkt für das Ausrücken zur Schlacht gekommen ist. Oder man denke an das etwas komplizierter funktionierende, uralte chinesische *I-Ging-Orakel* oder *Buch der Wandlungen*. Das Orakel wird konsultiert, indem man Münzen oder Schafgarbenstengel wirft, um ein Muster von Zahlen zu erhalten, das dann mit einem von 64 Hexagrammen verglichen wird. Beim Studium des betreffenden Hexagramms kann man aus den gegenwärtigen Ereignissen eine Bedeutung herauslesen und ein sich abzeichnendes Muster erkennen, das in der Zukunft Gestalt annehmen wird. Bei diesem Muster kann man sich Orientierung und Weisung holen. Das *I Ging* basiert auf dem Prinzip der Synchronizität. Es stützt sich auf die Annahme, daß hinter dem Zufallsergebnis des Münzwurfs, einer drängenden Frage und Ereignissen in der äußeren Welt eine sinnvolle Ordnung steht. Leute, die das *I Ging* befragen, sind häufig überrascht von seiner unheimlichen Genauigkeit. Wie kann man diese sinnvollen Anordnungen und Muster erklären, die nicht durch bekannte Gründe zustandekommen?

Jungs analytischer Praxis und psychologischer Theorie noch näher steht ein anderes Phänomen, das er mehrfach fasziniert beobachtete: daß psychische Kompensation nicht nur auf dem üblichen Weg in Träumen, sondern auch über nicht von der Psyche gesteuerte Ereignisse erfolgen kann. Manchmal kommt die Kompensation aus der Außenwelt. Eine Patientin Jungs träumte zum Beispiel von einem goldenen Skarabäus. Während sie in seinem Arbeitszimmer über dieses Traumsymbol diskutierten, hörten sie ein Geräusch am Fenster und stellten fest, daß eine in der Schweiz beheimatete Variante dieser Käferart (*cetonia aurata*) versuchte, ins Zimmer zu gelangen.[2] Aus Begebenheiten wie dieser schloß Jung, daß das Auftauchen archetypischer Bilder in Träumen mit äußeren Ereignissen zusammenfallen kann. Die kompensatorischen Phänomene überschreiten in diesen Fällen die allgemein akzeptierten Grenzen zwischen Subjekt und Objekt und manifestieren sich in der Objektwelt. Die große Herausforderung bestand für Jung darin, diese Phänomene in seine Theorie einzubauen und zu erklären. Streng genommen sind solche Ereignisse ja nicht psychologischer Natur, und doch stehen sie in einem tiefen Zusammenhang zum Leben der Psyche. Archetypen müssen demzufolge *transzendent* sein[3], das heißt, sie sind nicht auf den psychischen Bereich beschränkt. Diese Eigenschaft ermöglicht es ihnen, aus der Tiefe der psychischen Matrix oder aus der umgebenden Welt oder auch aus beiden Richtungen zugleich ins Bewußtsein aufzusteigen. Geschieht beides gleichzeitig, so spricht Jung von Synchronizität.

Hinweise auf den *unus mundus* (den geeinten Kosmos) und auf den Gedanken (wenn auch nicht auf den genauen Begriff) der Synchronizität tauchen in Jungs Werken und auch in seinen Briefen immer wieder auf. Doch erst relativ spät brachte er seine Gedanken zu diesem Thema in eine explizite Form. 1952 veröffentlichte er gemeinsam mit dem Nobelpreisträger und Physiker Wolfgang Pauli die Schrift *Naturerklärung und Psyche*, die den Versuch darstellt, die möglichen Beziehungen zwischen Natur und Psyche zu erhellen. Es ist bezeichnend, daß Jung das Werk gerade mit einem Naturwissenschaftler herausgab und nicht mit einem Philosophen oder Theologen. Von allen theoretischen Arbeiten Jungs wird dieser Text meist am meisten mißverstanden. Jung wollte auf keinen Fall als Mystiker oder »Spinner« dastehen und offenbarte diesen Teil seines Denkens einem naturwissenschaftlich orientierten, modernen Publikum zweifellos nicht ohne Vorbehalte. Paulis Beitrag (*Der Einfluß archetypischer Vorstellungen auf die Bildung naturwissenschaftlicher Theorien bei Kepler*) beschäftigt sich mit den archetypischen Mustern in Keplers wissenschaftlichem Denken und bereitet damit in gewissem Sinn den Weg für Jungs noch kühneren Aufsatz *Synchronizität als ein Prinzip akausaler Zusammenhänge*.[4] Er erweitert darin seine psychologische Theorie um den Gedanken, daß zwischen Psyche und Welt ein hohes Maß an Kontinuität herrscht, so daß psychische Bilder (zu denen auch die Kerninhalte abstrakter wissenschaftlicher Gedanken wie die Keplers gehören) im reflektierenden Spiegel menschlichen Bewußtseins auch Wahrheiten über die Realität enthüllen können. Die Psyche ist nicht etwas, das nur im Innern des Menschen, isoliert vom Kosmos, existiert. Es gibt vielmehr eine Dimension, in der Psyche und Welt aufs engste miteinander interagieren und einander spiegeln, so Jungs These.

Die Entwicklung des Gedankens der Synchronizität

In einem Brief an den Schweizer Schriftsteller und Journalisten Carl Seelig, der eine Biographie von Albert Einstein verfaßte, äußert sich Jung über seine erste Ahnung der Synchronizität:

»Professor Einstein war damals mehrere Male bei mir zu Gast. (...) Dies war sehr früh, zur Zeit, als Einstein eben seine erste Relativitätstheorie entwickelte. Er versuchte, uns die Grundüberlegungen derselben mit mehr oder weniger Erfolg beizubringen. Als Nichtmathematiker hatten wir Psychiater Mühe, seinem Argument zu folgen. Ich verstand immerhin so viel davon, daß ich einen bedeutenden Eindruck von ihm empfing. Es war namentlich die Einfachheit und Geradheit seines genialen Denkvorganges, welche mir gewaltig imponierte und nicht ohne dauernde Einwirkung auf meine eigene Denkarbeit blieb. Es ist Einstein, der mir den ersten Anstoß gab, an eine mögliche Relativität von Zeit sowohl wie Raum und ihr psychische Bedingtheit zu denken. Mehr als 30 Jahre später hat sich aus dieser Anregung meine Beziehung zu dem Physiker W. Pauli und zu meiner These der psychischen Synchronizität entwickelt.«[5]

Einsteins Relativitätstheorie muß Jungs Vorstellungskraft stark gefesselt haben, auch wenn er sie nicht im Detail verstand und die mathematischen Beweise für sie nicht nachvollziehen konnte. Interessant ist auch, daß berühmte Physiker zu Beginn und am Ende seiner Theoriebildung für ihn wichtig wurden. Diese Querverbindung zur modernen Physik lieferte den geeigneten Hintergrund für Jungs Theorie der Synchronizität.

Das Verhältnis Jungs zu den Koryphäen der modernen Physik ist eine Geschichte für sich, die noch der Aufarbeitung harrt. Neben Einstein und Pauli lebten damals noch viele andere bedeutende Physiker in Zürich und lehrten an der Polytechnischen Universität, an der Jung in den 30er Jahren Professor der Psychologie war. Zürich war in der ersten Hälfte unseres Jahrhunderts eine wahre Geburtsstube der modernen Physik – es wäre nahezu unmöglich gewesen, die Anregungen dieses geistigen Klimas zu ignorieren. Nur zu deutlich war zu spüren, daß der Realitätsbegriff der Physik gerade eine grundlegende Wandlung erfuhr. Jung fühlte sich dadurch schon früh veranlaßt, über die Parallelen zwischen der analytischen Psychologie und der modernen Physik nachzudenken, wie sein Brief über Einstein zeigt. Seinem Aufsatz über die Synchronizität gingen in den 30 oder mehr Jahren bis zu seiner endgültigen Form zweifellos ungezählte Diskussionen mit den Vertretern dieser Wissenschaft voraus.

Am Ende wurden die Theorie der Archetypen und des Selbst und die Theorie der Synchronizität zu einem einzigen Gedankengewebe verbunden. Das ist Jungs umfassende Vision, auf die in der Einleitung zu diesem Buch Bezug genommen wurde. Um das gesamte Spektrum der Theorie des Selbst zu begreifen, muß man sie im Kontext von Jungs Überlegungen zur Synchronizität betrachten – um seine Theorie der Synchronizität zu verstehen, muß man auch seine Theorie der Archetypen kennen. Das ist einer der Gründe dafür, daß nur wenige andere Psychologen Jung in seiner Theorie der Archetypen gefolgt sind. Seine Psychologie wird hier metapsychologisch bis zur Metaphysik, und kaum jemand ist in all den Gebieten beschlagen, die man kennen müßte, um Jungs Theorie in ihrer ganzen Komplexität zu erfassen – Psychologie, Physik und Metaphysik. Dieser intellektuellen Bandbreite fühlen sich nur wenige moderne Denker gewachsen, zumal Akademiker sich besonders davor scheuen, die Grenzen ihres Spezialgebiets zu überschreiten. Die Theorie der Synchronizität führt zu Jungs Vorstellung vom Selbst, das das Bewußtsein und die Psyche als Ganze radikal übersteigt (transgrediert). Sie stellt damit zugleich die übliche Trennung der Fakultäten der Psychologie, Physik, Biologie, Philosophie und Theologie in Frage. Von der Psychologie wird traditionellerweise angenommen, daß sie sich auf das beschränke, was im menschlichen Geist vorgeht. Mit seiner Theorie des Selbst und dem Gedanken der Synchronizität stellte Jungs analytische Psychologie diese willkürliche Unterteilung in Frage. Als Jung einmal von Studenten gefragt wurde, wo das Selbst ende und wo seine Grenzen lagen, soll er geantwortet haben, daß es kein Ende habe und unbegrenzt sei. Erst wenn man sich klarmacht, daß er dabei den Gedanken der Synchronizität mit seiner Theorie des Selbst in Verbindung brachte, kann man ganz nachvollziehen, was er mit dieser Bemerkung meinte.

Jungs Empfindungen angesichts eines Postulats von der wissenschaftlichen Größenordnung der Synchronizität waren begreiflicherweise zwiespältig. Als vorsichtiger und konservativer Schweizer versuchte er in der Regel, seine Argumentation auf rein psychologischen Beweggründen aufzubauen, seiner unbestrittenen Domäne. Mit der Theorie der Synchronizität begab er sich jedoch auf gefährlichen Boden. Hier konnte ihm die Psyche allein nicht mehr weiterhelfen. Trotzdem muß er im Alter von 75 Jahren das Gefühl gehabt haben, daß er nun das Recht hatte, sich auch solchen kosmologischen Spekulationen hinzugeben. Er war bereit, mit einer seiner gewagtesten Ideen an die Öffentlichkeit zu gehen: der Idee von der Einheit des Selbst und des Seins. Ist das noch viel anders als zu sagen, daß das Selbst und Gott eins sind? Jung nahm damit das Risiko auf sich, wie ein Prophet oder, schlimmer noch, wie ein abgehobener Phantast zu klingen.

Synchronizität und Kausalität

Die Schrift *Synchronizität als ein Prinzip akausaler Zusammenhänge* ist schwer zu lesen und leidet unter dem irregeleiteten Bemühen des Verfassers, sein eigentliches Anliegen mit der Besprechung einer Ehepaarstudie zu verbinden, die ein Kollege durchgeführt hatte. In meinem Überblick über das Werk beschränke ich mich deshalb weitgehend auf die theoretischen Abschnitte. Jung beginnt mit dem Kausalitätsgedanken und den Gesetzen der Wahrscheinlichkeit und konstatiert die universale Neigung, vom Prinzip der Kausalität auszugehen. Fast unausweichlich stellen Menschen die Warum-Frage.

Sie gehen davon aus, daß jedes Ereignis eine Ursache hat, die ihm vorausgeht. Häufig ist tatsächlich eine kausale Beziehung gegeben, manchmal ist das aber auch nicht der Fall. In der Psychologie zum Beispiel ist Kausalität besonders schwierig festzustellen, weil niemand sicher wissen kann, was uns dazu veranlaßt, zu handeln, zu denken und zu fühlen, wie wir es tun. Es gibt bewußte Motive und andere, die unbewußt sind und aus psychischen Inhalten und Impulsen kommen. Viele Theorien versuchen, Gefühl und Verhalten kausal zu erklären, doch zweifellos verleiten uns unsere Projektionen dazu, mehr Kausalität im Bereich der psychologischen Phänomene auszumachen, als der Realität entspricht. Oder aber wir schreiben Ereignisse den falschen Ursachen zu, um später herauszufinden, daß wir uns geirrt haben.

Wir könnten beispielsweise schlußfolgern, daß ein Mann seine Frau schlägt, weil er selbst als Kind geschlagen wurde oder weil er regelmäßig miterlebte, wie sein Vater seine Mutter schlug. Er verhält sich auf Grund von Kindheitserfahrungen so oder weil ihn seine Eltern in dieser Richtung beeinflußten. Er »schlägt nach seinem Vater« oder aber sein »Mutterkomplex« ist schuld, sagen wir voller Vertrauen auf unseren psychologischen Scharfblick. Das mag durchaus ein guter erster Ansatz sein, doch derart reduzierte Analysen erschöpfen sicherlich niemals das Spektrum möglicher Gründe und Bedeutungen eines Verhaltens. Zum Beispiel gibt es immer auch einen finalen Grund, der Menschen dazu veranlaßt, etwas zu tun, das heißt, es geht auch darum, ein bestimmtes Ziel oder ein gewisses Maß an Anpassung an das Leben zu erreichen. Vielleicht versucht dieser Mann, Macht und Kontrolle über seine Frau zu erlangen in der Absicht, dadurch auch stärker Herr über seine Zukunft zu sein. Psychologische Ursachenforschung kann in die Geschichte eines Menschen zurückführen, aber auch nach vorn, in die Zukunft. Dann sind da noch die zufälligen Ereignisse, die genau zur rechten Zeit am rechten Ort stattfinden. Es ist schwer zu erklären, warum manche Leute so glücklich oder so unglücklich sind. Oft enden wir damit, daß wir sie für Dinge, die sie nicht getan haben, loben und ihnen für Dinge, die sie nicht vermeiden konnten, die Schuld geben. Der Raum für Projektion und Spekulation ist nahezu unbegrenzt.

Wir denken in Ursache-Wirkungs-Ketten, weil wir Menschen sind, nicht weil wir in einem naturwissenschaftlichen Zeitalter leben. In jeder Epoche und jeder Kultur dachten Menschen kausal, selbst wenn sie den Ereignissen Ursachen zuschrieben, die unseren naturwissenschaftlichen Erkenntnissen widersprechen. Heute sagen wir vielleicht, daß jemand ein psychopathisches Monster geworden ist, weil er als Kind massiv mißbraucht wurde. Im Mittelalter hätte man die Ansicht vertreten, der Teufel habe ihn zu seinen Taten veranlaßt. Die unterstellten Gründe sind verschieden, das Denken jedoch ist das gleiche. Das kausale Denken zu hinterfragen, so weiß Jung, heißt, den gesunden Menschenverstand selbst in Frage stellen. Warum sich auf ein solches Wagnis einlassen? Weil es Ereignisse gibt, die sämtliche Kausalitätstheorien nicht abdecken können.

Bei seiner Frage nach den Grenzen des Ursache-Wirkungs-Denkens entdeckte Jung in der modernen Physik eine Verbündete. Die Physik hatte Ereignisse und Prozesse entdeckt, für die es keine kausalen Erklärungen, nur statistische Wahrscheinlichkeiten gab. Jung führt als Beispiel den Zerfall radioaktiver Elemente an. Es gibt keine kausale Erklärung dafür, warum das eine oder oder andere Radiumatom dann und dann zerfällt. Der Zerfall radioaktiver Elemente kann mit statistischen Mitteln vorhergesagt und gemessen werden – die Zerfallsrate ist gleichmäßig. Doch es gibt keine Erklärung dafür, warum es wann und wie geschieht. Es geschieht einfach. Es ist eine Sache, die »einfach so« passiert. Diese Entdeckung eines Ereignisses ohne Ursache reißt eine Kluft im kausalen Universum auf. Es geht nicht einfach nur darum, daß die Wissenschaft noch nicht herausgefunden hat, wie die Kausalität in diesem Fall funktioniert, sondern darum, daß das Verursachungsprinzip hier grundsätzlich nicht paßt. Wenn es Ereignisse gibt, die nicht durch einen ihnen vorausgehenden Grund ausgelöst werden, wie können wir dann über ihren Ursprung nachdenken? Warum geschehen sie? Was ist für ihr Auftreten verantwortlich? Sind diese Ereignisse beliebig und rein zufällig?

Jung sah in der Wahrscheinlichkeit einen wichtigen Faktor zur Erklärung vieler Ereignisse. Doch es gibt Reihen scheinbar zufälliger Ereignisse, die ein Muster aufweisen, das über die Wahrscheinlichkeitsmessungen hinausgeht, so wie Zahlenfolgen oder andere außergewöhnliche Zusammentreffen. Spieler leben davon und beten um diese unerklärlichen Glückssträhnen. Jung wollte auf jeden Fall nichts mit den rein auf Intuition und Spekulation gegründeten Erklärungsmodellen zu tun haben, die einige Seher und mit visionären Kräften begabte Philosophen wie Schopenhauer vorgeschlagen haben. Er zog es vor, auch dieses schwierige Thema wissenschaftlich, empirisch und rational anzugehen, wie er schon viele Jahre zuvor das Geheimnis medialer Kräfte in seiner Doktorarbeit behandelt hatte. Jung war und blieb auch hier ganz und gar Wissenschaftler.

Man gerät dennoch leicht in Versuchung, seine Schrift über die Synchronizität eher biographisch zu lesen. Jung vertrat die Überzeugung, daß die Menschen (zumindest die Menschen des Westens) sich im Rahmen der Individuation der zweiten Lebenshälfte bemühen sollten, ihr rationales Ichbewußtsein mit dem nicht-rationalen kollektiven Unbewußten zu verbinden, ohne dabei freilich die rationale Position des Ich preiszugeben. Aus seiner Sicht besteht die psychologische Hauptaufgabe der zweiten Lebenshälfte darin, eine *Weltanschauung*, eine persönliche Lebensphilosophie, zu formulieren, die rationale und irrationale Elemente vereint. Genau dies versucht Jung mit seiner Arbeit zur Synchronizität einzulösen. Wir werden Zeugen, wie er sein rationales, westliches, naturwissenschaftliches Ich einsetzt, um in die Welt der Magie, der unerklärlichen Phänomene des kollektiven Unbewußten vorzudringen. Er versucht, ein Konzept zu formulieren, ein Symbol zu finden, das die beiden Bereiche in einer Beziehung spannungsreicher Gegensätze zusammenhalten kann. Fragen, wie er sie hier aufgreift, beschäftigen normalerweise die Religion und die Philosophie. Dessen ungeachtet versucht Jung, Phänomene mit der Methodik und der Weltanschauung der Naturwissenschaft zu erfassen, deren mystische, religiöse, quasi-magische Beschaffenheit sie gewöhnlich aus der wissenschaftlichen Diskussion ausschließt. Sein persönliches Ziel, das zugleich aber auch im Dienste unserer gesamten wissenschaftlichen Kultur steht, ist es, ein Bindeglied zwischen den beiden beherrschenden kulturellen Brennpunkten des Westens zu schaffen: Wissenschaft und Religion. Er versucht, die Spannung zwischen diesen beiden Polen ohne einseitige Begünstigung stehen zu lassen. Das Symbol aber, das das Gegensatzpaar zusammenzuspannen versucht, ist die Theorie der Synchronizität. Soweit der persönliche Teil des Textes.

Jung war zutiefst fasziniert von J. B. Rhines Experimenten zur außersinnlichen Wahrnehmung (extrasensory perception, ESP) an der Duke University. Sie beeindruckten ihn, weil sie, gestützt auf die Wahrscheinlichkeitstheorie, bewiesen, daß ESP nicht kausal erklärbar ist. Die Experimente zeigten, daß Menschen die scheinbar unüberwindlichen Grenzen, die uns auf ein einziges Raum-Zeit-Kontinuum beschränken, überschreiten können. Jung fühlte sich dadurch an Einsteins Relativitätstheorie und auch an Träume erinnert, in denen weit entfernte Ereignisse auftauchten, während oder bevor sie tatsächlich stattfanden. Rhines Experimente boten neue empirische Belege für Jungs schon lang gehegte Annahme, daß die Psyche nicht absolut auf die Grenzen von Zeit und Raum festgelegt ist. Mit dem Prinzip der Kausalität, die ein absolutes, feststehendes Raum-Zeit-Kontinuum voraussetzt, ließen sich diese Ergebnisse nicht erklären. Jung führt aus, daß in Rhines ESP-Experimenten keine Energie übertragen wird. Es kommt lediglich zu einem zeitlichen »Zusammenfallen« von Gedanke und Ereignis. Eine Karte wird in einem Zimmer aufgedeckt, ein Bild erscheint in der Psyche einer Person in einem anderen Raum, und dieses Zusammentreffen ist häufiger, als es statistisch wahrscheinlich wäre. An dieser Stelle taucht zum ersten Mal der Begriff *Synchronizität* auf:

»Es kann sich daher nicht um Ursache und Effekt handeln, sondern um ein Zusammenfallen in der Zeit, eine Art von *Gleichzeitigkeit.* Um des Merkmals der Gleichzeitigkeit willen habe ich den Ausdruck *Synchronizität* gewählt, um damit einen hypothetischen Erklärungsfaktor, der ebenbürtig der Kausalität gegenübersteht, zu bezeichnen.«[6]

Synchronizität und die Theorie der Archetypen

1954, zwei Jahre nach Erscheinen des Essays zur Synchronizität, veröffentlichte Jung eine überarbeitete Fassung seiner Schrift *Theoretische Überlegungen zum Wesen des Psychischen*. In einem umfangreichen Anhang verbindet er die Theorie der Archetypen mit dem Prinzip der Synchronizität.

Damit vereinen sich diese beiden wichtigen Elemente seines Denkens zu *einer* theoretischen Aussage. Jung spricht in diesem Zusammenhang von der *objektiven Psyche* und stellt das Unbewußte als den Bereich innerer Objekte dar (Komplexe und archetypische Bilder), so wie die umgebende Welt der Bereich von Personen und Dingen ist. Die inneren Objekte treten dem Bewußtsein auf dieselbe Weise entgegen wie äußere Objekte. Sie sind nicht Teil des Ich, sondern wirken auf das Ich ein. Das Ich muß sich zu ihnen verhalten und an sie anpassen. Gedanken zum Beispiel widerfahren uns, sie »fallen« in unser Bewußtsein »ein«, wie das deutsche Wort »Einfall«, das zugleich auch für »Eingebung« steht, sehr schön verdeutlicht. Für Jung sind die Intuitionen und Gedanken, die aus dem Unbewußten aufsteigen, nicht das Ergebnis bewußter Denkanstrengungen, sondern innere Objekte, Stücke des Unbewußten, die sich auf der Oberfläche des Ich niederlassen (Jung pflegte zu sagen, daß Gedanken sind wie Vögel; sie kommen und nisten eine kleine Weile in den Bäumen des Bewußtseins; dann fliegen sie wieder fort, verschwinden und sind vergessen). Je tiefer man in die objektive Psyche eindringt, desto objektiver wird sie, weil sie immer weniger an die Subjektivität des Ich gebunden ist.

»Sie ist in der Tat das allerintimst Subjektive und zugleich allgemein wahr, das heißt im Prinzip überall als vorhanden nachweisbar, was von den Bewußtseinsinhalten personalistischer Natur keineswegs gilt. Die Flüchtigkeit, Willkürlichkeit, Dunstigkeit und Einmaligkeit, die der Laienverstand stets mit der Vorstellung des Psychischen verbindet, hat nur für das Bewußtsein Geltung, nicht für das absolut Unbewußte.«[7]

Im Gegensatz zum Bewußtsein ist das Unbewußte regelmäßig, vorhersagbar und kollektiv.

»Die nicht quantitativ, sondern nur qualitativ zu bestimmenden Wirkungseinheiten des Unbewußten, nämlich die sogenannten *Archetypen*, haben daher eine Natur, *die man nicht mit Sicherheit als psychisch bezeichnen kann.*«[8]

Ich habe bereits in den vorangegangenen Kapiteln darauf hingewiesen, daß die Archetypen von ihrem Wesen her eher psychoid als rein psychisch sind. In der hier zitierten Passage stellt Jung dies explizit fest.

»Obschon ich durch rein psychologische Überlegung dazu gelangt bin, an der nur psychischen Natur der Archetypen zu zweifeln, so sieht sich die Psychologie aber auch durch die Ergebnisse der Physik dazu gezwungen, ihre bloß psychischen Voraussetzungen zu revidieren. (...) Von größtem theoretischem Belange ist aber die relative oder partielle Identität von Psyche und physikalischem Kontinuum, denn sie bedeutet insofern eine gewaltige *Vereinfachung*, als sie die scheinbare Inkommensurabilität zwischen der physikalischen Welt und der psychischen überbrückt; dies allerdings nicht in anschaulicher Weise, sondern auf der physikalischen Seite durch mathematische Gleichungen, auf der psychologischen durch aus der Empirie abgeleitete Postulate, nämlich Archetypen, deren Inhalte, wenn überhaupt solche vorhanden sind, nicht vorgestellt werden können.«[9]

Mit anderen Worten, Jung sieht auf weiten Gebieten ein Zusammenfallen der auf dem Grund der Psyche ruhenden Muster, der archetypischen Bilder und der Prozesse und Muster der physikalischen Welt, die Gegenstand der Physik sind. Die *participation mystique* der primitiven ersten Stufe psychischer Entwicklung ist damit ironischerweise gar nicht so weit von der Realität entfernt! Die Psyche, von Jung als diejenigen Inhalte oder Wahrnehmungen definiert, die prinzipiell bewußt werden und willentlich beeinflußt werden können, schließt Ichbewußtsein, Komplexe, archetypische Bilder und die Verkörperungen von Instinkten ein. Archetyp und Instinkt sind jedoch an sich nicht mehr psychisch, sie befinden sich vielmehr auf einem Kontinuum mit der physikalischen Welt, die in ihrer Tiefe (die von der modernen Physik erforscht wird) ebenso geheimnisvoll und »spirituell« ist wie die Psyche. Beide lösen sich in reine Energie auf. Dieser Aspekt ist besonders wichtig, weil er andeutet, wie man sich das Verhältnis der Psyche zum *soma* und zur physikalischen Welt vorstellen könnte. Beide Bereiche, Psyche und materielle Welt, lassen sich durch mathematische Gleichungen und »durch aus der Empirie abgeleitete Postulate, nämlich Archetypen«[10] zueinander in Beziehung setzen. Der materielle Leib und die Psyche sind nicht etwa voneinander abzuleiten. Sie verkörpern zwei parallele Realitäten, die auf synchronistische Weise miteinander verbunden und koordiniert sind.

Geist und Materie

Das Verhältnis von Geist und Materie beschäftigte Jung sein Leben lang. Zum Beispiel hielt er es für erstaunlich, daß man allein auf der Basis mathematischen Denkens Brücken bauen kann, die den Belastungen der Natur und des Verkehrs standhalten. Mathematik ist ein reines Produkt des Geistes. Sie erscheint nirgendwo in der natürlichen Welt. Dennoch können irgendwelche Menschen in Büros Gleichungen ausbrüten, die physikalische Objekte und Ereignisse ganz genau vorhersagen und erfassen. Jung war beeindruckt, daß ein rein psychisches Erzeugnis (eine mathematische Formel) in so enger Beziehung zur physikalischen Welt stehen kann. Seiner Ansicht nach dienen auch die Archetypen als direkte Bindeglieder zwischen der Psyche und der physikalischen Welt.

»Erst die Erklärung psychischer Erscheinungen von minimaler Helligkeit nötigt zur Annahme, daß Archetypen einen nicht-psychischen Aspekt besitzen müssen. Anlaß zu diesem Schluß geben die Synchronizitätsphänomene, die mit der Tätigkeit unbewußter Faktoren verknüpft sind und die man bis jetzt als ›Telepathie‹ usw. aufgefaßt respektive verworfen hat.«[11]

Jung ist im allgemeinen vorsichtig damit, den Archetypen in Verbindung mit synchronistischen Phänomenen kausale Qualität zuzuschreiben. (Er würde ja sonst in ein Modell der Kausalität zurückfallen, in dem nun eben die Archetypen die Ursache synchronistischer Ereignisse sind.) In dieser Passage scheint er sie jedoch ganz offensichtlich als Wirkfaktoren zu betrachten, die Synchronizität organisieren.

Synchronizität wird als bedeutsame Koinzidenz psychischer und äußerer Ereignisse definiert. Ein Traum, in dem ein Flugzeug vom Himmel stürzt, findet am nächsten Morgen seinen Widerhall in einer entsprechenden Nachrichtenmeldung. Es existiert keine bekannte Verbindung zwischen dem Traum und dem Flugzeugunglück. Nach Jungs Hypothese beruhen solche Zusammentreffen auf Ordnungskräften, die psychische Bilder auf der einen und äußere Ereignisse auf der anderen Seite erzeugen. Beide treten zur selben Zeit auf, und das Bindeglied zwischen ihnen ist nicht kausaler Natur. In Vorwegnahme der zu erwartenden Kritik für seine Thesen schreibt Jung:

»Der Skeptizismus sollte (...) nur der unrichtigen Theorie, nicht den zu Recht bestehenden Tatsachen gelten. Kein vorurteilsloser Beobachter kann diese leugnen. Der Widerstand gegen ihre Anerkennung beruht hauptsächlich auf der Abneigung, die man gegen die Annahme einer der Psyche angedichteten übernatürlichen Fähigkeit, nämlich des sogenannten Hellsehens, empfindet. Die sehr verschiedenen und verwirrenden Aspekte solcher Phänomene klären sich, soweit ich dies bis jetzt festzustellen vermochte, so gut wie restlos auf durch die Annahme eines psychischen relativen Raum-Zeit-Kontinuums. Insofern ein psychischer Inhalt die Bewußtseinsschwelle überschreitet, verschwinden dessen synchronistische Randphänomene. Raum und Zeit nehmen ihren gewohnten absoluten Charakter an, und das Bewußtsein ist wieder in seiner Subjektivität isoliert.«[12]

Synchronistische Phänomene tauchen am häufigsten auf, wenn die Psyche auf einer weniger bewußten Ebene arbeitet, wie im Traum oder Tagtraum. Ein Zustand des freien Schweifenlassens der Gedanken ist ideal. Sobald man sich des Prozesses bewußt wird und sich auf das synchronistische Ereignis konzentriert, rücken die Kategorien von Raum und Zeit wieder an ihren gewohnten Platz. Jung kam zu dem Schluß, daß die Versuchspersonen bei den Experimenten von Rhine ihr Bewußtsein gedrosselt haben mußten, je stärker sie sich für das Projekt interessierten und je spannender sie es fanden. Hätten sie versucht, ihr rationales Ich einzusetzen, um die Wahrscheinlichkeiten zu erraten, wären ihre ESP-Ergebnisse schlechter ausgefallen, denn sobald die kognitive Funktion auf den Plan tritt, schließt sich die Tür, durch die synchronistische Phänomene sichtbar werden. Außerdem scheint Synchronizität stark vom Vorhandensein einer gewissen Affektivität abzuhängen, das heißt von der Empfänglichkeit für emotionale Stimuli.

In Jungs Schriften findet sich eine enge und eine erweiterte Definition der Synchronizität. Die erstere betont »die Gleichzeitigkeit eines gewissen psychischen Zustandes mit einem oder mehreren äußeren Ereignissen, welche als sinngemäße Parallelen zu dem momentanen subjektiven Zustand erscheinen«.[13] Mit »Gleichzeitigkeit« meint Jung ein Auftreten in etwa demselben zeitlichen Rahmen, nach Stunden oder Tagen gerechnet, nicht notwendig genau im selben Augenblick. Es kommt dabei zu einem »zeitlichen Zusammenfallen« von zwei

Ereignissen, das eine psychischer, das andere äußerer Natur. Auf der psychischen Seite kann es sich dabei um ein Traumbild, einen Gedanken oder eine Intuition handeln. (Diese geheimnisvolle Entsprechung zwischen Psyche und Objektwelt ergibt die engere Definition der Synchronizität. Etwas später im selben Aufsatz findet sich eine allgemeinere Bestimmung des Phänomens.)

Es kommt am ehesten zur Synchronizität, wenn eine Person sich psychisch in einem *abaissement du niveau mental* (einer niedrigeren Bewußtseinsebene, einer Art abgeblendetem Bewußtsein) befindet und der Grad der Bewußtheit auf das Niveau abgefallen ist, das wir heute als Alpha-Zustand bezeichnen. In diesem Zustand wird das Unbewußte stärker mit Energie versorgt als das Bewußte, Komplexe und Archetypen werden aktiviert und können die Schwelle zum Bewußtsein überschreiten. Dieses psychische Material kann nun möglicherweise eine Entsprechung in objektiven Daten außerhalb der Psyche finden.

Absolutes Wissen

Der nächste Gedanke Jungs stellt einen intuitiven Sprung dar, auch wenn er sich auf ein Gutteil bestätigender Belege aus seiner Erfahrung stützt. Gemeint ist die Aussage, daß das Unbewußte sogenanntes *apriorisches Wissen* besitzt.

»Wie kann zum Beispiel ein räumliche oder gar zeitlich entlegenes Ereignis die Entstehung eines entsprechenden psychischen Bildes anregen, wenn ein hierzu nötiger energetischer Übermittlungsprozeß nicht einmal denkbar ist? So unverständlich dies auch erscheinen mag, so ist man schließlich doch gezwungen anzunehmen, daß es im Unbewußten etwas wie ein apriorisches Wissen oder besser ›Vorhandensein‹ von Ereignissen gibt, das jeder kausalen Grundlage entbehrt.«[14]

Damit ist die Möglichkeit gegeben, daß wir Dinge intuitiv wissen, zu denen wir rational keinen Zugang haben. Echte Intuition kann in der Tat Wissen zutage fördern, das wahr ist und keineswegs bloß Spekulation, Vermutung oder Phantasie. Für Jung setzt sich das Unbewußte über die Kantschen Erkenntniskategorien hinweg und überflügelt das Bewußtsein. Mit anderen Worten, wir wissen im Unbewußten vieles, von dem wir gar nicht wissen, daß wir es wissen. Man könnte von ungedachten Gedanken oder, wie Jung, von unbewußtem apriorischen Wissen sprechen. Dieser Gedanke führt Jung an die äußersten Grenzen seiner Spekulation über die Einheit von Psyche und Welt. Wenn wir Dinge wissen, die jenseits unserer Möglichkeiten bewußten Wissens liegen, dann gibt es einen unbekannten Wissenden in uns, einen Aspekt der Psyche, der die Kategorien von Raum und Zeit transzendiert und gleichzeitig hier und dort, jetzt und damals gegenwärtig ist. Dieser Aspekt wäre das Selbst.

Jungianer sagen manchmal, daß es im Unbewußten keine Geheimnisse gibt. Jeder weiß alles. Das ist eine Form, über diese Ebene psychischer Realität zu reden. Selbst wenn wir für einen Augenblick all die erwiesenermaßen intuitiv besonders begabten Menschen beiseite lassen – etwa die intuitiven Mediziner, die eine erstaunliche Genauigkeit in ihren Ferndiagnosen zeigten –, so haben viele Menschen die Erfahrung gemacht, daß sie von anderen träumten und dadurch etwas über diese anderen erfuhren, zu dem sie keinen bewußten Zugang hatten. Natürlich wußten sie nicht unbedingt, daß ein bestimmter Traum ihnen eine wahre Information übermittelte. Manchmal träumen wir auch die Träume anderer Menschen. Oder andere Menschen träumen unsere Wirklichkeit. Als Analytiker, der viele Übertragungsträume zu hören bekommt, kann ich bestätigen, daß einige davon (wenn auch keineswegs alle) weit über das Wissen hinausgehen, das meine Patienten bewußt von mir haben. Einmal erzählte mir der Traum einer Patientin sogar etwas über mich, was mir selbst nicht klar war. Sie träumte, ich sei erschöpft und brauchte Ruhe. Ich war mir dessen gar nicht bewußt gewesen, bis ich mir Zeit nahm, darüber nachzudenken. Als ich mich kurz darauf mit einer Grippe ins Bett legen mußte, erkannte ich, daß das Unbewußte der Patientin meine physische Befindlichkeit genauer erfaßt hatte, als ich es mit meinem Bewußtsein je konnte. Man könnte diesen unbewußten Wissenden im Menschen mit dem Auge Gottes vergleichen, mit dem früher die Nonnen den Schulkindern Angst machten, um sie zu striktem religiösen Gehorsam zu zwingen. Nicht nur, was wir tun, auch was wir denken, was wir sind, sieht Gott und registriert es ständig. Das ist nichts anderes als eine projektive Variante der Idee, daß im Unbewußten eine Art absolutes Wissen existiert.

Das Nachdenken über das apriorische Wissen veranlaßte Jung dazu, sich mit der psychologischen Bedeutung der Zahlen zu beschäftigen. Was sind Zahlen? Können wir möglicherweise »die Zahl psychologisch als einen bewußtgewordenen *Archetypus der Ordnung* definieren?«[15] Das erinnert an die bereits in der Antike auftauchende Vorstellung, daß der Aufbau des Kosmos auf Zahlen und dem Verhältnis von Zahlen zueinander basiert. Dieser Gedanke steht zum Beispiel hinter der pythagoreischen Lehre. Jungs Ansatz ist ganz ähnlich gelagert, er geht lediglich von moderneren mathematischen Erkenntnissen aus, wenn er den Grundbaustein der Psyche und der Welt im Bereich der Zahlen ansiedelt. Werden diese grundlegenden Strukturen des Seins in der Psyche vorgestellt, so erscheinen sie typischerweise als Kreise (Mandalas) und Quadrate (Quaternitäten), zu denen die Zahlen 1 und 4 in Beziehung stehen. Die Bewegung von der 1 (Anfang) über die dazwischenliegenden Zahlen 2 und 3 zur Zahl 4 (Vollendung, Ganzheit) versinnbildlicht den Übergang von der ursprünglichen (nur potentiellen) Einheit in einen Zustand wirklicher Ganzheit. Zahlen symbolisieren den Ablauf der Individuation in der Psyche, und sie symbolisieren die Schaffung von Ordnung in der nicht-psychischen Welt. So wird das menschliche Wissen von den Zahlen zu einem Wissen über den Kosmos. Insofern die Menschen dank ihrer kognitiven Fähigkeiten und ihrer Intelligenz apriorisches Wissen von den Zahlen haben, haben sie auch apriorisches Wissen vom Kosmos. (Interessanterweise glaubten die alten Griechen wie Empedokles, daß die Götter in mathematischen Begriffen denken und daß die Menschen, die mathematische Genies sind, gottähnlich seien. In dieser Überzeugung stürzte sich Empedokles von der Spitze des Ätna in den brodelnden Vulkankrater.)

Wenn die Zahl den bewußtgewordenen Archetypen der Ordnung repräsentiert, beantwortet das jedoch immer noch nicht die Frage, was letztlich für diesen Zustand der Ordnung verantwortlich ist. Was liegt den Zahlen und Bildern der Ordnung zugrunde? Was ist der Archetyp der Ordnung an sich? Es muß eine dynamische Kraft geben, die hinter der Bühne wirkt und die Ordnung schafft, die in snychronistischen Phänomenen aufscheint und sich in Zahl und Bild offenbart. Jung arbeitet sich hier zu einer neuen Kosmologie vor, einer Aussage über das Ordnungsprinzip nicht nur der Psyche, sondern der Welt. Es darf sich dabei nicht um eine mythologische Aussage in irgendeinem religiösen oder spekulativen Sinn handeln. Gefragt ist eine Theorie, die auf dem naturwissenschaftlichen Weltbild der Moderne basiert. Das führt zur erweiterten Definition von Synchronizität.

Ein neues Paradigma

Am Ende der besprochenen Schrift entwickelt Jung den kühnen Gedanken, Synchronizität als vierten Faktor neben Raum, Zeit und Kausalität in ein Paradigma einzubauen, das die Realität, wie sie von den Menschen erfahren und von den Wissenschaftlern gemessen wird, vollständig erklärt. Damit holt Jung die Psyche in den Zusammenhang der Welterklärung hinein, indem er auf die bedeutsame Koinzidenz zwischen psychischem und objektivem Ereignis verweist. Das erweitert das naturwissenschaftliche Paradigma, das sonst ohne Bezugnahme auf das menschliche Bewußtsein oder den Sinn als Wert auskommt, um das Element des Sinns. Jung postuliert, daß ein vollständiges Erfassen der Realität die Anwesenheit der menschlichen Psyche – den Beobachter – und das Element des Sinns einbeziehen muß.

Wir haben in früheren Kapiteln bereits gesehen, welche überragende Bedeutung Jung dem menschlichen Bewußtsein zuschreibt. Tatsächlich war der Sinn menschlichen Lebens auf diesem Planeten für Jung an unsere Bewußtseinsfähigkeit gebunden, durch die der Mensch der Welt den Spiegel des Gewahrwerdens von Dingen und Bedeutungen vorhalten kann, die andernfalls endlose Äonen durchlaufen würden, ohne gesehen, erkannt oder durchdacht zu werden. Das Aufsteigen von Mustern und Bildern aus den Tiefen des kollektiven psychoiden Unbewußten gibt der Menschheit ihren Sinn im Universum, denn wir allein sind (soweit wir wissen) fähig, diese Muster zu erkennen und dem, was wir erkennen, Ausdruck zu verleihen. Anders ausgedrückt, Gott braucht uns, um ins Bewußtsein zu kommen. Die Menschen sind in einer Position, in der ihnen bewußt werden kann, daß dem Kosmos ein ordnendes Prinzip zugrundeliegt. Wir können die Bedeutung, die da ist, erkennen. Jung betont jedoch gleichzeitig mit aller Eindringlichkeit, daß er sich hier nicht einfach in spekulativer Philosophie versucht. Das wäre bestenfalls traditionell und altmodisch und würde ihn einer vormodernen Bewußtseinsebene zuordnen. Jung strebt jedoch nach Bewußtseinsstufe fünf, ja sechs (s. Kap. 8), und arbeitet daher empirisch und wissenschaftlich. Synchronizität ist keineswegs in erster Linie ein philosophisches Konstrukt, sondern ein Konzept, das auf empirischen Tatsachen und Beobachtungen beruht. Es kann im Labor überprüft werden.[16] In der Welt von heute ist dies die einzig akzeptable Form von Kosmologie. Zwar begegnet uns auch heute allenthalben die Sehnsucht nach traditionellen Glaubenssystemen, doch für die Gegenwart und für die Zukunft wie auch für die höheren und höchsten Bewußtseinsstufen taugt kein mythologisches Paradigma. Das zeitgenössische Paradigma muß wissenschaftlicher Art sein.

Das Konzept der Synchronizität und seine Implikationen eignet sich nicht zuletzt deshalb so gut als Basis für das neue Weltbild, weil es intuitiv verständlich ist und sich leicht ins Alltagsleben integrieren läßt. Wir alle sind uns des Glücks, das und widerfährt, bewußt, und wir alle kennen jene unglückseligen Tage, an denen uns nichts zu gelingen scheint. Jeder von uns hat schon erlebt, daß mehrere Ereignisse durch ihre Bedeutung oder bestimmte Bilder in Beziehung zueinander stehen, ohne daß irgendein kausaler Zusammenhang zwischen ihnen gegeben wäre. Diesen Gedanken jedoch zum wissenschaftlichen Prinzip zu erheben ist geradezu revolutionär, macht es doch nicht zuletzt eine völlig neue Natur- und Geschichtsauffassung notwendig. Historische Ereignisse zum Beispiel wären dann unter der Implikation zu deuten und einzuordnen, daß der Archetyp die Ordnung der Geschichte so steuert, daß ein weiterer Fortschritt des Bewußtseins möglich wird. Damit ist nun freilich nicht ein Fortschritt gemeint, wie ihn die Menschen gerne hätten, sondern eher ein Fortschreiten im Verständnis der Realität. Dieses Verständnis kann ebenso in der Erkenntnis der schrecklichen Seite der Realität bestehen wie in der Erkenntnis ihrer Schönheit und Herrlichkeit.

Das war auch Jungs Leitgedanke bei der Niederschrift von *Aion*. Man kann die westliche Religions- und Kulturgeschichte der letzten 2000 Jahre als ein Muster wachsenden Bewußtseins für eine zugrundeliegende archetypische Struktur sehen. Es gibt keine Zufälle in den Wechselfällen des geschichtlichen Prozesses. Er hat eine Richtung und erzeugt ein bestimmtes Bild mit einer hellen und einer dunklen Seite, das im menschlichen Bewußtsein gespiegelt und reflektiert werden muß. Die kollektive Geschichte kann auf dieselbe Weise betrachtet werden wie die individuelle Lebensgeschichte des einzelnen. Ja, letztlich können (und sollten) beide in Beziehung zueinander gesehen und auf sinnträchtige Weise miteinander verknüpft werden. Jeder von uns ist Träger eines Stückchens jenes Bewußtseins, das notwendig ist, um das Bewußtsein für die der Geschichte zugrundeliegenden Motive mit der Zeit immer weiter voranzutreiben. So können individuelle Träume archetypischer Natur im Dienste der historischen Epoche stehen und die Einseitigkeit einer ganzen Kultur kompensieren, nicht nur die des individuellen Bewußtseins. In diesem Sinne ist der einzelne ein Mit-Schöpfer der Spiegelung der Realität, die die Geschichte allmählich enthüllt.

Die geistigen Klimmzüge, die nötig sind, um zu einem Kultur- und Geschichtsverständnis zu gelangen, in dem das Konzept der Synchronizität Raum hat, sind beträchtlich, besonders für westliche Schmalspurrationalisten, die sich streng dem Prinzip der Kausalität verpflichtet fühlen. Das Zeitalter der Aufklärung hat uns das Erbe einer Faktizität ohne Bedeutung hinterlassen. Kosmos und Geschichte, so die Annahme, werden vom Zufall und den Kausalgesetzen regiert, die die Materie beherrschen. Jung erkannte die Herausforderung, vor die ihn diese Hinterlassenschaft stellte. Schließlich war er selbst im naturwissenschaftlichen Weltbild des Westens verwurzelt.

»Wie die Einführung der Zeit als vierte Dimension in der modernen Physik das Postulat eines unanschaulichen Raum-Zeit-Kontinuums bedingt, so erzeugt die Synchronizität mit der ihr anhaftenden charakteristischen Sinnqualität ein Weltbild von einer zunächst beinahe verwirrenden Unanschaulichkeit. Der Vorteil dieser Ergänzung aber ist die Ermöglichung einer Auffassung, welche den psychoiden Faktor, nämlich einen apriorischen Sinn (bzw. eine ›Gleichartigkeit‹) mit in die Beschreibung und Erkenntnis der Natur einbezieht.«[17]

Er versuchte dies anhand eines Diagrammes (GW, Bd. 8, Par. 951) zu verdeutlichen, das er mit dem Physiker Wolfgang Pauli entwickelt hatte.

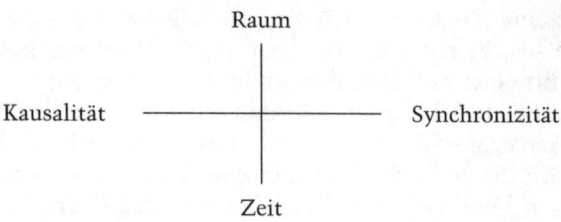

Auf der vertikalen Achse liegt das Raum-Zeit-Kontinuum, auf der horizontalen das Kontinuum zwischen Kausalität und Synchronizität. Um ein Phänomen in seiner ganzen Realität erfassen zu können, müssen vier Faktoren berücksichtigt werden: Wo und wann das Ereignis eintrat (das Raum-Zeit-Kontinuum), was zu ihm führte und was es bedeutet (das Kausalitäts-Synchronizitäts-Kontinuum). Können diese Fragen beantwortet werden, so wird das Ereignis in all seinen Dimensionen verstanden. Nun kann man über jeden einzelnen dieser Punkte streiten. Vor allem zur Frage nach Sinn und Bedeutung eines Ereignisses wird es zweifellos immer ganz unterschiedliche Standpunkte geben. Besonders im Blick auf einschneidende Ereignisse wie zum Beispiel die Explosion der ersten Atombombe werden ständig neue, andere Deutungen vorgelegt, ganz zu schweigen von sehr viel persönlicheren Ereignissen wie Geburt oder Tod von Familienangehörigen. Hier ist Raum für weit auseinandergehende Meinungen – natürlich bietet sich hier auch ein weites Spektrum für die Ursachenzuschreibung. Jung verweist darauf, daß die Antwort auf die Frage nach dem Sinn mehr verlangt als den Überblick über die kausale Abfolge, die zu dem fraglichen Ereignis geführt hat. Er argumentiert, daß man den Gedanken der Synchronizität mitdenken muß, wenn man eine Antwort auf die Frage nach dem Sinn bekommen will. Es gilt, die archetypischen Muster zu untersuchen, die in einer konstellierten Situation offenbar werden, denn diese Muster liefern die notwendigen Parameter für die Auseinandersetzung mit der Frage der Synchronizität und dem tieferen Sinn. Wenn man sich zum Beispiel mit dem Auftauchen der Atombombe auf der Bühne der Weltgeschichte auseinandersetzt, so muß bei der Frage nach dem Sinn dieses Ereignisses der konstellierende Faktor des Zweiten Weltkrieges und die scharfe Polarisierung von Gegensätzen, die dieser Krieg im Extrem erzeugte, in die Analyse miteinbezogen werden. Außerdem müßte man zeitgenössische Träume von der Atombombe auswerten. Was hat die Atombombe einem einseitigen menschlichen Bewußtsein im Hinblick auf die Grundstrukturen des Seins hinzuzufügen?

Um die Theorie der Archetypen mit synchronistischen Ereignissen, die die Grenzen der psychischen Welt überschreiten, in Zusammenhang bringen zu können, war Jung gezwungen, seine These von der nicht-psychischen Beschaffenheit des Archetypen zu erweitern. Einerseits ist der Archetyp psychisch und psychologisch, da er in Form von Bildern und Ideen in der Psyche erfahren wird. Andererseits ist er unabbildbar, und sein Wesen liegt außerhalb der Psyche. In seinem Aufsatz über Synchronizität spricht Jung von der *Transgressivität* der Archetypen.

»Sie [die Archetypen] sind zwar den kausalen Vorgängen beigesellt, bzw. von diesen ›getragen‹, begehen aber eine Art von Rahmenüberschreitungen, die ich als *Transgressivität* bezeichnen möchte, *indem sie nicht eindeutig und ausschließlich nur im psychischen Bereich festgestellt werden, sondern ebensosehr auch in nicht psychischen Umständen erscheinen können.* (Gleichartigkeit eines äußeren physischen Vorganges mit einem psychischen.)«[18]

Der Archetyp überschreitet die Grenzen der Psyche und der Kausalität, obwohl er von beiden »getragen« ist. Für Jung bedeutet Transgressivität, daß die in der Psyche auftauchenden Muster mit Mustern und Ereignissen verknüpft sind, die außerhalb der Psyche liegen. Beiden gemein ist der Archetyp. Im Fall der Atombombe offenbart sich der Archetyp des Selbst in der Geschichte innerhalb und außerhalb der Psyche durch das Ereignis ihrer Explosion im und durch den weltgeschichtlichen Kontext, in dem es zur Atombombe kommen konnte, und durch Millionen Träume von Einzelpersonen, die um die Bombe kreisten (so vermute ich jedenfalls; es gibt allerdings auch einige Untersuchungen zu diesem Thema).

Der Gedanke von der Transgressivität des Archetyps weist in zwei Richtungen. Zunächst bestätigt er, wie ich bereits erläutert habe, daß den Koinzidenzen von inneren und äußeren Ereignissen, die intuitiv bedeutsam erscheinen, eine objektive Bedeutung zugrundeliegt. Gleichzeitig schafft dieser Gedanke Raum für die Möglichkeit, daß es einen Sinn gibt, wo wir ihn intuitiv nicht sehen, zum Beispiel wenn Unfälle geschehen, die uns rein zufällig erscheinen. In beiden Fällen geht die Bedeutung über die lineare Kette der Kausalität hinaus, das heißt, sie transgrediert sie. Ist unser Hineingeborenwerden in eine bestimmte Familie nur auf Zufall und Kausalität zurückzuführen oder könnte auch ein Sinn dahinterstehen? Oder nehmen wir an, daß die Psyche nicht nur kausal organisiert und strukturiert ist, wie gewöhnlich in der Entwicklungspsychologie angenommen wird, sondern auch synchronistisch. Das würde bedeuten, daß Persönlichkeitsentwicklung sich ebensosehr in Augenblicken sinngemäßer Koinzidenz (Synchronizität) vollzieht wie in einer vorbestimmten epigenetischen Abfolge von Stufen. Es würde auch heißen, daß die Instinkte und Archetypen sowohl kausal als auch synchronistisch (sinnfällig) miteinander verbunden und aktiviert werden. Ein Instinkt wie Sexualität zum Beispiel würde nicht nur auf Grund einer Kausalkette sequentieller Ereignisse aktiviert (genetische Faktoren, psychologische Fixierungen oder frühkindliche Erfahrungen), sondern auch, weil in einem bestimmten Augenblick ein archetypisches Feld konstelliert ist und eine zufällige Begegnung mit einer Person in eine lebenslange Beziehung mündet. In diesem Augenblick wird etwas von der psychoiden Welt sichtbar und bewußt (die *Syzygie*, das Paar). Nicht das konstellierte Bild des Archetypus schafft das Ereignis, die Entsprechung zwischen der inneren psychischen Bereitschaft (die zu diesem Zeitpunkt völlig unbewußt sein kann) und dem unvorhersehbaren, unerklärlichen äußeren Auftauchen eines Partners ist synchronistisch. Warum solche Verknüpfungen vorkommen, scheint ein Geheimnis, wenn wir nur von der Kausalität ausgehen. Wenn wir jedoch den synchronistischen Faktor und die Dimension des Sinns einführen, kommen wir einer vollständigeren und befriedigenderen Antwort näher. In einem zufälligen Universum wäre dieses Zusammenfallen von Bedürfnis und Gelegenheit, Begehren und Befriedigung unmöglich oder zumindest statistisch unwahrscheinlich. Das unvergeßliche Geheimnis, das in synchronistischen Ereignissen liegt, verwandelt die Menschen. Leben erhalten eine neue Richtung, und das Nachdenken über das, was sich hinter dem synchronistischen Ereignis verbirgt, führt zu einer Bewußtwerdung tiefer, ja vielleicht der tiefsten Ebenen der Wirklichkeit. Wenn ein archetypisches Feld konstelliert wird und das Muster synchronistisch in der Psyche und in der objektiven, nicht-psychischen Welt auftaucht, dann weiß man auf einmal, was es heißt, im Tao zu sein. Was dem Bewußtsein durch solche Erlebnisse offenbar wird, ist grundlegend, es ist ein Blick in die die Letzte Wirklichkeit, soweit Menschen sie überhaupt wahrnehmen können. In die archetypische Welt synchronistischer Ereignisse einzutauchen, fühlt sich an wie ein Leben nach dem Willen Gottes.

Kosmologie

Jungs Aufsatz über Synchronizität konzentriert sich größtenteils auf die Synchronizität im engeren Sinn, das heißt auf die sinngemäße Koinzidenz zwischen einem psychischen Ereignis wie einem Traum oder einem Gedanken und einem Ereignis in der nicht-psychischen Welt. Jung erwägt aber auch eine erweiterte Definition. Sie hat mit dem »ursachelosen Angeordnetsein« der Welt ohne speziellen Bezug auf die menschliche Psyche zu tun, was einer »Erweiterung« der bisherigen »Definition der Synchronizität, welche sich auf die Gleichartigkeit psychischer und physischer Vorgänge bezieht«[19], gleichkommt. Das ist Jungs kosmologische Aussage. Synchronizität oder »ursacheloses Angeordnetsein« ist ein Prinzip, das dem kosmischen Gesetz zugrundeliegt.

»Unter diesen Begriff fallen (...) schlechthin alle ›Schöpfungsakte‹, respektive Apriori-Gegebenheiten, wie zum Beispiel die Eigenschaften ganzer Zahlen, die Diskontinuitäten der modernen Physik usw. Damit würden wir nun allerdings konstante und experimentell jederzeit reproduzierbare Phänomene in den Umkreis unseres erweiterten Begriffs einbeziehen, was der Natur der unter dem engeren Begriff von Synchronizität verstandenen Phänomene nicht zu entsprechen scheint.«[20]

Aus der Sicht des allgemeinen Prinzips der Synchronizität ist unsere menschliche Erfahrung ursachelosen Angeordnetseins durch den psychoiden Faktor und die Transgressivität des Archetyps der Spezialfall eines sehr viel weitreichenderen Angeordnetseins im Universum.

Mit diesem kosmologischen Bild setze ich den letzten Pinselstrich auf Jungs Karte der Seele. Seine Forschungsexpeditionen ins Land der Psyche und an ihre Grenzen führten ihn auf Gebiet, das normalerweise von Physikern, Philosophen und Theologen okkupiert wird. Seine Karte von der Seele muß jedoch in diesen weiteren Kontext hinein gestellt werden, weil nur so die ganze Reichweite seiner Vision greifbar wird. Wir Menschen, lehrt Jung, haben im Universum eine bestimmte Rolle zu spielen. Unser Bewußtsein ist in der Lage, den Kosmos in den Spiegel des Bewußtseins zu heben und zu spiegeln. Wir können dahin gelangen zu erkennen, daß wir in einem Universum leben, das sich am besten anhand von vier Prinzipien beschreiben läßt: unzerstörbare Energie, Raum-Zeit-Kontinuum, Kausalität und Synchronizität. Das Verhältnis dieser vier Faktoren zueinander bildet Jung im unten dargestellten Diagramm (GW, Bd. 8, Par. 953) ab:

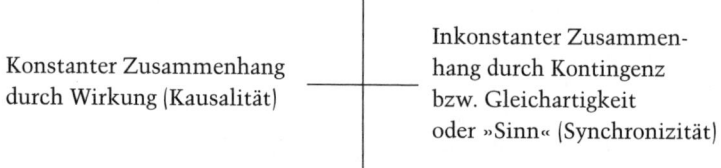

Die menschliche Psyche und unsere persönliche Psychologie haben am tiefsten an der Ordnung dieses Universums teil durch die psychoide Ebene des Unbewußten. Durch den Prozeß der Psychisierung werden dem Bewußtsein Ordnungsmuster im Universum zugänglich und können schließlich verstanden und integriert werden. Jeder Mensch kann dem Schöpfer und dem Schöpfungswerk gleichsam von innen zuschauen, indem er seine Wahrnehmung auf das Bild und die Synchronizität richtet. Denn der Archetyp ist nicht nur das Muster der Psyche, er reflektiert zugleich die Grundstruktur des Universums. »Wie oben, so unten«, sagten die alten Weisen. »Wie innen, so außen«, ergänzt der moderne Seelenforscher Carl Gustav Jung.

Anmerkungen

[1] Jung interessierte sich unter anderem auch für Geister und Poltergeister – eindeutig Grenzphänomene. Außerdem entdeckte er zwischen der Psyche (innen) und dem Objekt (außen) eine besondere Beziehung, wie sie sich in jenem »katalytischen Exteriorisationsphänomen« zeigte, auf das er in Freuds Anwesenheit hinwies, als sie plötzlich ein lautes Krachen in einem hölzernen Bücherschrank in Freuds Arbeitszimmer vernahmen. Er erzählt davon in *Erinnerungen, Träume, Gedanken*, S. 159-60.
[2] Jung, Gesammelte Werke, Bd. 8, Par. 843.
[3] Ebd., Par. 417.
[4] Der Aufsatz findet sich in den Gesammelten Werken, Bd. 8, S. 457-555.
[5] Jung, Briefe, Bd. 2, S. 324.
[6] Jung, Gesammelte Werke, Bd. 8, Par. 840.
[7] Ebd., Par. 439.
[8] Ebd.
[9] Ebd., Par. 440.
[10] Ebd.
[11] Ebd.
[12] Ebd.
[13] Ebd., Par. 850.
[14] Ebd., Par. 856.
[15] Ebd., Par. 870.
[16] Ebd., Par. 960.
[17] Ebd., Par. 952.
[18] Ebd., Par. 954.
[19] Ebd., Par. 955.
[20] Ebd.

Glossar

Anima Die archetypischen Bilder des Weiblichen im Unbewußten eines Mannes, die ein Bindeglied zwischen dem Ichbewußtsein und dem kollektiven Unbewußten darstellen und den Weg zum Selbst weisen können.

Animus Die archetypischen Bilder des Männlichen im Unbewußten einer Frau, die ein Bindeglied zwischen dem Ichbewußtsein und dem kollektiven Unbewußten darstellen und den Weg zum Selbst weisen können.

Archetyp Angeborenes Potential von Vorstellungs-, Denk- oder Verhaltensmustern, die sich bei den Menschen aller Zeiten und überall auf der Welt finden.

Extraversion Habituelle Einstellung des Bewußtseins, die den aktiven Umgang mit Objekten einer genauen Auseinandersetzung mit diesen vorzieht.

Ganzheit Der sich im Laufe des ganzen Lebens entwickelnde Sinn für psychische Ausgewogenheit und Integrität.

Ich Zentrum des Bewußtseins.

Ichbewußtsein Der Teil der Psyche, der aus leicht zugänglichen Gedanken, Erinnerungen und Gefühlen besteht. In seinem Zentrum befindet sich das Ich.

Imago Die psychische Verkörperung oder das Bild eines Objekts, nicht zu verwechseln mit dem wirklichen Objekt.

Individuation Der Prozeß der psychischen Entwicklung, der zum Bewußtsein der Ganzheit führt; nicht zu verwechseln mit Individualismus.

Instinkt Eine angeborene, körperliche Quelle psychischer Energie (oder Libido), die durch ein archetypisches Bild in der Psyche geformt und strukturiert wird.

Introversion Habituelle Einstellung des Bewußtseins, die zu Introspektion und sorgfältiger Überprüfung der Beziehung zur Objektwelt neigt.

Kompensation Der selbstregulierende dynamische Prozeß, durch den das Ichbewußtsein und das Unbewußte ein homöostatisches Gleichgewicht anstreben. Die Kompensation begünstigt unter anderem die Individuation und die fortschreitende Entwicklung hin zur Ganzheit.

Komplex Ein emotional gefärbter, autonomer Inhalt des persönlichen Unbewußten, gewöhnlich verursacht durch eine psychische Verletzung oder ein Trauma.

Libido Synonym für »psychische Energie«; darüber hinaus bestehen Gemeinsamkeiten mit der philosophischen Vorstellung von der »Lebenskraft«. Die Libido ist quantifizierbar und kann gemessen werden.

Neurose Eine habituelle Einstellung rigider Einseitigkeit im Ichbewußtsein, die defensiv und systematisch unbewußte Inhalte aus dem Bewußtsein ausschließt.

Persona Kompliziertes Beziehungssystem zwischen dem individuellen Bewußtsein und der Gesellschaft, die die gesellschaftliche Identität einer Person ausmacht.

Projektion Die Externalisierung unbewußter psychischer Inhalte, manchmal aus Abwehr (wie beim Schatten), manchmal im Sinne der psychischen Entwicklung und Integration (wie bei der Anima und dem Selbst).

Psyche Umfassender Begriff für die Bereiche des Bewußtseins sowie des persönlichen und des kollektiven Unbewußten. Das kollektive Unbewußte wird gelegentlich auch als objektive Psyche bezeichnet, da es weder persönlich noch individuell ist.

Psychoid Adjektiv, das sich auf die Grenzen der Psyche bezieht; jene neutrale Grauzone, in der die Psyche auf der einen Seite an den Körper und die physische Welt und auf der anderen an die geistige Welt angrenzt.

Psychologischer Typus Kombination einer von zwei Einstellungen (Extraversion oder Introversion) mit einer von vier Funktionen (Denken, Gefühl, Empfindung oder Intuition) zum Zweck der Bildung einer habituellen Orientierung des Ichbewußtseins.

Psychose Zustand der Besessenheit, in dem das Ichbewußtsein vom Unbewußten überschwemmt wird, vor dem es sich häufig durch die Identifizierung mit einem archetypischen Bild zu schützen versucht.

Schatten Abgelehnte, nicht akzeptierte Aspekte der Persönlichkeit, die verdrängt werden und eine kompensatorische Struktur bilden, welche die Ideale des Ich und der Persona kompensieren.

Selbst Ganzheit der menschlichen Gesamtpersönlichkeit. Zentrum und Quelle der archetypischen Bilder sowie des angeborenen Strebens nach Strukturierung, Ordnung und Integration.

Synchronizität Bedeutsames Zusammenfallen zweier Ereignisse, eines innerpsychischen und eines in der äußeren, physischen Welt.

Transzendente Funktion Psychisches Bindeglied zwischen dem Ichbewußtsein und dem Unbewußten als Ergebnis von Traumdeutung und aktiver Imagination – deshalb wichtig für die Individuation in der zweiten Lebenshälfte.

Unbewußtes Der Teil der Psyche, der außerhalb des Bewußtseins liegt. Die Inhalte des Unbewußten bestehen aus verdrängten Erinnerungen und anderem unterdrückten Material (wie zum Beispiel Gedanken und Emotionen), das nie bewußt geworden ist. Das Unbewußte wird unterteilt in das persönliche Unbewußte, das die Komplexe, und das kollektive Unbewußte, das die archetypischen Bilder und Instinkte enthält.

Literaturangaben

Burnham, J. S. und McGuire, W. (Hrsg.) (1983): *Jellife: American Psychoanalyst and Physician*. Chicago: University of Chicago Press.

Clark, J. J. (1992): *In Search of Jung*. New York: Harper and Row.

Csikszentmihalyi, M. (1987): *Das Flow-Erlebnis. Jenseits von Angst und Langeweile: im Tun aufgehen*. Stuttgart: Ernst Klett Verlag – J. G. Cotta'sche Buchhandlung.

Dieckmann, H. (1987): On the theory of complexes. In: *Archetypal Processes in Psychotherapy* (hrsg. von N. Schwartz-Salant und M. Stein). Wilmette, IL.: Chiron Publications.

— (1988): *Formation of and dealing with symbols in borderline patiens*. In: The Borderline Personality in Analysis. (hrsg. von N. Schwartz-Salant und M. Stein). Wilmette, IL.: Chiron Publications.

Ellenberger, H. F. (1996): *Die Entdeckung des Unbewußten: Geschichte und Entwicklung der dynamischen Psychiatrie von den Anfängen bis zu Janet, Freud, Adler und Jung*. Diogenes.

Erikson, E. H. (1974): *Jugend und Krise. Die Psychodynamik im sozialen Wandel*. Stuttgart: Klett.

Fordham, F. (1953): *An Introduction to Jung's Psychology*. Baltimore: Penguin Books.

Fordham, M. (1970): *Children as Individuals*. New York: Putnam.

— (1985): *Explorations Into the Self*. London: Academic Press.

Franz, M-L. von und Hillman, J. (1980): *Zur Typologie C. G. Jungs*. (Schriftenreihe das C. G. Jung-Instituts Zürich) Fellbach: Verlag Adolf Bonz.

Hannah, B. (1982): *C. G. Jung. Sein Leben und Werk*. Fellbach: Verlag Adolf Bonz.

Henderson, J. (1990): *Cultural attitudes and the cultural unconscious*. In: Shadow and Self. Wilmette, IL.: Chiron Publications.

Hogenson, G. (1994): *Jung's Struggle with Freud*. Wilmette, IL.: Chiron Publications.

Jacobi, J. (1978): *Die Psychologie C. G. Jungs. Eine Einführung in das Gesamtwerk*. Frankfurt/Main: Fischer.

James, W. (1997): *Die Vielfalt religiöser Erfahrung: Eine Studie über die menschliche Natur*. Frankfurt/Main: Insel.

— (1950): *The Principles of Psychology*. New York: Dover.

Jung, C. G. Außer den unten aufgeführten Werken beziehen sich alle Zitate und Hinweise unter Angabe von Band- und Paragraphennummer auf *Gesammelte Werke*. Düsseldorf: Walter 1995.

— (1972): *Briefe*, hrsg. v. Jaffé, A., Band I-III, Olten: Walter

— (1977): *C. G. Jung Speaking*. Princeton: Princeton University Press.

— (1983): *The Zofingia Lectures*. Princeton: Princeton University Press.

— (1991): *Psychology of the Unconscious*. Princeton: Princeton University Press.

— (1997): *Erinnerungen, Träume, Gedanken von C. G. Jung*, hrsg. v. Jaffé, A., Zürich und Düsseldorf: Walter.
Kast, Verena (1990): *Die Dynamik der Symbole. Grundlage der Jungschen Psychotherapie*, Walter, Olten 94:4
— (1999): *Vater – Töchter, Mutter – Söhne: Wege zur eigenen Identität aus Vater- und Mutterkomplexen*, Kreuz Stuttgart 1998:5
Kerr, J. (1944): *Eine höchst gefährliche Methode: Freud, Jung und Sabina Spielrein*. München: Kindler.
Maidenbaum, A. (Hrsg.) (1974): *Lingering Shadows: Jungians, Freudians and Anti-Semitism*. Boston: Shambhala.
McGuire, W. und Sauerländer, W. (Hrsg.) (1974): *Sigmund Freud. C. G. Jung – Briefwechsel*. Frankfurt/Main: S. Fischer.
Noll, R. (1989): *Multiple personality, dissociation, and C. G. Jung's complex theory*. In: *Journal of Analytical Psychology* 34:4.
— (1993): *Multiple personality and the complex theory*. In: *Journal of Analytical Psychology* 38:3.
— (1994): *The Jung Cult*. Princeton: Princeton University Press.
Rieff, P. (1968): *Triumph of the Therapeutic*. New York: Harper and Row.
Samuels, A. (1992): National psychology, National Socialism, and analytical psychology: Reflections on Jung and anti-semitism, Pts. I, II. In *Journal of Analytical Psychology* 37:1 und 2.
— (1993): New material concerning Jung, anti-semitism, and the Nazis. In *Journal of Analytical Psychology* 38:4, S. 463-470.
Satinover, J. 1995. *Psychopharmacology in Jungian practice*. In: *Jungian Analysis* (hrsg. von M. Stein), S. 349-71. LaSalle, IL.: Open Court.
Stevens, A. (1982): *Archetypes: A Natural History of the Self*. New York: William Morrow and Co.
Stein, M. (Hrsg.) (1995): *Jung on Evil*. Princeton: Princeton University Press.
Tresan, D. (1995): *Jungian metapsychology and neurobiological theory: auspicious corresponcences*. In: *IAAP Congress Proceedings 1995*. Einsiedeln: Daimon Verlag.
Wehr, G. (1989): *Carl Gustav Jung: Arzt – Tiefenpsychologie – Visionär. Eine Bildbibliographie*. Zürich: Sv Internat., Schweizer Verlagshaus.

Register

Abraham, Karl, 81
Adler, Alfred, 12, 91
Amplifikation, 15
Analytische Psychologie, 60, 109
Anima und Animus, 152-180
(s. auch Jung: über Anima und Animus)
   in der idealen psychischen
     Entwicklung, 178
   und Geschlecht, 153, 161-167
   und Psyche, 153
   und Schatten, Vergleich zwischen,
     153, 164
   und das Unbewußte, 154
Archetypen, 14, 71, 72, 86, 92, 106,
107, 153, 162, 227
(s. auch Jung: über Archetypen),
   und Kultur, 153
Aristoteles, 77
Aufklärung, 251

Beethoven, Ludwig van, 142
Behaviorismus, 157
Bergman, Ingmar, 141
Bergson, Henri, 76
Bewußtsein, 23-48, 124, 125, 249,
250, 251 (s. auch Jung: über Bewußtsein)
   Entwicklung des, 25
   Gegenteil des, 26, 36, 47, 126
Binswanger, Ludwig, 53
Bleuler, Eugen, 17, 52, 53, 117, 118

Carus, C. G., 76
Christentum, 86

Ding an sich, 37, 154
Dostojewski, Fjodor, 214
Dr. Jekyll und Mr. Hyde, 74, 116, 132, 136, 150

Einstein, Albert, 235, 236, 241
Emerson, Ralph Waldo, 19
Empedokles, 248
ESP (extra sensory perception,
außersinnliche Wahrnehmung),
241, 245

Frazer, Sir James George, 113
   Golden Bough, 113

Freud, Sigmund, 12, 13, 14, 15, 29, 52,
54, 56, 57, 58, 72, 76, 77, 78, 79, 80, 81,
83, 84, 85, 86, 87, 91, 103, 110, 111,
113, 114, 115, 121, 130, 145, 146, 150,
152, 156, 173, 176, 183, 192, 208, 261,
262
   über Inzest, 84
   über Sexualität, 72, 77-81
   Reduktionismus von, 87, 103, 122
   Totem und Tabu, 113
   Die Traumdeutung, 54
   und Jung, 13, 54-59, 110, 113, 114-
     15, 130, 155, 173
       Bruch zwischen, 54, 152, 183,
         208
       Differenzen zwischen,
         77-81, 82-103, 76, 192
       Einfluß auf, 13, 29, 54, 77, 111

Gnostiker, 15, 185
Goethe, Johann Wolfgang von, 15, 76,
133, 175
   Faust, 133, 134

Hartmann, Eduard von, 15, 76
Hegel, G. W. F., 15, 20
Heraklit, 76

I Ging, 233
Ich 23-48, 120, 130, 134, 138, 141, 146,
190 (s. auch Jung, über Ichbewußtsein)
Identifikation, psychologische, 138-139

Jacobi, Jolande, 18, 261
Jaffé, Aniela, 21, 262
James, William, 16, 39, 261
   Die Vielfalt religiöser Erfahrungen,
   16
Janet, Pierre, 80, 118, 261
Jung, Carl Gustav,
   Aion, 24, 25, 26, 35, 38, 39, 182,
     187, 188, 191, 227
       über Anima und Projektion,
         170-172
       über das Ich, 23-37
       über das Selbst, 25, 182-199, 228
   Allgemeines zur Komplextheorie,
     56, 58
   über Anima und Animus, 126, 143,
     153-161, 187-188

als Archetypen, 153, 162, 169-171
und Beziehungen, 174-179
und Geschlecht, 153, 161-168, 170
und das Ich, 157-160, 166
und Individualität, 166-167
und Persona, Unterschied zu, 155-158, 164-168
und Projektion, 168-175
und die Psyche, 169-174
und der Schatten, Unterschied dazwischen, 164-165, 168-169
und Sexualität, 175-177
über Archetypen, 14, 71, 72, 86, 92, 106-107, 153, 162, 182, 227
Bewußtsein in, 191
in der Geschichte, 252-253
der Held, 112, 204-205
und das Ich, 123
und Instinkt, 109, 121-123
und Kultur, 153
Projektion von, 212
und Synchronizität, 241-243, 251-254
Autobiographie von, 21, 83, 152, 184, 185
über Bewußtsein, 23-48, 124-125, 249-251,
  Störungen des, 50-54, 60
  die fünf Stufen des, 210-218
  sechste und siebte Stufe des, 218-219
Diagnostische Assoziationsstudien, 52, 56
über Enantiochromie, 75, 134
über Energie, 76, 88-99
Über die Energetik der Seele, 80, 87, 92, 97, 100
über Extraversion und Introversion, 99-100
über das Ich (Ichbewußtsein), 23-48, 120, 130, 134, 138, 141, 146, 190
  und Bewußtsein, 24-37, 50, 190
  und Identifikation, 138-139
  und Komplexe, 59-60
  und Selbstbewußtsein, 23-24
  und das Unbewußte, 36, 37, 47, 126, 150

über Instinkte, 106, 118-126
  und Archetypen, 120, 121, 122, 123, 124, 125
  und Psyche, 118, 119, 120, 121, 123, 124, 125, 126
über Individuation, 109, 142, 199, 205-209
  Fallstudie der, 222-226
  und fünf Stufen des Bewußtseins, 210-218
  und der Schatten, 221
  und das Selbst, 206
  in der zweiten Lebenshälfte, 207-209
über Kompensation, 199, 206-207
über Komplexe, 51-74
  und Archetypen, 56, 70, 71, 86, 128
  und Energie, 59, 98
  Entstehung von, 69-72
  und das Ich, 73, 74
über Konstellation, 58-59
über Kultur, 100-103, 112, 153
über Libido, 65, 76-87, 97-103, 111, 112
über Mandalas, 185, 186, 188, 189, 199, 226, 248
über menschliche Entwicklung, 112
Naturerklärung und Psyche, 234
über Persona, 34, 72, 128, 134-139, 156, 157
  und Ich, 138-139
  und Identifikation, 138
  von Introverten und Extroverten, 144, 145
  und Objekten, 141, 144
  und Schatten, 128, 132, 133, 134
  Ursprung der, 139-141, 142-146
  Transformation der, 146-147, 148
über Physik, 88-92
über Projektion, 145, 146, 170, 171, 172
  und Bewußtseinsentwicklung, 211-218
über die Psyche (Seele), 11, 12, 14, 16, 18, 23, 26, 35-43, 51, 76, 149, 176, 179, 209, 257
  und Archetyp, 125, 126

263

und das Ich, 23, 25, 26, 28, 29, 36, 37, 38, 39, 40
und Komplexe, 60, 61, 62
und das Unbewußte, 37, 38, 39, 48, 94
über das psychoide, 117, 118, 120, 121, 126
Psychologische Typen, 13, 24, 42, 109, 134, 155, 157, 218
Das »rote Buch«, 183
über das Selbst, 25, 126, 181, 182, 183, 186-200, 205, 227, 228, 230, 236, 237
    und Anima/Animus, 189
    als Archetyp, 188, 189, 191
    als Ganzheit, 188, 229, 230
    und das Ich, 191, 205
über den Schatten, 74, 128-134
    Entstehung des, 132, 133
    und das Ich, 129-132
    und die Persona, 128, 132, 133, 134, 148-150
über Symbole, 86, 100, 101, 102, 103
über Synchronizität, 233-257
    und Archetypen, 236, 241, 242, 243, 244
    und Psyche, 243, 245, 246
Synchronizität als Prinzip akausaler Zusammenhänge, 103, 235, 237
Theoretische Überlegungen zum Wesen des Psychischen, 107, 114, 116, 241
über das Unbewußte, 26, 36, 37, 39, 48, 55, 61, 62, 63, 69, 94, 115, 116, 117, 129, 158
    kollektives, 14, 106, 109, 110
    persönliches, 51
Wandlungen und Symbole der Libido, 80, 82, 83, 85, 87, 96, 110, 113
Die Zofingia-Vorträge, 15

Kant, Immanuel, 15, 37, 154, 246
Kepler, Johannes, 234, 235
Kollektives Unbewußtes, 14, 106, 109, 110
Komplexe, 51-74
    (s. auch Jung: über Komplexe; über Konstellation)

Lao-Tse, 76
Libido, 65, 76-87, 97-103

Mahler, Margaret, 206
Mandalas, 185, 186, 188, 189, 199, 226, 248 (s. auch Jung: über Mandalas)
Mephisto, 133, 134
Mesmer, Anton, 76
Miller, Miss Frank, 110, 111, 112, 113
Mithraskult, 86, 187
Mose (biblisch), 190, 191
Multiple Persönlichkeit, 68, 135

Nietzsche, Friedrich, 15, 76, 96, 216
Nous, 35, 120, 124, 198

Participation mystique 43, 210, 211, 214, 243 (s. auch Jung: über Bewußtsein)
Paulus (biblisch), 47
Persona 128, 134-139, 156, 157 (s. auch Jung: über Persona)
Philemon, 19
Plato, 17, 76, 107, 170
Preiswerk, Helene, 13, 15, 110, 232
Psyche (Seele), 11, 12, 14, 16, 18, 23, 26, 35-43, 51, 76, 149, 176, 179, 209, 257, (s. auch Jung: über die Psyche)

Rilke, Rainer Maria, 34, 158

Schiller, Friedrich von, 76
Schopenhauer, Arthur, 15, 19, 76, 77, 81, 85, 240
Seele und Geist, 96, 162 (s. auch Jung: über die Psyche)
Seelig, Carl, 235
Shakespeare, William, 130
Sokrates, 170
Spielrein, Sabina, 85, 262
Synchronizität, 233-257, (s. auch Jung: über Synchronizität)

Tiefenpsychologie, 12, 26, 116, 155, 181, 262
Tourette-Syndrom, 56, 74
Träume, 69, 114

Unbewußtes, 26, 36, 37, 39, 48, 55, 61, 62, 63, 69, 94, 115, 116, 117, 129, 158 (s. auch Jung: über das Unbewußte)

Wagner, Richard, 142
Wundt, Wilhelm, 76

Ziehen, Theodor, 52

Eine Auswahl bedeutender Texte C.G. Jungs von Franz Alt

Das C.G. Jung Lesebuch
Herausgegeben
von Franz Alt
374 Seiten
Broschur
ISBN 3-491-69805-7

Franz Alt, der Herausgeber dieses Lesebuches, entdeckte C.G. Jung anlässlich schwerer Herzrhythmusstörungen, die sein Arzt zunächst irrtümlich als Herzinfarkt diagnostizierte. Die Diagnose überzeugte ihn nicht, da er ahnte, dass seine Krankheit etwas mit seinem Lebensstil zu tun haben musste, und er begab sich in eine Psychotherapie bei einer Schülerin von C.G. Jung. Dort lernte er, in sich hineinzuhören, und erlebte, dass das Unbewusste insbesondere über die Träume ein wertvoller Ratgeber des Bewusstseins sein kann.
Franz Alt wurde ein begeisterter Leser und Kenner von C.G. Jungs Werk. Seine Auswahl an Vorträgen, Artikeln und Briefen Jungs geht aus von den Grundfragen der Psychologie und behandelt sowohl zentrale Lebensfragen des Individuums von der Kindheit bis zum Tod wie auch aktuelle Menschheitsprobleme: Krieg und Frieden, Massenpsychologie und Zukunft.

**Alle wichtigen Texte C.G. Jungs zu den
östlichen Weisheitslehren**

**C.G. Jung
und der östliche Weg**
Herausgegeben und
mit einer Einleitung
von J. J. Clarke
328 Seiten
Broschur
ISBN 3-491-69814-6

Jungs Interesse an den religiösen und psychologischen Ideen des Ostens hatte tiefe Wurzeln und hielt sein Leben lang an. Seine Kommentare zu Texten wie dem I Ging oder dem tibetanischen Totenbuch, seine Gedanken über Yoga und Zen wie auch sein Reisebericht über Indien lassen erkennen, dass die traditionellen Lehren Chinas und Indiens in seiner persönlichen und geistigen Entwicklung eine bedeutsame Rolle spielten.

J.J. Clarke verbindet in seiner ausführlichen Einleitung die einzelnen Artikel von Jung miteinander und liefert einen ausgezeichneten, informativen Rahmen, in dem die Texte auch in ihre Zeit hineingestellt und darauf hinterfragt werden, was sie dem modernen Menschen geben können.

Jung und der östliche Weg wird all die Leserinnen und Leser ansprechen, die in den Anschauungen und in der Spiritualität des Ostens größeres Wissen suchen, aber auch jene, die ihre Kenntnisse über Jungs Werk vertiefen möchten.

Die Graalslegende vom Standpunkt der Tiefenpsychologie C.G. Jungs

Emma Jung /
Marie-Louise von Franz
Die Graalslegende in psychologischer Sicht
440 Seiten
Mit 16 Tafeln
Broschur
ISBN 3-491-69040-4

Die Legende vom Graal hat durch viele Jahrhunderte hindurch mannigfache Deutungen historischer, religiöser und literaturwissenschaftlicher Art erfahren, ein Beweis dafür, dass sie von jeher tiefere Schichten der menschlichen Seele angerührt hat. Dieses Buch dürfte daher allgemeinem Interesse begegnen, da es die Legende vom Graal bis in all ihre Einzelzüge von der psychologischen Seite her beleuchtet und von dort verschiedene neue Gesichtspunkte zutage bringt. Die alchimistische Symbolik, deren Wert für die moderne Psychologie des Unbewussten vor allem durch C.G. Jung wieder entdeckt worden ist, ist dabei zur Deutung herangezogen worden, da sie ein psychologisch verwandtes Phänomen darstellt.